人邮教育

高等院校
通识教育新形态系列教材

人工智能
通识与应用

慕课版

主 编◎傅 强 江 伟 张梦帆

副主编◎李雄锋 吴 超

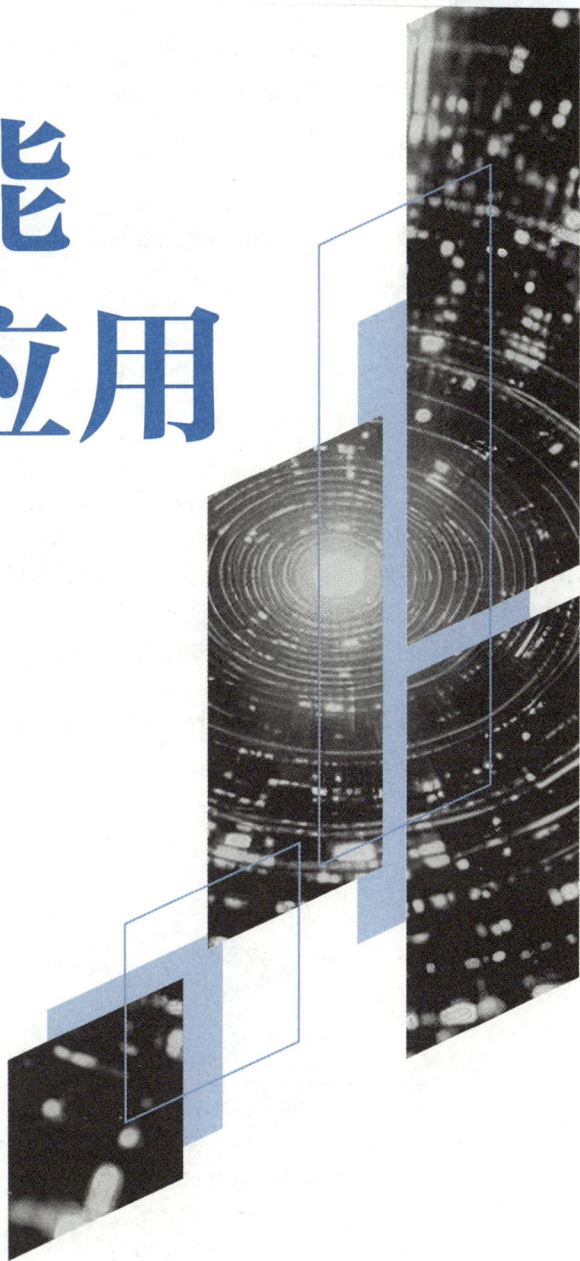

人民邮电出版社

北 京

图书在版编目（CIP）数据

人工智能通识与应用：慕课版 / 傅强，江伟，张梦帆主编. -- 北京：人民邮电出版社，2025. --（高等院校通识教育新形态系列教材）. -- ISBN 978-7-115-67525-5

Ⅰ．TP18

中国国家版本馆 CIP 数据核字第 2025U2E705 号

内 容 提 要

AIGC 凭借文本、图像、音频、视频等多模态内容生成能力，成为推动数字经济发展与产业升级的核心驱动力，而掌握 AIGC 应用与创作能力是高素质人才职业发展的必然选择。本书系统地构建 AIGC 应用与创作的知识体系，共包含 9 个项目，包括走进 AI 与 AIGC、积累 AIGC 应用技能、AIGC 助力文本处理、AIGC 助力图像编辑、AIGC 助力音频创作、AIGC 助力视频创作、AIGC 助力学习成长、AIGC 赋能千行百业、AIGC 助力便捷生活等内容，全面解析 AIGC 在内容生产、效率提升、创新驱动方面的应用逻辑，帮助读者掌握 AIGC 工具的使用技巧，培养人机协同创作思维。

本书内容新颖，案例丰富，既可作为高等院校和职业院校相关专业 AIGC 应用课程的教材，也适合对 AIGC 应用与创作感兴趣的读者阅读、学习。

◆ 主　　编　傅　强　江　伟　张梦帆
　　副 主 编　李雄锋　吴　超
　　责任编辑　曹可可
　　责任印制　王　郁　彭志环

◆ 人民邮电出版社出版发行　　北京市丰台区成寿寺路 11 号
　　邮编　100164　　电子邮件　315@ptpress.com.cn
　　网址　https://www.ptpress.com.cn
　　北京天宇星印刷厂印刷

◆ 开本：787×1092　1/16
　　印张：14　　　　　　　　　　　2025 年 9 月第 1 版
　　字数：352 千字　　　　　　　　2025 年 9 月北京第 1 次印刷

定价：56.00 元

读者服务热线：(010)81055256　印装质量热线：(010)81055316
反盗版热线：(010)81055315

在当今的时代，科技浪潮汹涌澎湃，AI 技术正以惊人的速度发展并深刻影响着人类社会的各个领域。其中，AIGC 作为 AI 领域的新兴力量，犹如一颗璀璨的新星，展现出无限的可能性和巨大的潜力。从文本创作到图像生成，从音频处理到视频制作，AIGC 正在打破传统的创作模式，为内容生产带来前所未有的变革。无论是社交媒体上的个性化内容推荐，还是文化艺术领域的创新作品诞生，AIGC 都已悄然渗透其中，成为推动数字内容产业发展的关键力量。

党的二十大报告明确提出，"必须坚持科技是第一生产力、人才是第一资源、创新是第一动力，深入实施科教兴国战略、人才强国战略、创新驱动发展战略，开辟发展新领域新赛道，不断塑造发展新动能新优势"。AIGC 作为 AI 技术的尖端应用，不仅展现了科技在推动社会生产力发展中的核心作用，还凸显了人才和创新在塑造新动能中的关键作用。通过 AIGC，我们能够以前所未有的效率和创造力生成文字、图像、音频、视频等多种形式的内容，这既是科技力量的直接体现，也是人才智慧的结晶。

在信息时代向智能时代迈进的关键时期，掌握 AIGC 的应用技能，不仅意味着个人能力的提升，而且是适应未来社会需求的必然选择。无论是传媒、设计、教育，还是金融、医疗等行业，能够熟练运用 AIGC 工具进行内容创作和业务优化的从业者，都将能够在数字化转型的时代浪潮中脱颖而出，为企业创造更大价值，同时也为自己的职业发展开辟更广阔的道路。

基于以上背景，我们精心策划并编写了本书，旨在系统性地介绍 AIGC 在各个领域的应用以及相关创作技能。本书主要具有以下特色。

● 体系完善，知识新颖。本书紧跟时代的发展潮流，精心编排，涵盖 AIGC 应用与创作的各个关键维度，包括提示词设计、智能体、文本处理、图像编辑、音频创作、视频创作、职场与学习、行业应用和生活应用等，深入浅出地介绍 AIGC 的各种应用场景。本书内容新颖，充分考虑课程要求与教学特点，以必需和实用为准则，在简要、准确地介绍理论知识的基础上，重点传授 AIGC 工具的使用方法，着重培养读者的 AIGC 应用技能。

● 学用结合，注重实训。本书在讲述理论与技能知识的同时，非常注重实操训练，每个任务均设有"任务实施"模块，包括任务目标、实施步骤等内容。每个项目的最后都设有"综合实训"模块，包括实训目标、实训思路、实训总结与反思、实训评估。这两个模块都以清晰的思路引导读者进行实训并最终达到实训要求，提升读者的综合素养。

● 活学活用，德技并修。本书每个项目都设有"想一想"板块，读者可以自己思索，也可以借助 AIGC 工具拓展思维，活学活用。同时，本书每个项目还设有"德技并修"板块，使读者可以在提升技能的同时提升道德、文化等综合素养。

● 资源丰富、"拿来"即用。本书提供丰富的立体化教学资源，其中包括 PPT 课件、教学大纲、教案、课程标准等，用书教师可以登录人邮教育社区（www.ryjiaoyu.com）获取相关资源。

本书由傅强、江伟、张梦帆担任主编，由李雄锋、吴超担任副主编。尽管编者在编写过程中力求准确、完善，但书中难免有不足之处，恳请广大读者批评指正。

编者
2025 年 3 月

目 录
CONTENTS

I

项目一 启智入门：走进AI与AIGC

学习目标 ▼

知识目标

- 了解 AI 的基本概念、类型，AI 技术的发展现状和趋势。
- 了解 AI 在社会中的角色与责任，以及 AI 产业人才技能要求。
- 了解 AIGC 的概念与产业生态。
- 掌握 AIGC 的应用规范与风险。
- 掌握 AIGC 对就业的影响。

能力目标

- 能够说出 AIGC 产业生态的结构。
- 能够根据自己的体会和理解阐述 AIGC 对就业的影响。

素养目标

- 秉持高度的责任感，确保数据安全和隐私保护。
- 坚守公平竞争原则，维护行业健康生态。

项目框架 ▼

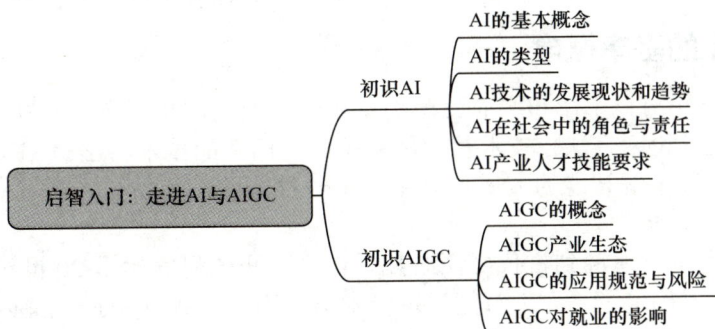

案例导入

长安启源 A07——全民共创，AIGC 技术引领汽车设计新潮流

2024 年 1 月，长安启源作为长安汽车向数智汽车时代转型的集大成者，旗下的旗舰高级数智行政车 A07 即将上市。为了吸引用户参与，长安启源通过融入 AIGC 技术，吸引 1 000 万名用户参与设计新车的外观。

长安启源开辟了全新官方宣传阵地——长安启源小程序，通过这个平台，用户可以参与到新车的设计中，提出自己的创意和建议。在用户共创环节中，长安启源利用AIGC技术，让用户能够体验到新智能技术的魅力。用户可以通过AIGC技术生成各种设计元素，如车身颜色、图案、内饰风格等，并将这些元素应用到新车的设计中。

这一活动不仅吸引了大量用户参与，还让品牌与用户之间建立了更紧密的联系。通过AIGC技术，长安启源能够快速生成高质量的设计方案，大大提高了设计效率，同时也降低了成本。在活动过程中，长安启源还通过各种渠道如社交媒体、线下活动等，进行宣传推广，进一步扩大了活动的影响范围。

在活动期间，长安启源小程序的用户活跃度显著提高，用户参与度和互动性也有极大的提升。同时，通过用户的积极参与和宣传，长安启源的品牌知名度和影响范围分别得到了进一步的提高和扩大，为新车的上市和销售奠定了良好的基础。

【启发思考】

1. 如果不使用AIGC技术，长安启源的这一活动的营销效率会如何？
2. 通过长安启源A07的营销活动，思考AIGC技术的应用对汽车行业的发展有哪些启示。

任务一　初识 AI

知识储备

在当今的数字化时代，人工智能（Artificial Intelligence，AI）已逐渐渗透到我们生活的方方面面，从智能语音助手到自动驾驶汽车，AI的应用无处不在。本任务将带领大家走进AI的世界，了解其基本概念、类型，AI技术发展现状和趋势，以及AI在社会中的角色与责任。同时，我们还将探讨AI产业人才技能要求，为未来的职业发展做好准备。

一、AI 的基本概念

AI是新一轮科技革命和产业变革的重要驱动力量，是研究、开发用于模拟、延伸和扩展人的智能的理论、方法、技术及应用系统的一门新的技术科学。AI是智能学科的重要组成部分，其力图了解智能的实质，并生产出一种新的、能以与人类智能相似的方式做出反应的智能机器。

AI的概念可以追溯到古代文明时期，但其真正的研究始于20世纪中叶。1956年，达特茅斯会议正式确定了"人工智能"这一术语，标志着AI作为一门独立学科诞生。但由于当时计算机性能有限，AI的发展比较缓慢。

后来，随着计算机技术的不断进步，计算机性能越来越好，数据也越来越多，AI在20世纪80年代～90年代迎来了新的发展机遇，在专家系统、语音识别等领域取得了一些成果。

近十几年，深度学习技术的出现让AI取得了巨大突破。深度学习就像给AI装上了一个超级大脑，让它能够处理海量的数据，在图像识别、自然语言处理（Natural Language Processing，NLP）等很多领域达到甚至超过人类的水平。

AI涉及的主要技术包括机器学习、深度学习、自然语言处理和计算机视觉。

- **机器学习**：作为AI的核心技术之一，机器学习的作用就像是让机器拥有"经验"。例如，给机器很多张猫和狗的图片，让它自己去发现猫和狗的区别，它以后接收新的图片就能判断是猫还是狗。

- **深度学习**：作为机器学习的一个分支，深度学习模仿人脑神经元的连接方式，构建深度神经网络。通过大量的数据训练，网络可以自动提取数据中的特征，从而实现识别图片中复杂的物体、理解语音中的内容等功能。
- **自然语言处理**：让机器能够理解和处理人类的语言。例如，我们可以和智能语音助手聊天，它能听懂我们说的话并回应，还能帮我们查询信息。
- **计算机视觉**：顾名思义，就是让机器能够"看"懂图像和视频。例如，自动驾驶汽车就是依靠计算机视觉技术来识别道路、行人、交通标志等，实现安全行驶。

随着AI技术的飞速发展，目前AI的应用几乎无处不在，从语音助手、推荐系统，到智能家居、自动驾驶，AI深刻地改变着各行各业：医疗领域的AI能够辅助医生诊断疾病，金融领域的AI能够辅助金融工作者进行风险评估和投资决策，制造业的AI能够提升自动化水平和生产效率。

AI正以惊人的速度改变着我们的世界，从初步探索到如今的广泛应用，AI不仅是科技发展的前沿技术，更是未来社会的驱动力。

二、AI 的类型

AI可以按照不同的标准进行分类，以下是一些主要的分类方法和细分类型。

1. 按照能力层级分类

按照能力层级分类，AI可以分为弱人工智能、强人工智能和超级智能。

（1）弱人工智能

弱人工智能又称窄AI，它专注于某个特定领域的任务。它的智能仅限于完成特定的任务，如图像识别软件，它只能在图像识别这个狭窄的范围内表现出智能。它的学习能力和决策能力基于预先设定的规则和训练数据，缺乏通用性。目前大多数AI属于弱人工智能，如语音助手（只能回答特定领域的问题，如天气查询、简单的生活常识等）、棋类游戏AI（只能下棋，不能完成其他类型的任务）等。

（2）强人工智能

强人工智能是一种理论AI类型，它具有像人类一样的通用智能，能够理解、学习知识并将知识应用到各种不同的领域，就像人类可以跨学科地学习知识和解决问题一样。目前，强人工智能还没有真正实现，但实现它是AI研究的一个重要目标。强人工智能一旦实现，可以应用于各种复杂的场景，如在不同学科交叉的研究项目中发挥关键作用，它能够像人类一样进行创造性思维活动和实现对抽象概念的理解。

（3）超级智能

超级智能是一种在几乎所有方面比人类更强的AI，包括创造能力、决策能力等。超级智能是一种高度发达的智能形式，目前主要存在于科幻作品和理论探讨中。超级智能可能会自我进化和学习，以一种远远超出人类想象的速度和效率来解决问题。

2. 按照技术实现方式分类

按照技术实现方式分类，AI可以分为规则型AI、机器学习型AI和深度学习型AI。

（1）规则型AI

规则型AI基于一系列预先定义好的规则来运行。它使用如果—则—否则（if-then-else）逻辑语句来处理输入的信息并产生输出结果，在一些结构化决策场景中比较常见。例如，在一些简单的税务计算软件中，根据不同的收入区间和税率规则，规则型AI可以准确地计算出应缴税款。

（2）机器学习型 AI

机器学习是 AI 的一个核心领域，它使计算机系统能够自动从数据中学习模式和规律。常见的机器学习算法包括监督学习、无监督学习和强化学习等。机器学习型 AI 广泛应用于各种领域，如金融风险预测（通过分析历史交易数据预测未来的风险）、推荐系统（根据用户过去的行为数据推荐商品或内容，如电商网站的商品推荐、视频平台的视频推荐）等。

（3）深度学习型 AI

深度学习是机器学习的一个分支，它使用深层神经网络来处理数据。深层神经网络由多个神经元层组成，数据在这些神经元层之间传递并进行复杂的变换。例如，在语音识别中，深度学习模型可以将声音转化为文字。深度学习模型能自动提取数据的高级特征，对图像和语音等复杂数据的处理能力非常强大。

深度学习型 AI 在自然语言处理（如机器翻译、聊天机器人）、计算机视觉（如人脸识别、自动驾驶中的物体检测）等领域取得了巨大的成功。

3. 按照能力和功能分类

按照能力和功能分类，AI 可以分为感知智能、认知智能和生成智能。

（1）感知智能

感知智能是让计算机具备像人类一样的感觉，如视觉、听觉、触觉等，能够理解和处理来自外界的信息。例如，在图像识别领域，感知智能可以让安防系统通过摄像头识别出人脸、车牌号码等；在语音识别方面，智能语音助手能够听懂人类说话，并将语音转化为文字。

（2）认知智能

认知智能不仅能够感知信息，还能对信息进行理解、分析、推理和决策，具备类似人类的思考能力。例如，在智能客服中，认知智能可以使客服系统理解用户发问的意图，并根据知识库中的信息进行推理和回答；在智能投资领域，认知智能应用能辅助分析市场数据和各种因素，提出合理的投资决策建议。

（3）生成智能

生成智能可以根据一定的规则和数据生成新的内容，如图像、文本、音频等。例如，一些 AI 绘画工具可以根据用户输入的提示词生成精美的图片；AI 写作助手能够生成文章、故事等文本内容；AI 音乐生成器可以生成不同风格的音乐作品。

4. 按照技术架构分类

按照技术架构分类，AI 可以分为符号主义 AI、连接主义 AI 和行为主义 AI。

（1）符号主义 AI

符号主义 AI 基于符号逻辑来实现智能，即将人类的知识和推理规则用符号表示，让计算机通过操作这些符号来进行推理和决策。早期的专家系统就是符号主义 AI 的典型应用，如医疗诊断专家系统——将医学知识和诊断规则用符号表示，计算机根据输入的症状信息等进行推理，给出诊断结果。

（2）连接主义 AI

连接主义 AI 是指以神经网络为基础，通过大量神经元之间的连接和信息传递来实现智能，模仿人脑的神经结构和信息处理方式。

（3）行为主义 AI

行为主义 AI 强调 AI 与环境的交互和行为反应，通过感知环境并做出相应的动作来实现智能。例如，在机器人领域，行为主义 AI 可以让机器人根据环境中的传感器信息做出实时的动作反应，如避障、寻找目标等。

三、AI 技术的发展现状和趋势

在当今的科技浪潮中，AI 技术正以令人瞩目的速度发展，应用领域不断拓宽，市场规模也在投资的推动下不断扩大。未来，AI 技术将会全方位重塑我们的世界，开启 AI 驱动的全新篇章。

1. 发展现状

AI 技术的发展突飞猛进，目前具备以下特征。

（1）不断实现技术突破与创新

AI 技术的突破与创新具体体现在以下几个方面。

- **生成式 AI 持续进步**：大模型的能力不断提升，能够更准确地理解上下文并生成更自然的文本；合成数据的广泛应用降低了人工标注成本，提升了数据多样性；推理优化技术的加速发展也让生成式 AI 能在资源受限的设备上高效运行。另外，图像和视频生成技术也迎来新突破，可生成高质量的图像和视频内容，被广泛应用于广告、影视制作和虚拟现实（Virtual Reality，VR）等领域。

- **AI 智能体发展迅速**：AI 智能体又叫 AI Agent，正逐步突破传统辅助工具的边界，具备自主决策与任务执行能力。例如，微软智能体可以解析商业邮件，OpenAI 的 o1/o3 模型能完成复杂订单下达，这些功能标志着 AI 智能体的发展已迈入实质性阶段。

- **多模态 AI 发展迅速**：跨模态数据处理能力提升，AI 能同时处理文本、图像和语音等多种数据类型，为复杂场景提供全面解决方案。例如，AI 在医疗领域结合患者影像数据和病历记录提供更精准的诊断建议，在教育领域支持个性化学习方案设计，在智能家居中整合语音和视频数据，以提升用户体验。

- **量子计算与 AI 结合取得进展**：量子计算为 AI 算法运行带来革命性变化，自然语言处理通过量子 AI 显著提升模式识别和语言理解效率，智慧交通利用量子 AI 实时计算最优路径，物流和供应链管理也因量子 AI 的优化能力而受益。此外，量子 AI 在通信网络、金融科技、医疗健康等领域也展现出强大的潜力。

- **开源趋势显现**：开源或许将成为 2025 年大模型行业的关键词。例如，DeepSeek-R1开源后引发广泛关注，众多云服务厂商、芯片企业及手机厂商纷纷接入。OpenAI 也宣布ChatGPT 免费无限期开放 GPT-5，谷歌开放 Gemini 2.0 全系列模型。

（2）应用领域不断拓宽

AI 技术在金融、医疗、交通、制造、教育等多个领域得到广泛应用。例如，在金融领域，AI 用于信用评估、风险控制、智能投顾等；在医疗领域，AI 辅助诊断系统提高疾病检测的准确性；在交通领域，自动驾驶车辆逐渐商业化，智能仓储和配送系统变得更加普及。

AI 技术正快速融入各类产品、服务和工作流程之中，企业纷纷顺应 AI 变革浪潮，采用"产业 +AI"的模式进行转型。通过与车企合作，DeepSeek 的 AI 大模型已深度融入智能驾驶系统，推动了汽车产业智能化转型。

内容创作和生成领域的 AI 应用在 2025 年迎来大爆发，创新性工具和个性化内容生成需求持续增长，如在广告、影视、游戏等行业，AI 可以生成创意文案、图像、视频等内容，提高内容生产效率和质量。

AI 在科学领域的应用加速了技术突破，如在药物研发、基因编辑、天文学等领域，AI 可以帮助科学家分析大量数据，发现新的规律和模式，推动科学研究的进展。

（3）市场规模扩大与投资增加

全球 AI 市场规模持续扩大，众多企业纷纷加大在 AI 领域的投资力度，以抢占市场先机。

这些投资不仅用于 AI 技术的研发和创新，还用于 AI 基础设施的建设和升级，以及 AI 应用的推广和拓展。AI 领域的高成长性和广阔的市场前景吸引了大量资本的关注。投资者纷纷看好 AI 技术的未来发展，积极投入资金以期获取更高的回报。

同时，政府也在积极推动 AI 技术的发展，通过出台相关政策、提供资金支持等方式，为 AI 产业的快速发展提供有力保障。

2. 发展趋势

根据发展现状，AI 技术呈现出以下发展趋势。

（1）AI 智能体的发展

AI 智能体正从"增强知识"向"增强执行"转变，推动人类决策和操作的高度自动化，重新定义企业生产力与人机交互模式。AI 智能体具备自主决策与任务执行能力，有望为软件即服务（Software as a Service，SaaS）行业带来颠覆性影响，逐步取代传统 SaaS 应用，为客户提供更高效、更个性化的服务。预计到 2028 年，AI 智能体将自动化至少 15% 的日常决策，大幅提升企业生产力与运营效率。但是，随着 AI 自主性和自动化能力的不断增强，数据安全、透明性和伦理等 AI 治理问题也将愈加突出。

（2）小模型引领新风潮

与大模型相比，小模型凭借高效和精准的优势，正在重新定义 AI 的实用性与可持续性。科技"巨头"如 OpenAI 和谷歌推出的小模型，能在性能上媲美大模型，还能以更低的计算成本和能耗实现高效部署。

小模型的应用更符合实际情况，特别是在处理重复性高的特定任务时可能表现更加出色，为 AI 在本地化场景和广泛应用中创造更多可能性。小模型引领的"精简但强大"的新风潮，将为 AI 的普及和落地提供全新路径，引领 AI 技术向更高效、更环保的方向发展。

（3）生成式搜索兴起

AI 技术正将信息搜索从基于关键字的传统搜索转变为以生成答案为核心的新范式，显著提升了信息获取的效率，并重新定义了用户与信息的交互方式。生成式搜索的兴起将推动搜索引擎行业的技术创新，并促使有关内容可信性、版权管理和伦理规范的新要求出现。

（4）更多企业实现 AI 转型

AI 将加速向各行业渗透，成为企业的标配，并从战术层面走向战略层面。企业 AI 转型将有两种不同模式：AI in All（现有业务 +AI）和 All in AI（AI+ 创新业务）。前者适用于大多数企业，强调从点到面地推进；后者则代表 AI 转型的更高阶段，通过全流程重塑打造"AI 原生"企业。

AI 转型的核心在于战略性的整合，要实现 AI 真正赋能企业，企业必须完成从零散应用走向系统化与战略化的深度转型。AI 转型的核心不应局限于降本增效，而应在于将 AI 深度整合到企业的业务战略中，形成可持续发展的差异化竞争优势。

（5）具身智能商业化

具身智能不断突破，人形机器人进入量产"元年"，未来将出现更多工业场景下的具身智能应用，部分人形机器人开始量产。

（6）AI 成为数字劳动力

随着"低成本、高性能"的核心优势为 AI 应用注入强大动力，AI 将全面提升现有应用的技术水平，并推动复杂领域的 AI 化进程。AI 作为数字劳动力，将开始协助人类员工在办公工具、陪伴、广告、教育、医疗健康、金融等领域发挥重要的作用。

（7）AI监管不断加强

全球范围的AI监管虽然尚未统一，但越来越多的企业开始设立"责任AI"原则进行自我监管，未来AI的安全性、透明度和合规性将受到更多的关注。随着模型能力的提升，AI作为复杂系统的风险也在增加，AI安全治理体系将持续完善，以应对模型失控等潜在风险。

（8）就业市场变革加速

AI的普及将导致某些职业消失，同时也会创造新的职业，如AI工程师、数据标注员、AI道德工程师等。此外，AI可能会创造更多"AI监督员"岗位，该岗位要求人类员工负责监控AI的行为，确保AI不会犯错或偏离道德规范。

四、AI在社会中的角色与责任

在当今的数字化进程中，AI正以迅猛之势融入社会的各个角落。它宛如一把"双刃剑"，一方面扮演着各种角色，全方位重塑着我们的生活与社会架构；另一方面，它在数据安全、伦理法律、可持续发展、安全性及可解释性等诸多方面肩负着重要的责任。

1. AI在社会中的角色

AI在社会中扮演着众多角色，主要的角色如下。

（1）高效数据处理者

AI能够高效处理和分析海量数据，为各行各业提供数据支持与决策依据。例如，在医疗领域，AI可以快速分析医学影像和病历数据，辅助医生诊断疾病；在金融领域，AI能对大量交易数据进行风险评估，帮助银行等机构预防金融风险。

（2）创新驱动者

AI推动各领域创新，催生新商业模式、产品和服务。例如，在零售领域，AI驱动的个性化推荐系统为消费者提供更精准的商品推荐服务，提升消费者的购物体验，也为企业带来更多的销售机会；在交通领域，自动驾驶技术有望彻底改变人们的出行方式，提高出行效率和安全性。

（3）智能助手

AI能够理解和处理人类语言，完成各种任务，丰富和提高人们的生活体验和工作效率。例如，语音助手可以帮助人们查询信息、设置提醒、控制智能设备等；办公软件中的智能助手能够协助人们处理文档、表格等数据，提高办公效率。

（4）知识传播者

AI可以根据用户需求和学习进度提供个性化学习内容和辅导，助力教育公平和质量提升。例如，在线教育平台中的智能辅导系统能针对学生的学习情况提供有针对性的学习建议和练习题目，帮助学生更好地掌握知识。

（5）社会治理助力者

AI为城市管理带来了变革，通过网络监控与数据分析，能够有效解决城市的交通拥堵、能源消耗等问题。政府可以借助AI技术更好地掌握经济运行的各项数据，制定更加精准的财政与货币政策，提升社会治理的有效性。在公共服务领域，AI也发挥了重要作用，如医疗资源的智能配置、公共资源的精准调配，提升了社会服务的质量与效率。

（6）文化发展的创新者

AI技术为文化领域带来了持久的变化，推动了文化的创新和发展。例如，在艺术创作方面，AI可以生成音乐、绘画、文学作品等，为艺术家提供了新的创作思路和工具。在文化传播方面，AI通过实时翻译与跨文化交流平台，打破了语言与文化壁垒，促进了全球文化的互联与共享。

2. AI在社会中的责任

AI在社会中需要承担的责任主要如下。

（1）保障数据安全与隐私保护

随着数据的逐步数字化，AI技术涉及大量的个人和企业数据，因此保障数据安全与隐私保护是AI的重要责任。政府需要建立健全法律法规，明确算法的责任归属，并加强对公众的伦理教育，确保AI技术在法律框架下健康发展，保障人权与个体利益。

（2）遵循伦理与法律原则

AI的行为需要符合社会伦理标准，遵循责任、透明、公正、隐私保护和安全等伦理与法律原则。在设计、开发、部署和使用AI技术的过程中，研发者要确保算法不会歧视任何个人或群体，公平地对待所有人。

（3）推动可持续发展

AI应该在可持续发展方面发挥积极作用，通过技术创新和应用，为环境保护、资源管理、全球治理和社会福祉等领域提供支持。例如，在环境保护领域，AI可以通过数据分析与环境监测，智能优化资源管理与环境保护策略。

（4）确保安全性

在关键领域如自动驾驶、医疗手术机器人等的应用中，AI必须确保高度安全，防止因系统故障或错误决策导致人员伤亡和财产损失。研发者要进行大量测试和验证，提升AI的稳定性和可靠性。

（5）提供可解释性

对于一些重要决策，如司法审判辅助、金融风险评估等，AI需要提供可解释性，让人们理解其决策过程和依据，增强人们对AI的信任。研发者需开发可解释性技术，使AI的决策逻辑能够被人类理解。

德技并修

AI要肩负起保障数据安全与隐私保护的重任，这不仅是技术发展的内在要求，还是维护社会公平正义与个体权益的基石。AI从业者应秉持高度的责任感，在数据搜集、存储、传输与使用的全流程中，严格遵循安全规范，采用加密技术、访问控制等手段，确保个人和企业数据不被泄露、篡改或滥用。

五、AI产业人才技能要求

AI产业是一个充满机遇与挑战的领域，对从业者的能力要求极高。AI产业人才需要掌握多方面的技能，涵盖多个领域。

按照当前产业应用的实际情况，AI产业人才结构为具有4个层次的金字塔结构，如图1-1所示。

一是源头创新人才，该层次属于人才结构中的顶尖人才，致力于推动和实现AI前沿技术与核心理论的创新与突破；二是产业研发人才，该层次人才能够将AI前沿理论与实际算法模型开发结合；三是应用开发人才，该层次人才能够将AI算法工具与行业需求相结合并推进落地应用；四是实用技能人才，该层次属于人才结构的基础人才，能够理解AI基础理论并对关键技能和实用方法都有所掌握。

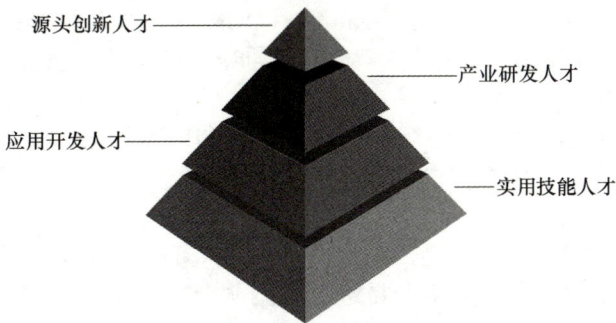

图 1-1 AI 产业人才金字塔结构

AI 产业人才需要掌握以下知识和能力。

1. 基础学科知识

AI 产业人才需要掌握的基础学科知识包括数学基础和计算机基础。

数学基础包括线性代数、概率论与数理统计、微积分等知识，这些知识是理解和推导 AI 算法的基础，用于数据处理、模型构建与优化等。例如，在神经网络中，线性代数用于矩阵运算，概率论用于处理不确定性和数据的概率分布问题。

计算机基础要求 AI 产业人才熟练掌握数据结构与算法，以便实现高效的数据存储和处理，设计、优化 AI 算法。学习操作系统、计算机网络等知识有助于研发者理解 AI 的运行环境和数据传输机制，确保 AI 应用在不同平台上能够稳定运行。

2. 专业技术能力

AI 产业人才需要掌握的专业技术能力主要包括程序设计语言、机器学习与深度学习、数据处理与分析、算法设计与优化。

- **程序设计语言**：Python 是 AI 领域常用的程序设计语言，拥有丰富的机器学习和深度学习库。此外，Java、C++ 等语言在一些对性能要求较高的 AI 场景，如嵌入式 AI、游戏 AI 中也有应用。熟悉常用的编程工具和框架，对 AI 产业人才构建、优化和部署 AI 模型至关重要。
- **机器学习与深度学习**：AI 产业人才应熟悉监督学习、无监督学习、强化学习等机器学习算法，掌握深度学习中的卷积神经网络、循环神经网络等模型结构，能够使用 TensorFlow、PyTorch 等深度学习框架进行模型的训练和优化。
- **数据处理与分析**：AI 产业人才应具备数据收集、清洗、标注和预处理能力，能够使用 pandas、NumPy 等工具进行数据处理，通过数据可视化工具如 Matplotlib、seaborn 等对数据进行分析和可视化，洞察数据特征和规律。
- **算法设计与优化**：AI 产业人才应能够根据具体问题设计合适的 AI 算法，并对算法进行优化，提升算法的准确性、效率和可扩展性。AI 产业人才应了解模型压缩、量化等技术，以降低模型的存储和计算成本。

3. 跨领域知识

AI 产业人才要熟练掌握所在领域的专业知识，例如，如果从事医疗 AI 行业，就要了解医学知识和医疗数据特点；如果从事金融 AI 行业，就要熟悉金融业务流程和风险评估等知识，以便将 AI 技术与特定领域需求相结合，开发出有实际价值的应用。

AI 产业人才都需要学习伦理学与法律知识，了解 AI 伦理和法律问题，如数据安全与隐私保护、算法偏见、知识产权等，确保 AI 的开发和应用符合道德和法律规范。

4. 工程实践能力

高级的 AI 产业人才要具备一定的项目实施经验，拥有大型商用 AI 场景的应用经验，如光学学符识别（Optical Character Recognition，OCR）、图像识别等；具备大型复杂业务应用的设计与架构能力，拥有分布式系统研发经验，能为架构选型、数据处理、应用系统对接、应用运行过程的性能优化等问题提供解决方案。

高级的 AI 产业人才要了解不同行业的业务需求和应用场景，能够将 AI 技术与具体业务相结合，为客户提供定制化的解决方案。

5. 软技能

AI 产业人才需要掌握的软技能包括沟通协作能力、问题解决能力和学习创新能力等。

- **沟通协作能力**：AI 项目往往需要跨学科团队合作，AI 产业人才需要与不同专业背景的人员如产品经理、工程师、领域专家等进行有效的沟通和协作，共同推动项目进展。
- **问题解决能力**：在 AI 研发过程中会遇到各种技术难题和业务挑战，AI 产业人才需要具备独立思考和解决问题的能力，能够快速定位问题并找到解决方案。
- **学习创新能力**：AI 领域发展迅速，新技术、新方法不断涌现，AI 产业人才需要持续学习，关注行业动态和前沿技术，具备创新能力，将新的技术和方法应用到实际工作中。

任务实施：了解 AI 催生的新职业

1. 任务目标

通过本任务，深入了解 AI 技术催生的新职业，明确这些职业的工作内容、技能要求，同时思考 AI 在社会中的角色与责任对这些新职业的影响，为未来投身相关领域或者在学习中融入 AI 知识奠定基础。

2. 实施步骤

（1）资料搜集（1～2 天）

- **利用搜索引擎搜索**：利用搜索引擎，输入关键词如"AI 催生的新职业""AI 相关新兴职业"等，浏览权威新闻媒体、行业报告网站（如艾瑞咨询、Gartner 等）发布的文章和报告，记录至少 5 个新职业名称及职业简要介绍。
- **参与社交媒体与论坛的讨论**：参与知乎、豆瓣小组、脉脉、微博等平台上与 AI、科技职业相关的讨论，查看从业者分享的经验和见解。
- **查阅专业书籍**：前往学校图书馆或在线电子图书馆，借阅《AI·未来》等相关书籍，从学术和专业视角梳理新职业的类别和特点。

（2）职业分析（2～3 天）

职业分析的思路如下。

- **关联 AI 概念与类型**：对于搜集到的每个新职业的资料，分析新职业与 AI 的联系。
- **结合发展现状与趋势**：研究新职业在 AI 技术发展现状下的需求情况及未来趋势。
- **剖析社会角色与责任**：思考 AI 在社会中的角色与责任如何影响新职业。

（3）深度调研（2～3 天）

- **人物访谈**：尝试联系相关新职业从业者，可以通过社交媒体私信、校友网络等途径；准备一份详细的访谈提纲，涵盖工作内容、技能提升路径、职业发展瓶颈等方面。
- **企业调研**：选取几家在 AI 领域有突出表现的企业，如百度、字节跳动等，查阅其官方招聘网站上相关新职业的岗位要求和职责描述，分析不同企业对同一新职业在技能、经验等方面要求的差异，以及这些要求与企业自身业务和 AI 应用方向的关系。

（4）总结汇报（1～2 天）

- **整理资料**：对搜集到的资料、分析结果及访谈内容进行系统整理，将其制作成文档或思维导图，按照职业名称、与 AI 的关联、发展现状与趋势、受 AI 社会角色影响等维度进行分类归纳。

· **撰写报告**：根据整理的资料，撰写一份关于 AI 催生新职业的报告，报告内容包括新职业概述、每个职业与 AI 的详细关联分析、对未来职业发展的展望等。

· **汇报展示**：在课堂上以小组为单位进行汇报展示，每个小组推选一名代表，通过 PPT 演示等形式向全班介绍调研成果；汇报结束后，接受老师、同学的提问和建议，进一步完善对 AI 新职业的理解。

任务小结

本任务从 AI 的基本概念出发，带我们了解 AI 能模拟人类智能，解决复杂问题，且类型多样。如今 AI 已融入各行业，在社会中扮演关键角色，也肩负重要责任，未来将朝着多模态融合、自主学习等方向发展。投身 AI 产业，从业者需具备数学、编程相关技能与综合能力。

任务二　初识 AIGC

知识储备

随着 AI 技术的不断发展，人工智能生成内容（Artificial Intelligence Generated Content，AIGC）作为一种新兴的技术，正在改变内容创作和生产的格局。从文本生成到图像生成，AIGC 的应用范围越来越广泛。本任务将详细介绍 AIGC 的概念、产业生态、应用规范与风险，以及 AIGC 对就业的影响。通过对本任务的学习，我们将对 AIGC 有更深入的了解，并能认识到其在现代社会中的重要性和巨大潜力。

一、AIGC 的概念

AIGC 是一种利用 AI 技术来生成多种类型数字内容的技术。该技术能够根据给定的主题、关键词、格式和风格等条件，自动生成文字、图像、音频、视频、数字人、游戏等多样化内容。AIGC 不仅提高了内容创作的效率，还丰富了内容的表现形式，满足了用户对多元化、个性化内容的需求。通过人与计算机应用的互动，AIGC 实现了计算机自主生成内容或人机协同创作内容，极大地推动了内容生产方式的变革。

AIGC 的兴起源于深度学习技术的快速突破和日益增长的数字内容供给需求。早期，受限于科技水平，AIGC 的应用范围较小，主要局限于实验性质。然而随着 AI 技术的不断发展，尤其是深度学习算法和算力设备的优化，AIGC 逐渐从实验性向实用性转变。

进入快速发展阶段后，AIGC 在多个领域取得了显著的进展，不仅应用范围不断扩大，而且在内容的质量和多样性上也得到了显著提升。如今，AIGC 已经成为推动数字化转型的重要力量，被广泛应用于媒体、电子商务、影视、金融、医疗等多个行业。

目前，AIGC 主要具有以下优势。

（1）提升速度和效率

AIGC 可以快速生成大量高质量的内容，这种速度优势使企业能够更迅速地响应市场变化，保持竞争力。

（2）定制化用户体验

AIGC 利用机器学习来分析用户的历史行为和偏好，创建个性化的内容和推荐，从而提供更加针对个人的服务。

（3）推动创新与决策

AIGC 能够分析大量复杂数据集，发现新的趋势，促进科学发现和商业策略的形成。

（4）业务流程自动化

AIGC 可以自动执行多种业务流程，从而提高工作效率，减少人为错误。

（5）节约成本和优化资源配置

AI 可以接管一些重复性工作，如数据录入、常见问题解答等，这样企业就可以将资源重新分配到更有价值的领域，同时由于误差减少，企业还可以节省因错误决策或效率低下产生的间接成本。

AIGC 是 AI 技术的一个重要应用领域，两者之间存在着密切的联系。AI 技术是 AIGC 的基础之一，涵盖机器学习、深度学习、自然语言处理等多个方面。这些方面的技术在 AIGC 中得到了广泛应用，使得 AIGC 能够进行智能化的内容生成和处理。同时，AIGC 为 AI 技术的应用提供了更广阔的空间和更多的机会。通过与各个领域的结合，AI 技术得到了更广泛的应用，推动了整个科技领域的发展和创新。

AIGC 技术在未来具有广阔的发展前景，并将对多个行业产生深远影响。随着深度学习、大模型等技术的不断进步，AIGC 的生成能力和效率将得到进一步提升。跨领域融合也将成为 AIGC 技术创新的重要方向，推动 AIGC 技术在更多领域的应用。

二、AIGC 产业生态

AIGC 产业生态是一个涵盖多个层面和环节，围绕 AIGC 技术构建的复杂系统。它以数据、算力、模型开发训练平台等基础设施为支撑，以模型层为核心，向下游的文本、音频、视频、图像等多领域的内容生成应用场景延伸，各部分相互协作、相互促进，共同推动 AIGC 技术的发展和应用，形成一个有机的产业生态体系，为各行业提供智能化的内容生成解决方案，创造新的价值和商业机会。

AIGC 产业生态的结构包括上游基础设施层、中游模型层和下游应用层。

1. 上游——基础设施层

基础设施层是 AIGC 技术的基石，主要包括数据、算力和模型开发训练平台等算法基础设施。

（1）数据

数据是训练 AI 模型的基础，涵盖文本、图像、音频、视频等多模态数据，需经过系统化的预处理与标注，以保证数据的优质、丰富，从而决定 AI 生成内容的质量和创新性。

（2）算力

AIGC 模型的开发和训练对算力需求巨大，尤其是在生成大规模图像、视频等复杂内容时。边缘计算、云计算及异构计算平台提供了灵活、高效的算力资源，AI 基础设施通过智能化调度算法，实现了算力的弹性扩展与高效分配。

（3）模型开发训练平台

模型开发训练平台为 AIGC 开发者提供完整的工具链支持，包含数据预处理、模型训练、参数调优及部署等环节。在多模态生成领域，模型开发训练平台支持多样化数据输入，确保模型的高效训练与推理。

2. 中游——模型层

模型层在 AIGC 产业生态中占据核心地位，主要包括底层通用大模型和中间层行业定制模型，以及相关的开源社区。

（1）底层通用大模型

底层通用大模型是 AIGC 技术的核心驱动力，可以分为闭源和开源两大类。闭源模型通常通过付费的应用程序接口（Application Program Interface，API）或有限的试用接口来访问，如 OpenAI 的 GPT 模型、谷歌的 PaLM-E 模型等。我国闭源模型厂商虽然起步较晚，但在多模态交互能力和与智能硬件结合方面的能力提升迅速，如李未可科技研发的 WAKE-AI 大模型。而开源模型则采用公开模型的源代码与数据集，任何人都可以查看或修改源代码，如 Stability AI 开源的 Stable Diffusion、杭州深度求索人工智能基础技术研究有限公司推出的 DeepSeek 系列开源大模型等。

（2）中间层行业定制模型

中间层行业定制模型是指针对不同行业需求，在通用大模型基础上，通过特定领域数据和任务进行微调，实现行业场景的精准应用，如金融领域的自动报告生成、设计行业的创意设计生成等。

（3）开源社区

开源社区为开发者提供丰富的工具和资源，推动技术快速迭代，降低中小型企业进入 AIGC 领域的门槛，为模型持续优化提供动力。

3. 下游——应用层

应用层是 AIGC 产业生态中最直接面向用户和市场的部分，它基于模型能力和对用户需求的洞察，直接为 B 端或 C 端用户提供服务。

应用层主要包括以下模态。

- **文本生成**：广泛应用于自动化写作、市场营销和智能客服等场景，能够根据用户需求快速生成高质量文案，提高内容生产效率。
- **音频与视频生成**：逐渐走向成熟，如智能配音、生成虚拟主播等，在媒体、广告等领域应用广泛，跨模态生成技术还可根据文本输入生成相应音视频内容。
- **图像生成**：应用广泛，从艺术创作到商业设计，在广告、电子商务和游戏行业，可以智能生成海报、产品图及游戏场景等，提升内容生产效率。
- **策略生成与跨模态生成**：实现了技术的融合与创新，根据不同场景和需求生成相应策略，以及在不同模态之间进行内容生成转化，创造出更多新的应用场景和商业模式。

三、AIGC 的应用规范与风险

如今，AIGC 正以迅猛之势进入大众的视野，为各行业带来前所未有的机遇与变革，从助力内容创作的高效产出，到赋能商业决策的精准分析，其应用场景不断拓展。然而，这一新兴技术的应用需要遵守相应的规范，数据使用、算法设计、内容生成、市场运营及内部管理等各环节都需严格遵循相关规范，才能保障产业良性运转。同时，在应用过程中，技术、数据、内容、伦理、著作权、商业及个人技能等方面的诸多风险如影随形。

1. AIGC 的应用规范

为了维持 AIGC 产业的良性运转，AIGC 产业的参与者需要在技术、内容、市场等多方面遵守相应的应用规范。

（1）数据使用规范

AIGC 产业的参与者要确保所使用的数据来源合法合规，不得通过非法途径获取数据，如窃取、未经授权爬取等；要对数据进行准确标注，避免因标注错误导致模型学习到错误信息，影响生成结果的质量和可靠性；严格保护数据中的个人隐私信息，在数据搜集、存储、处理等各个环节采取加密、去标识化等技术手段。

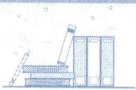

（2）算法设计规范

算法要具有可解释性，尤其是在一些对决策透明度要求较高的领域，如医疗、金融等，让用户能够理解模型决策的依据和过程；避免算法存在歧视，确保模型在不同性别、地域等群体上的表现公平公正，不会对特定群体造成不利影响；加强算法的安全性设计，防止模型被恶意攻击、篡改，尤其是在关键领域的应用中，确保系统的稳定性和可靠性。

（3）内容生成规范

生成的内容应符合客观事实，避免生成虚假、有误导性的信息，尤其是在新闻、知识传播等领域；鼓励生成具有原创性的内容，避免抄袭、剽窃他人的作品，尊重知识产权；生成的内容必须符合法律法规和社会道德规范，不得包含违法、淫秽、暴力、歧视等有害内容；按照《互联网信息服务深度合成管理规定》的要求，采用技术措施进行不影响用户使用的标识，即隐式标识；同时，需在生成或编辑的信息内容的合理位置、区域进行显著标识，即显式标识。

（4）市场运营规范

参与者要确保AIGC产品和服务的质量，提供稳定、可靠的生成结果，及时修补漏洞和优化性能；向用户清晰、准确地说明产品和服务的功能、适用范围、局限性等，避免用户产生误解；严格保护用户在使用AIGC产品和服务过程中产生的数据，不得未经用户同意将数据用于其他商业目的；注重用户体验，提供良好的交互界面和使用流程，及时响应用户的反馈和投诉；在市场竞争中遵守公平竞争原则，不得通过不正当手段获取竞争优势，如恶意诋毁竞争对手、窃取商业机密等；积极参与行业交流与合作，共同推动AIGC产业的发展，分享技术经验和资源，促进技术的进步和创新。

（5）内部管理规范

参与者要建立合规管理制度，包括算法机制审核制度、互联网用户账号信用管理体系、信息发布审核机制、辟谣机制、数据安全和个人信息保护制度、安全事件应急处置等；应与注册其服务的生成式AI服务使用者签订服务协议，明确双方权利、义务。

德技并修

在AIGC领域蓬勃发展的进程中，从业者肩负着维护行业健康生态的重任。在市场竞争中，从业者应坚守公平竞争原则，靠技术实力与创新能力赢得市场份额，坚决抵制恶意诋毁、窃取机密等不正当竞争行径，以维护行业的良性竞争环境。

2. AIGC的应用风险

在应用AIGC的过程中，可能会产生以下几类风险。

（1）技术风险

AIGC技术可能会导致系统错误和故障，给社会带来不可预测的损失和风险。例如，算法的不完善可能导致生成的内容出现错误或不合理的结果，影响参与者决策和使用。AIGC技术可能存在技术缺陷，如算法的不稳定、模型的过拟合等问题，导致生成内容的质量和可靠性下降。

（2）数据风险

AIGC在生成内容的过程中，往往需要大量的数据作为训练和学习的基础。这些数据可能包含用户的个人隐私信息，如果保护措施不当，很容易导致隐私泄露。

AIGC训练模型需要大量的底层数据，这些数据必须来源于合法渠道。如果使用了非法获取或未经授权的数据，可能引发不正当竞争纠纷，或因违反《中华人民共和国个人信息保护法》而受到监管处罚。

AIGC在使用数据进行内容生成时，需要遵守相关的数据使用规范和法律法规，例如，未经用户同意，不得擅自使用用户数据。

（3）内容风险

AIGC可能被恶意利用，用于生产、传播假新闻或谣言等虚假信息。这些虚假信息不仅会误导公众，损害社会信用，甚至会威胁国家安全和社会稳定。

AIGC生成的内容可能存在质量不高、缺乏创意等问题。由于AIGC的训练数据和算法限制，生成的内容可能缺乏深度和独特性，难以满足用户对高质量内容的需求。

（4）伦理风险

AIGC技术可能存在算法偏见和歧视，导致不公平的决策和对待。例如，在人员招聘、信贷审批等场景中，如果AIGC模型存在偏见，可能会给某些群体带来不公平对待。

随着AIGC技术的发展，一些重复性、规律性的工作可能会被自动化取代，导致部分人群失业，造成技术性失业。

（5）著作权风险

AIGC生成的内容可能涉及侵犯著作权问题。例如，AIGC在训练过程中使用了受著作权保护的作品，或者生成的内容与已有作品相似，可能构成侵权。

（6）商业风险

随着AIGC技术的普及，市场竞争将加剧。企业需要不断创新和提升技术水平，以保持竞争优势。AIGC技术的商业化应用还面临一定的不确定性，企业需要探索合适的商业模式和应用场景，以实现AIGC技术的商业价值。

（7）个人技能风险

AIGC大量、快速地生成内容，可能会加剧信息过载问题，使人们难以筛选和辨别有价值的信息。AIGC的方便和强大可能导致个人过度依赖AI工具，影响个人认知和能力。过度依赖AI工具可能导致个人认知萎缩、自动化偏见和认知误导，影响其正确判断和决策。

> **想一想**
>
> 结合自己使用AI工具后的情况，你认为AIGC引起个人技能风险的可能性大不大？你现在是否存在过度依赖AI工具的情况？

四、AIGC对就业的影响

随着AIGC的迅猛发展，就业市场正经历前所未有的变革。从内容创作到自动化生产线，每个行业都在经历AIGC技术的洗礼。具体来说，AIGC对就业的影响主要包括以下几个方面。

1. 就业结构的变化

AIGC的引入像是一阵不可阻挡的风暴，迅速改变了传统职业的面貌。在某些行业，很多职业消失了；而在另外一些行业，AIGC成为助力个人提升工作效率的高效工具。AIGC会使一些重复性高、技能要求低的工作岗位受到冲击，如数据输入、简单文档处理、基础客服等。

同时，AIGC 催生了大量与 AI 技术相关的新职业，如 AI 训练师、数据分析师、内容审核员、算法工程师、计算机视觉工程师、自然语言处理工程师等。AIGC 给跨行业应用也带来了新机会，例如，在游戏开发、影视制作、医疗、金融等行业出现了 AI 游戏设计师、AI 医疗影像分析师等岗位。

AIGC 推动了数字内容创作、智能媒体等新兴产业的发展，吸引大量劳动力流入。同时，传统产业在引入 AIGC 技术后，对劳动者的技能要求发生变化，促使传统产业的就业结构向数字化、智能化方向升级。

2. 职业技能要求的变化

AIGC 技术的应用改变了行业对劳动者的技能要求。简单的重复性劳动将逐渐被 AI 取代，而那些需要高度灵活性和创造性的岗位将更加受到劳动者青睐。未来，劳动力市场将更加依赖于批判性思维、创造力和人机协作能力。例如，AI 无法完全模拟人类的情感、智慧和复杂决策能力，因此在教育、医疗、心理咨询等领域，高度依赖人类判断的职业将更具竞争力。企业和培训机构开始重视员工的创新能力和人际沟通技巧，帮助他们适应未来职场的需求。

另外，"AI+×"的跨学科人才需求涌现，例如，AI 与医疗、教育、金融等领域的融合，需要既懂 AI 技术又了解相关行业知识的复合型人才。

> **想一想**
>
> 　　联系 AIGC 的发展现状和未来的发展趋势，你觉得以你目前的技能水平可以跟得上 AI 时代的要求吗？在 AI 时代，你觉得自己更适合担任什么职位？

任务实施：了解市场对 AIGC 人才的需求

1. 任务目标

全面且深入地了解市场对 AIGC 人才在技能、知识、素养等方面的需求，明确 AIGC 人才在产业生态中的定位，以及 AIGC 应用规范与风险等，为后续学习和职业规划提供方向。

2. 实施步骤

（1）信息搜集（2 天）

- **招聘平台调研**：登录主流招聘网站，如 BOSS 直聘、智联招聘等，以"AIGC 工程师""AIGC 算法专家""AIGC 产品经理"等为关键词搜索岗位信息，搜集至少 10 条不同岗位的招聘启事，重点记录岗位描述、职责要求、技能需求等内容，了解企业对 AIGC 人才的基础需求。

- **行业报告查阅**：查找艾瑞咨询、Gartner 等机构发布的 AIGC 行业报告，获取 AIGC 人才需求趋势、人才缺口规模、各细分领域人才需求占比等宏观数据，从行业层面把握人才需求动态。

（2）关联分析（2 天）

- **结合 AIGC 概念与产业生态**：将搜集到的人才需求信息与 AIGC 基本概念、产业生态结构进行关联。例如，若招聘要求提及模型训练与优化，思考这与 AIGC 基于深度学习模型生成内容的联系，以及该技能在产业生态中处于模型开发训练平台或模型层的哪个环节，明确人才在产业中的关键作用。

- **考虑 AIGC 应用规范与风险**：分析 AIGC 应用规范与风险对人才需求的影响。例如，数据使用规范促使市场需要具备数据加密、合规管理技能的人才；伦理风险使得对能确保算法公平性、可解释性的人才需求增加。

（3）深度访谈（3天）

- **企业 HR 访谈**：联系 2～3 家正在招聘 AIGC 人才的企业 HR，通过电话或线上会议进行访谈。准备的问题包括企业招聘 AIGC 人才的主要目的、看重的技能和经验、对人才跨领域知识的要求等，以从企业用人角度深入了解人才需求。

- **在职 AIGC 人才访谈**：借助校友网络、社交媒体等渠道，联系在职的 AIGC 从业者，询问实际工作中面临的挑战及对人才技能和素养的看法，获取一线工作人员对人才需求的反馈。

（4）总结报告（1天）

- **整理归纳**：对搜集到的信息、访谈内容和分析结果进行整理，按照技能需求、知识需求、素养需求等类别进行归纳，梳理出市场对 AIGC 人才需求的清晰框架。

- **撰写报告**：撰写"市场对 AIGC 人才需求分析报告"，阐述市场对 AIGC 人才的需求现状、与 AIGC 各知识板块的关联，以及对未来 AIGC 人才培养和职业发展的建议。

任务小结

本任务围绕 AIGC 来展开，带我们了解了 AIGC 的基本概念，明晰其依托数据、算力与模型开发训练平台，构建起从上游基础设施到下游应用的产业生态。同时，带我们了解到 AIGC 在应用中需遵循相关规范，规避技术、数据、内容等方面的风险，其发展还对就业产生了岗位替代与新岗位创造双重影响。通过对本任务的学习，我们可以搭建起对 AIGC 的认知体系，为后续深入学习 AIGC 通识与应用奠定基础。

综合实训：探讨 AIGC 发展与应用过程中的伦理挑战

一、实训目标

深入理解 AIGC 在发展与应用进程中所涉及的各类伦理概念，清晰分辨不同伦理问题的表现形式与内在根源。通过实训，树立正确的技术价值观，增强在未来职业和生活中对 AIGC 伦理问题的敏感度与责任感。

二、实训思路

1. 资料搜集与案例分析

自主搜集 AIGC 技术在不同领域（如新闻写作、艺术创作、医疗辅助、金融服务等）的应用案例，特别关注其中出现伦理争议的事件。搜集渠道包括学术文献、行业报告、新闻资讯、专业论坛等。

以小组为单位，对搜集到的案例进行深入分析。分析内容包括案例中 AIGC 技术的应用方式、引发的伦理挑战（如虚假信息传播、知识产权侵犯、算法偏见、泄露隐私等）、涉及的利益相关方，以及已采取或可采取的应对措施等。

2. 伦理理论学习与应用

通过阅读相关资料、观看教学视频等方式，加深对伦理理论的理解，了解功利主义、义务论、德性论等伦理知识。

各小组运用所学伦理理论，对 AIGC 案例中的伦理问题进行分析和解读，从不同伦理理论的视角出发，探讨案例中行为的对错、责任的归属，以及应采取的改进措施，并撰写分析报告。

3. 小组辩论与研讨

根据 AIGC 的伦理热点，确定若干辩论主题，如"AIGC 生成的内容是否应享有版权""在医疗领域使用 AIGC 是否存在伦理风险"等。各小组抽签选择辩论主题，并分为正反两方。

小组成员围绕辩论主题搜集资料、整理观点、撰写辩论稿。在准备过程中，进一步深化对 AIGC 伦理问题的认识，思考不同立场的合理性与局限性。

组织小组间的辩论活动。在辩论过程中，锻炼逻辑思维、语言表达和团队协作能力，通过思想碰撞，更全面地认识 AIGC 伦理挑战的复杂性。

辩论结束后，全班同学进行研讨总结，梳理辩论过程中的关键观点和争议点，深化对 AIGC 伦理问题的理解，共同探讨应对伦理挑战的一般性原则和方法。

4. 策略制定与方案整理

各小组基于之前的案例分析、理论学习和辩论研讨，针对 AIGC 发展与应用过程中的伦理挑战，制定具体的应对策略。策略应涵盖技术改进、法律监管、行业自律、教育引导等多个方面。

将应对策略整理成详细的方案，包括策略目标、具体措施、实施步骤、预期效果及可能面临的问题与解决方案等内容。方案要具有针对性和可操作性，能够切实应用于解决 AIGC 的伦理问题。

三、实训总结与反思

撰写实训报告，总结个人在实训过程中的学习收获、遇到的困难及解决策略，然后各组进行最终的总结汇报，包括项目成果展示、团队合作经验分享、实训反思等。

四、实训评估

（1）过程评估：教师考察资料来源的多样性、信息的准确性；评估学生在分析 AIGC 案例时，能否精准运用伦理理论，观点阐述是否清晰，论证过程是否合理且有说服力；评估小组辩论时的团队协作、观点表达、逻辑论证、应变能力等方面是否符合要求。

（2）教师成果评估：教师检查学生实训报告的完整性，观点是否明确，对行为对错、责任归属的判断是否基于合理的理论依据，提出的改进措施是否具有针对性与可操作性；评估学生针对 AIGC 伦理挑战制定的应对策略在技术改进、法律监管、行业自律、教育引导等方面的合理性、可行性与创新性。

（3）学生自我反思评估：学生审视自身对 AIGC 发展与应用过程中的伦理概念、挑战等知识的掌握程度和提升情况，是否通过实训构建起较为系统的知识体系，对技术价值观的认知是否深化；思考自身在小组活动中的角色与贡献，与团队成员合作时的优势与不足，总结如何更好地融入团队，提升团队协作效率。

项目二　能力储备：积累AIGC应用技能

学习目标 ▼

知识目标
- 了解 AIGC 大模型的基础能力、类型和关键技术等知识。
- 掌握提示词的作用、特点、常见框架和设计技巧。
- 了解智能体的性能度量、结构和任务环境。
- 掌握 AIGC 工具应用策略，包括模式、思路、原则和使用要点。

能力目标
- 能够设计合理的提示词。
- 能够熟练使用智能体。
- 能够熟练使用 AIGC 工具生成需要的内容。

素养目标
- 跟上时代发展，在 AI 时代构建复合型知识体系。
- 培养工具思维，积极利用 AIGC 工具赋能创作。

项目框架 ▼

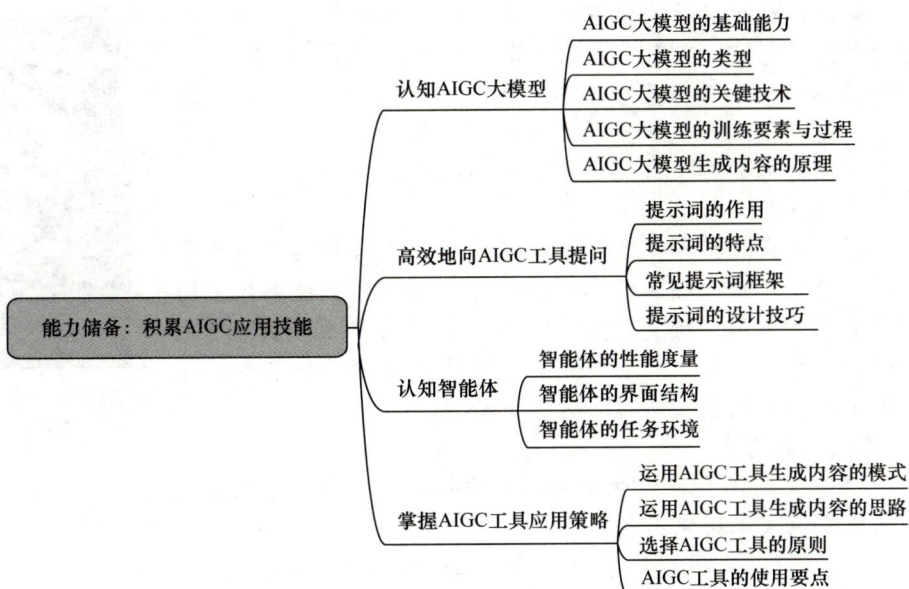

库迪咖啡——用 AIGC 工具打造吸睛创意海报

库迪咖啡的市场团队在 2023 年提出了一个创新的营销想法，希望通过结合熊猫的可爱形象和库迪咖啡的品牌特色，设计一组独特的创意海报。这个想法的目的是在竞争激烈的咖啡市场中脱颖而出，吸引更多年轻消费者的关注。

设计师与市场团队进行了深入的沟通，明确了海报的设计要求。市场团队希望海报能够展现出熊猫的萌态和库迪咖啡的品牌特色，同时还要符合品牌的整体风格。设计师需要在海报中融入熊猫和库迪咖啡的元素，营造出既可爱又具有品牌特色的视觉效果。

设计师根据市场团队的需求设计了一系列提示词，用于生成海报的背景和主体元素。这些提示词包括背景提示词"充满自然气息的老街环境，周围有绿植和小花，营造出宁静而温馨的氛围"和主体提示词"一只可爱的熊猫'手'旁有一杯库迪咖啡，脸上露出满足的笑容。增加画面的丰富性"。

设计师利用 AIGC 工具根据上述提示词生成了多张海报草图，如图 2-1 所示。这些草图展现了不同的熊猫形象和老街环境，设计师从中挑选出最符合要求的几张进行进一步的优化和调整。

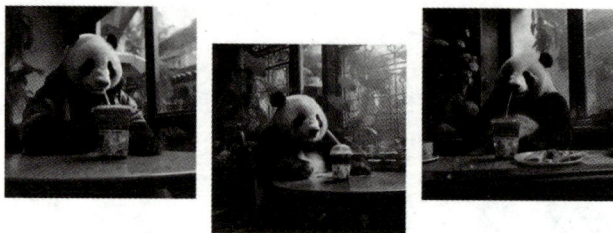

图 2-1　根据提示词生成的海报草图

设计师对生成的海报进行了多次迭代和优化，调整了熊猫的表情、姿势，以及背景的细节。例如，调整了熊猫"手"旁咖啡杯的大小和位置，使其更加自然；优化了背景中的绿植和小花，使画面更加生动。最终，设计师得到了一组既展现了熊猫的可爱形象，又突出了库迪咖啡品牌特色的创意海报，如图 2-2 所示。

图 2-2　使用 AIGC 工具生成的创意海报

这些创意海报在库迪咖啡的社交媒体平台和线下门店展示后，受到了广大顾客的喜爱和好评。许多顾客被海报中的可爱形象所吸引，纷纷前来购买库迪咖啡的产品。通过这次 AIGC 工具的应用，库迪咖啡不仅提升了品牌的知名度，还增加了产品的销量，实现了营销目标。

【启发思考】

1. AIGC 工具在库迪咖啡创意海报设计中起到了怎样的作用？它如何帮助设计师快速生成满足品牌需求的海报？

2. 在设计提示词时，如何确保生成的海报内容既展现熊猫的萌态，又突出库迪咖啡的品牌特色？

任务一　认知 AIGC 大模型

知识储备

AIGC 大模型是基于深度学习等 AI 技术构建的具有海量参数和强大学习能力的模型。它通过对大规模数据的学习和分析，能够自动生成文本、图像、音频、视频等多种形式的内容。这类模型在自然语言处理、计算机视觉等多个领域发挥作用，为智能写作、智能绘画、智能客服等众多应用场景提供基础支撑，推动 AI 从感知智能向认知智能迈进，是当前 AI 领域的研究和应用热点。

一、AIGC 大模型的基础能力

AIGC 大模型具备多项基础能力，这些基础能力使 AIGC 大模型在多个领域都有广泛的应用，如金融、医疗、教育、娱乐等，为用户提供了更加智能化和个性化的服务。

AIGC 大模型的基础能力主要包括以下几个方面。

1. 自然语言处理能力

AIGC 大模型能够根据给定的提示词或指令，生成高质量的文本内容，如文章、故事、诗歌等。例如，DeepSeek-R1 模型可以通过对大量文本数据的学习，生成连贯、有逻辑的文本。

AIGC 大模型能够理解自然语言的含义，实现对文本的语义分析、情感分析等。例如，在客服场景中，AIGC 大模型可以理解用户的问题并给出准确的回答。AIGC 大模型还可以实现多种语言之间的翻译，帮助用户跨越语言障碍进行交流和获取信息。

2. 多模态处理能力

随着技术的发展，AIGC 大模型越来越重视多模态处理能力。这意味着 AIGC 大模型不仅能处理语言文字，还能处理图像、音频、视频等多种模态的数据。这种能力使得 AIGC 大模型在处理复杂场景时更加灵活和强大。

3. 学习和适应能力

AIGC 大模型通常在大规模的无标注数据上进行预训练，然后在特定任务的数据集上进行微调，以获得更好的性能。

AIGC 大模型可以通过自我监督学习来提高其泛化能力，这种学习方法不需要人工标签，而是让大模型自己从输入数据中学习到有用的特征。在处理自然语言理解和生成任务时，AIGC 大模型能够考虑到更多的上下文信息，从而生成更准确、更流畅的文本。

4. 智能决策支持能力

AIGC 大模型能够分析大量的数据，识别出潜在的模式和趋势，为决策提供支持。例如，在金融领域，AIGC 大模型可以分析市场数据，为投资决策提供参考。AIGC 大模型还可以评估各种风险，如金融风险、市场风险等，帮助企业和个人做出更明智的决策。

5. 可扩展性和定制化能力

AIGC 大模型可以通过模型管理平台进行接入和管理，支持多种模型的接入和切换。根据不同的业务需求，AIGC 大模型可以进行微调和优化，以适应特定场景的应用。

6. 创新能力和科研能力

AIGC 大模型具备创新能力和科研能力，能够在技术创新、科研等领域发挥重要作用。AIGC 大模型可以通过数据分析、模式识别等技术，帮助科研人员发现新的规律和知识。

7. 知识储备与运用能力

AIGC 大模型存储着海量的知识，涵盖历史、科学、文化、技术等多个领域，并能快速检索和运用这些知识来回答问题、提供解释等。

8. 逻辑推理能力

AIGC 大模型可进行演绎推理、归纳推理、类比推理等，对复杂问题进行分析、推理和判断，得出合理的结论。

二、AIGC 大模型的类型

随着 AI 技术的飞速发展，AIGC 大模型已成为推动各领域创新的关键力量。从技术架构到生成内容，从学习方式到应用领域，AIGC 大模型展现出了多样性。具体来说，AIGC 大模型可以按照以下方式进行分类。

1. 按基础架构划分

按基础架构划分，AIGC 大模型主要有以下 3 类。

- **变换器（Transformer）架构模型**：如 DeepSeek、文心一言等，使用 Transformer 架构，能够处理长距离依赖关系，适用于各种语言任务。
- **卷积神经网络（CNN）架构模型**：一些用于图像生成的 AIGC 模型，利用 CNN 的卷积层和池化层对图像数据进行特征提取和处理，能够学习到图像的局部特征和空间结构，生成高质量的图像。
- **循环神经网络（RNN）架构模型**：非常经典的面向序列的模型，可以对自然语言句子或是其他时序信号进行建模。RNN 以及 RNN 的变体长短期记忆（LSTM）网络、门控循环单元（GRU）适用于处理序列数据，如语言或时间序列数据，能够较好地处理上下文信息，但在处理长序列数据时可能存在梯度消失问题。

2. 按生成内容划分

按生成内容划分，AIGC 大模型主要有以下 4 类。

- **文本生成模型**：如 DeepSeek、文心一言等，主要用于生成自然语言文本，可以完成文章写作、对话聊天、摘要生成等任务。
- **图像生成模型**：如 DeepSeek Janus-Pro、Stable Diffusion、DALL-E 等，能够根据文本描述或其他条件生成各种风格的图像，主要用于艺术创作、设计等领域。
- **音频生成模型**：如京东言犀开发的 LiveTTS、科大讯飞开发的星火认知大模型、DeepMind 开发的 WaveNet、谷歌开发的 AudioLM 等，可以生成语音内容，能用于语音合成等。
- **视频生成模型**：如快手的可灵 AI、抖音的即梦 AI、腾讯的混元等，这些大模型基本支持文生视频功能和图生视频功能，能够调整想象力和相关性，在动作合理性和物理特性模拟方面表现出色。

3. 按学习方式划分

按照学习方式来划分，AIGC 大模型主要有以下 3 类。

- **无监督学习模型**：在大量无标注数据上进行训练，自动学习数据中的模式和规律。例如，双向编码器表征法（Bidirectional Encoder Representations from Transformers，BERT）在预训练阶段采用无监督学习方式学习语言知识。
- **监督学习模型**：如一些基于标注数据进行图像生成任务训练的模型，通过标注数据进行训练，学习输入内容与输出内容之间的映射关系。
- **强化学习模型**：通过与环境进行交互，根据环境反馈的奖励信号来学习最优策略。例如，DeepSeek-R1 的前身 DeepSeek-R1-Zero 通过纯强化学习训练，不依赖于任何监督学习数据，以 DeepSeek-V3-Base 为基础，采用群体相对策略优化（Group Relative Policy Optimization，GRPO）算法进行训练。DeepSeek-R1 在 DeepSeek-R1-Zero 基础上改进，在冷启动阶段引入少量高质量长链式思考（Chain-of-Thought，CoT）数据，后续还有推理导向的强化学习、拒绝采样与监督微调、全场景强化学习等阶段，通过结合推理任务的规则奖励和一般任务的偏好奖励等，进一步优化模型性能。

4. 按应用领域划分

按照应用领域来划分，AIGC 大模型主要有以下 3 类。

- **通用大模型**：如 DeepSeek、文心一言、讯飞星火认知大模型、通义千问、智谱清言、360 智脑等，具有广泛的适用性，可以在多个领域和任务上使用，可以在自然语言处理、文本生成、智能对话等多个领域应用。

- **行业大模型**：针对特定行业或领域进行优化，相比通用大模型具有更强的专业性和针对性。例如金融领域的自动报告生成模型、医疗领域的诊断辅助模型等。

- **垂直大模型**：针对特定任务或场景进行优化，相比通用大模型具有更高的精度和效率。例如设计行业的创意设计生成模型、广告行业的智能文案生成模型等。

三、AIGC 大模型的关键技术

当前，AIGC 正以惊人之势重塑我们的生活与创作方式，其背后是一系列关键技术的有力支撑，如机器学习、深度学习、自然语言处理、计算机视觉、Transformer 架构、跨模态学习、知识图谱等，这些技术协同发力共同谱写 AIGC 的创新篇章。

1. 机器学习

机器学习是 AIGC 技术的核心组成部分，它能使计算机在不进行明确编程的情况下从数据中学习并改进自身性能。在 AIGC 中，机器学习算法通过分析大量的文本、图像、音频或视频等数据，学习数据的内在规律和模式，从而能够生成与这些数据相似的新内容。

2. 深度学习

深度学习是 AIGC 大模型的基础，通过构建深度神经网络，利用大量数据进行训练，使模型具备内容生成的能力。深度学习框架（如 TensorFlow、PyTorch）为开发人员提供了构建和训练深度神经网络的便利工具。在 AIGC 中，深度学习模型能够处理高维度、非线性和复杂的数据，从而提升生成内容的质量和多样性。

3. 自然语言处理

自然语言处理技术使 AI 能够理解和生成自然语言，是 AIGC 中文本生成、机器翻译、智能对话等功能的核心，基于预训练语言模型可以生成连贯、有逻辑的文章、故事、诗歌甚至代码。这些模型通过大量数据的预训练获取通用知识，然后通过微调来适应特定领域的需求，实现个性化、定制化的内容生成。

4. 计算机视觉

对于图像和视频内容的生成，计算机视觉技术不可或缺。在 AIGC 中，计算机视觉技术主要用于图像识别、风格迁移、超分辨率、图像合成等任务，常用的模型包括深度卷积神经网络、生成对抗网络（GAN）等。GAN 通过生成器和判别器的对抗训练，在图像生成、视频合成等方面取得了显著成果，能够生成逼真、多样的图像和视频内容。

5. Transformer 架构

Transformer 架构的核心是自注意力机制，能让模型在处理序列数据时，自动关注输入序列不同位置的重要性，可以高效处理长序列数据，解决了传统 RNN 和 CNN 在长序列依赖上的问题，是当前 AIGC 大模型的主流架构。Transformer 架构支持大规模并行计算，适合处理大量数据，同时自注意力机制能够捕捉不同词之间的关联，使生成的内容更加连贯。

6. 跨模态学习

跨模态学习是指利用不同模态的数据（如文本、图像、音频等）进行联合学习和推理。在 AIGC 中，跨模态学习技术被用来生成多模态内容，如文本与图像的联合生成、音频与视频的同步生成等。这种技术能够结合不同模态数据的优势，生成更丰富的内容。

7. 知识图谱

知识图谱技术包括知识抽取和知识融合两个方面。知识抽取是指利用大模型进行实体类型提取、关系类型提取、事件类型提取和知识体系提取，构建特定领域内的知识图谱结构。知识融合是指通过知识蒸馏等技术实现端到端的图谱构建，将知识图谱与大模型融合，增强模型的知识表示和推理能力。

四、AIGC 大模型的训练要素与过程

在 AIGC 领域，大模型的训练是实现高质量内容生成的关键。这一过程涉及众多复杂的技术与策略，需要大量的计算资源和数据支持。

1. AIGC 大模型的训练要素

AIGC 大模型的训练要素主要包括数据、算力、算法、模型架构和评估指标。

（1）数据

数据是模型训练的基础，海量、高质量、多样性的数据能让模型学习到丰富的知识和模式。数据的采集方式主要包括爬取网络公开数据、合法收集自身用户数据、外部购买合法的数据这 3 种。数据的采集需要留意合规性问题。数据要涵盖各种场景和情况，且要进行清洗、标注等预处理，以提升数据质量，帮助模型更好地泛化。

（2）算力

AIGC 大模型的训练计算量巨大，需要强大的算力支持，如图形处理器（Graphics Processing Unit，GPU）、张量处理器（Tensor Processing Unit，TPU）等高性能计算芯片，以及大规模的数据中心来提供足够的运算速度和处理能力，确保模型训练能够高效进行。对于大型模型和数据集，企业需要使用分布式计算和切片部署的策略和系统，以充分利用多个计算资源，加快训练速度。

（3）算法

算法包括优化算法、正则化方法等，优化算法如 Adam 等，用于调整模型参数更新的步长和方向，使模型更快、更稳定地收敛；正则化方法如 Dropout 等，防止模型过拟合，提高模型的泛化能力。

（4）模型架构

模型架构决定了模型的性能和功能，如 Transformer 架构及其衍生的各种架构，以其自注意力机制能高效处理长序列数据，捕捉数据中的长期依赖关系，是当前 AIGC 大模型的主流架构。

（5）评估指标

评估指标用于衡量模型的性能和训练效果，不同的任务有不同的评估指标，如文本生成任务中的双语评估替补（Bilingual Evaluation Understudy，BLEU）、基于召回率指标的评价算法（Recall-Oriented Understudy for Gisting Evaluation，ROUGE）等，通过评估指标可以了解模型的优劣，指导模型的改进和优化。

2. AIGC 大模型的训练过程

AIGC 大模型的训练过程如下。

（1）数据搜集与预处理

在进行 AIGC 大模型的训练之前，用户首先要搜集大量相关数据，这些数据可以来自各种来源，如书籍、网页、新闻文章、社交媒体等。对于特定任务，用户可能还需要搜集特定领域的数据。

搜集相关数据后，企业要对搜集到的数据进行清洗，去除噪声、错误和不相关的信息，确保数据的质量和一致性，然后根据具体任务对数据进行标注，例如，在图像分类任务中标记图像的类别，在文本情感分析中标记文本的情感倾向等。标注数据有助于模型学习数据与目标之间的映射关系。

企业还要做好数据划分工作，将数据划分为训练集、验证集和测试集。训练集用于模型的参数学习，验证集用于调整模型超参数和监控训练过程，测试集用于评估模型的最终性能。

（2）模型架构选择与结构设计

企业要根据任务需求选择合适的模型架构，如 Transformer 架构、CNN 架构、RNN 架构等，并设计模型的具体结构，包括层数、神经元数量、注意力机制等，以适应特定的任务需求。

（3）模型训练

模型训练包括预训练、微调和强化学习 3 个方面。

• **预训练**：在大量的无标注数据上进行预训练，让模型学习语言的通用规律。例如，BERT 通过掩码语言模型（Masked Language Model，MLM）任务进行预训练，GPT 系列通过自回归方式进行预训练。

• **微调**：在特定任务的数据集上进行微调，以获得更好的性能。微调通常只需少量标注数据。

• **强化学习**：通过人类反馈进行强化学习，优化模型的输出，使其更符合人类偏好。

（4）模型评估与调优

在进行模型评估时，企业可以使用验证集和测试集评估模型的性能。常用的评估指标包括准确率、召回率、F1 值等。设计师可根据评估结果调整模型的超参数，如学习率、层数、神经元数量等；通过交叉验证等方法来寻找最优的超参数组合，以进一步提高模型的性能。

如果模型出现过拟合或欠拟合等问题，企业要采取相应的优化措施，如增加数据、调整正则化强度、改变模型架构等，对模型进行改进。

企业要在测试集上进行最终的性能测试，确保模型在新数据上的表现符合预期，然后将训练好的模型部署到实际应用场景中，为用户提供服务。

（5）模型部署与应用

企业将训练完成的模型部署到服务器或云平台，以便用户可以通过 API 或其他接口访问模型生成的内容；开发基于模型的应用程序，如聊天机器人、内容生成工具、智能客服等，将模型的能力应用到实际场景中。

五、AIGC 大模型生成内容的原理

大模型已经将 AIGC 提升到新的高度，借助先进的大模型技术，用户能够以前所未有的速度、质量和规模生成丰富的内容，涵盖文字、图像、音频、视频等多个领域。这一飞跃式的进步不但极大地提升了内容生产的效率，而且降低了创作的门槛，使得更多人能够参与内容创作。

AIGC 大模型生成内容主要基于以下原理。

1. 大规模数据学习

AIGC 大模型通过学习海量的数据来理解世界的知识和规律。这些数据包括文本、图像、音频等多种形式，模型在学习过程中不断提取数据中的特征和模式，就像人类通过阅读大量书籍、观察各种事物来积累知识一样。例如，语言模型会学习不同文本中的词汇搭配、语法结构及语义关系，从而掌握语言的表达方式。

2. 模型训练与优化

在训练过程中，模型的参数会被不断调整，以使模型能够更好地拟合训练数据。这就好比训练一个运动员，通过不断练习和调整训练方法，让运动员的技能不断提高。模型的训练目标是让生成的内容尽可能接近真实的数据分布。通过优化算法，模型能够找到最优的参数组合，从而在生成内容时能够准确地把握内容的逻辑和风格。

3. 概率预测与生成

基于 Transformer 架构的大模型，由多层神经网络架构叠加而成，能够根据输入内容预测输出内容。

Transformer 架构使用 Beam Search（束搜索）等方法来提升生成质量。这些方法不是只关注序列中的下一个单词，而是将一组单词作为一个整体来考虑，同时考虑多个序列上的联合概率。因此，可以将大模型看作概率模型。不同于通过数据库对数据进行检索，大模型通过大量学习知识，依据概率生成足够准确的回答。

例如，在生成一篇文章时，模型会根据文章的主题、上下文的语义，以及语法结构等因素，预测下一个单词或句子，从而逐步生成完整的内容。

德技并修

在 AI 时代，培养工具思维至关重要。这意味着创作者要具备主动探索和利用 AIGC 工具的意识和能力，以提升创作效率与质量，要积极拥抱技术变革，将 AIGC 工具作为创意的加速器。在使用 AIGC 工具的同时，还要保持批判性思维，通过不断质疑和反思，更深入地思索信息的真实性与可靠性，不断巩固自身的信息素养。

任务实施：认知主流 AIGC 大模型

1. 任务目标

通过本任务，能够深入了解主流 AIGC 大模型的基础能力、类型、关键技术、训练要素与过程，以及生成内容的原理，为后续 AIGC 应用技能的积累打下坚实的基础。

2. 实施步骤

（1）资料搜集

通过查阅学术文献、专业书籍、行业报告以及访问相关网站等途径，搜集关于主流 AIGC 大模型的资料。重点关注深度求索的 DeepSeek、OpenAI 的 GPT 系列、百度的文心一言、谷歌的 BERT 等模型，了解其发展历程、应用场景，以及在不同领域的表现和优势。

（2）对比分析

将搜集到的不同主流 AIGC 大模型的资料进行对比分析。从模型的基础能力，如文本生成的流畅性、准确性，图像生成的真实性、多样性等方面进行比较；分析模型的类型，包括语言模型、图像生成模型等；探讨模型的关键技术，如 Transformer 架构、自注意力机制、生成对抗网络等；研究模型训练所需的要素，如大规模数据集、高性能计算资源等，以及模型训练过程中的预训练、微调等步骤。

（3）实际体验

注册并使用主流 AIGC 大模型的在线平台或工具，亲自体验模型的生成过程和效果。通过输入不同的指令和问题，观察模型生成的内容，感受模型在不同任务中的表现，如文本生成、图像生成、对话交流等。

（4）总结归纳

根据资料搜集、对比分析和实际体验的结果，总结主流 AIGC 大模型的特点和优势，以及它们在不同领域的应用潜力和发展趋势。

任务小结

本任务聚焦于 AIGC 大模型，系统地讲解其核心知识。AIGC 大模型具备多领域处理能力，能够实现文本、图像等内容的生成。它涵盖生成对抗网络、Transformer 架构模型等多种类型，依赖注意力机制等关键技术，其训练需要海量的数据、强大的算力，以及合理的算法。在生成内容时，模型基于海量数据学习，分析输入信息后依所学模式生成输出结果。掌握 AIGC 大模型的基础知识，可以为后续学习 AIGC 应用技能奠定基础。

任务二　高效地向 AIGC 工具提问

知识储备

AIGC 提示词作为 AI 生成内容的指令，正逐步成为连接人类创意与 AI 的重要桥梁。通过精准地运用这些提示词，用户可以引导 AI 生成高质量、多样化的内容。未来，随着 AI 技术的不断发展和完善，AIGC 提示词的应用范围也将越来越广泛，为用户带来更多的创作可能性和惊喜。

一、提示词的作用

AIGC 提示词在 AI 内容生成过程中发挥着至关重要的作用，其主要作用如下。

1. 明确创作意图和方向

AIGC 提示词作为用户向 AI 输入的指令或描述，能够清晰地传达用户的创作意图和期望。这些提示词包含用户对创作内容主题、风格、情感等的基本要求，使得 AI 在生成内容时能够有明确的方向和目标。例如，在插画创作中，用户可以通过输入"高质量、印象派、带有晨雾的森林场景"等提示词，引导 AI 生成一幅符合特定风格和主题的插画。

2. 提升内容质量与细节表现

通过精心设计 AIGC 提示词，用户可以引导 AI 在生成内容时更加注重细节和质感，从而提升作品的整体质量。例如，使用"超级详细""质感皮肤"等提示词，可以引导 AI 在生成人物或动物形象时更加注重细节和真实性。这些提示词的应用能使 AI 生成的内容更加细腻、生动，具有更高的艺术价值。

3. 实现跨风格创作与多样性

AIGC 提示词允许用户指定生成内容的艺术风格，如"包豪斯""巴洛克""当代艺术"等。通过这类提示词，用户可以轻松实现跨风格的创作，让 AI 生成具有不同艺术魅力的作品。这种跨风格创作的能力不仅丰富了 AI 生成内容，还为用户提供了更多元化的创作选择。

4. 优化视觉效果与构图

在影视特效、平面设计等领域，AIGC 提示词同样发挥着重要作用。用户可以通过输入"动态模糊""剪影""荧光"等视觉效果提示词来调整生成内容的视觉效果，使其更加引人入胜。同时，使用"黄金分割构图""鸟瞰"等构图与视角提示词，可以指导 AI 在生成内容时合理安排画面元素和视角，从而创作出更具艺术感和视觉冲击力的作品。

5. 提高创作效率与资源利用率

有效的 AIGC 提示词可以减少模型训练时间和资源消耗，提高创作效率。通过提供具体、明确的指导，用户可以帮助 AI 更快地理解任务要求，并生成符合期望的内容。这不仅降低了创作成本，还使 AI 技术在内容生产领域的应用更加广泛和高效。

二、提示词的特点

AIGC 提示词具有以下特点。

1. 灵活性

用户可以根据不同的需求和场景，尝试使用不同的词汇、句式和语境来构建提示词，从而生成多样化的内容。这种灵活性使得 AIGC 提示词能够适应各种复杂和多变的创作需求。

2. 精准性

为了引导 AI 生成符合期望的内容，用户需要精准地描述自己的需求。这意味着提示词需要具有高度的精准性，能够准确地传达用户的意图和期望。只有如此，AI 模型才能准确地理解并生成符合用户期望的内容。

3. 具体性

根据需要生成的内容类型，用户应提供具体的要求和背景信息。例如，在要求 AI 生成一篇文章时，用户需要明确文章的主题、风格（如幽默、正式）、字数等具体要求。这些具体、详细的信息有助于 AIGC 大模型生成更加符合用户期望的内容。

4. 针对性

针对特定的 AI 模型和应用场景，用户需要设计符合其特点和需求的提示词。不同的 AIGC 大模型和应用场景可能对提示词的要求有所不同，因此用户需要根据实际情况进行调整和优化。

5. 可调整性

在与 AIGC 工具的互动过程中，用户可以根据生成的初步结果来调整和优化提示词。这种可调整性使用户能够逐步细化自己的需求，并引导 AI 生成更加符合期望的内容。例如，用户可以先提供一个初步的提示词，然后根据 AI 生成的初步结果进行调整和优化，以得到更加精准和符合期望的内容。

三、常见提示词框架

用户使用提示词需要掌握一定的框架结构，不能随意使用，如果提示词中包含的信息密度不够，AI 生成的内容就不会有针对性。常见提示词框架有以下几种。

1. ICIO 框架

ICIO 框架包含 4 个部分，分别是指令（Instruction）、背景（Context）、输入（Input）和输出（Output）。该框架的具体说明如表 2-1 所示。

表 2-1　ICIO 框架的具体说明

ICIO 框架	说明	提示词举例
指令（Instruction）	给模型具体的任务指令，明确告诉它需要做什么	请为我生成一篇诗歌
背景（Context）	设定模型生成内容时需要遵循的特定条件或限制，如风格、格式、长度、语言、目标受众等	诗歌以七言绝句的形式生成
输入（Input）	明确告诉模型希望它处理或参考的原始信息、数据或素材	类似于李白的诗歌《望庐山瀑布》，"日照香炉生紫烟，遥看瀑布挂前川。飞流直下三千尺，疑是银河落九天。"
输出（Output）	指定模型生成内容的类型、格式和呈现方式	在生成答案时，请虚构一个古代诗人的名字，以及诗歌的标题，要有古韵风采

图 2-3 所示为 DeepSeek 根据提示词生成的七言绝句（图片只截取部分内容）。

请为我生成一篇诗歌，诗歌以七言绝句的形式生成，类似于李白的诗歌《望庐山瀑布》，"日照香炉生紫烟，遥看瀑布挂前川。飞流直下三千尺，疑是银河落九天。"在生成答案时，请虚构一个古代诗人的名字，以及诗歌的标题，要有古韵风采。

嗯，用户让我生成一首七言绝句，类似于李白的《望庐山瀑布》。首先，我需要回忆李白的这首诗的特点。李白的诗通常气势磅礴，用词夸张，充满想象，比如"飞流直下三千尺，疑是银河落九天"。所以，我需要模仿这种风格，使用生动的自然意象和夸张的比喻。

接下来，用户要求虚构一个古代诗人的名字和诗歌标题，要有古韵。古代诗人的名字通常有特定的结构，比如复姓或者单姓加有诗意的字。比如"杜牧""白居易"等。

标题方面，李白的诗题多为地点加景物，比如《望庐山瀑布》。我可以选一个自然景观，比如"大峰""云海""碧霄"等，组合成标题，比如《望大峰云海》或者《碧霄观瀑》之类的。

然后，七言绝句的结构是四句，每句七个字，押平声韵，通常第二句和第四句押韵。要注意平仄和对仗。比如李白的诗第一句起兴，第二句承接，第二句转折，第四句升华。

好的，以下是为您创作的七言绝句，虚构诗人名为萧子陵，诗歌题为《望天峰云海》：

《望天峰云海》
萧子陵
日照金崖生翠烟，
回眸云浪卷长天。
琼波倒泻九千尺，
恰似苍龙饮玉渊。

图 2-3　DeepSeek 根据提示词生成的七言绝句

2. CRISPE 框架

CRISPE 框架包含 5 个部分，分别是能力与角色（Capacity and Role）、洞察（Insight）、陈述（Statement）、特色（Personality）和实验（Experiment）。该框架的具体说明如表 2-2 所示。

表 2-2　CRISPE 框架的具体说明

CRISPE 框架	说明	提示词举例
能力与角色 （Capacity and Role）	明确 AI 的角色、功能或视角	你是一位科普作家，专门撰写科普文章
洞察 （Insight）	提供上下文或背景信息	我们杂志社主要为青少年提供丰富的科普文章
陈述 （Statement）	提出清晰的核心任务	请你为杂志社写一篇关于气候变化的文章
特色 （Personality）	定义输出的内容风格	要求语言通俗易懂，避免专业术语
实验 （Experiment）	允许 AI 生成不同方案	提供 3 种不同的开头版本和标题

图 2-4 所示为 DeepSeek 根据提示词生成的青少年科普文章（图片只截取部分内容）。

> 你是一位科普作家，专门撰写科普文章。我们杂志社主要为青少年提供丰富的科普文章，请你为杂志社写一篇关于气候变化的文章，要求语言通俗易懂，避免专业术语，提供 3 种不同的开头版本和标题。

好的，用户让我以科普作家的身份为青少年杂志社写一篇关于气候变化的文章，需要三个不同的开头版本和标题，语言要通俗易懂，避免专业术语。首先，我得确定用户的需求是什么。他们可能希望文章能吸引青少年的兴趣，同时传达气候变化的重要性，但又不能太复杂。

首先，分析用户的使用场景。杂志主要面向青少年，所以文章需要生动有趣，可以用一些比喻或者生活中的例子。青少年可能对气候变化对未来的影响更感兴趣，比如他们未来的生活环境会怎样，或者他们能做什么来帮助解决问题。

接下来，用户的身份是科普作家，所以需要保持专业性，但又要避免专业术语。可能需要将复杂的概念简化，比如用"地球发烧"代替"全球变暖"，将"温室气体"解释为"像毯子一样包裹地球的气体"。

用户可能没有说出来的深层需求是希望文章不仅能传递知识，还能激发青少年的行动力，可以参与其中。因此，在文章中可能需要加入一些实际的例子或者建议，比如减少塑料使用、节约能源等。

现在考虑三个不同的开头和标题。标题要吸引眼球，同时点明主题。开头需要引起读者的兴趣，可以用提问、比喻或者生动的场景描述。比如，第一个标题可以用比喻，如"地球'发烧'了！"，开头用温度计的形象，让读者容易理解。第二个标题可以带有未来感，比如"未来地球日记"，用时间旅行的概念吸引青少年……

以下是为青少年读者设计的三个不同风格的标题及文章开头版本，语言通俗易懂，注重趣味性和代入感：

标题1："地球'发烧'了！谁在给它的温度计'加码'？"

开头版本1：

"如果地球有一支巨大的温度计，你会发现温度计显示的值正以惊人的速度往上升——过去100年，地球平均温度升高了1℃，听起来不多？可这足以让北极熊失去家园、珊瑚褪去色彩，甚至让夏天的热浪变成烤箱模式。这一切的背后，到底是谁在悄悄按下加热键？"

标题2："未来地球日记：如果冰川会说话"

开头版本2：

"想象一下，你打开一本来自2100年的日记：第一页画着融化的冰川在流泪，第二页记录着被海水淹没的沿海城市，第三页写满动物们的搬家申请书……这不是科幻小说，而是科学家们用数据拍摄的未来预告片。让我们一起破解气候变化的'密码'，改写这个故事的结局。"

标题3："谁是气候变化的'幕后黑手'？"

开头版本3：

"如果把地球比作一间温室，我们每个人都是园丁。但最近这间温室越来越闷热——极地冰盖像融化的冰激凌……"

图 2-4　DeepSeek 生成的青少年科普文章

3. BROKE 框架

BROKE 框架包含 5 个部分，分别是背景（Background）、角色（Role）、目标（Objective）、关键结果（Key Result）和发展优化（Evaluate）。该框架的具体说明如表 2-3 所示。

表 2-3　BROKE 框架的具体说明

BROKE 框架	说明	提示词举例
背景（Background）	提供足够的背景信息，使 AI 能够理解问题的上下文	我们正在启动一个新项目，目标是在接下来的 6 个月内开发并上线一个电子商务平台
角色（Role）	设定特定的角色，让 AI 能够根据该角色来生成响应	你是一位经验丰富的项目经理，负责规划项目的关键里程碑和任务分配
目标（Objective）	明确任务目标，让 AI 清楚知道需要实现什么	请制订一个详细的项目计划，包括项目启动、开发、测试和上线各个阶段的时间表和关键任务
关键结果（Key Result）	定义关键的、可衡量的结果，以便让 AI 知道如何衡量目标的完成情况	项目计划应包含每个阶段的开始日期和结束日期，以及每个任务的具体负责人和预期成果
发展优化（Evaluate）	允许迭代优化，让 AI 通过试验和调整来测试结果，并根据需要进行优化	在项目执行过程中，根据实际情况调整项目计划，并在每个阶段结束时评估项目进度，以确保项目按时完成

图 2-5 所示为 DeepSeek 根据提示词生成的项目计划（图片只截取部分内容）。

我们正在启动一个新项目，目标是在接下来的 6 个月内开发并上线一个电子商务平台。你是一位经验丰富的项目经理，负责规划项目的关键里程碑和任务分配。请制订一个详细的项目计划，包括项目启动、开发、测试和上线各个阶段的时间表和关键任务。项目计划应包含每个阶段的开始日期和结束日期，以及每个任务的具体负责人和预期成果。在项目执行过程中，根据实际情况调整项目计划，并在每个阶段结束时评估项目进度，以确保项目按时完成。

好的，用户让我制订一个为期 6 个月的电子商务平台项目计划，包括启动、开发、测试和上线各个阶段的详细时间表和任务分配。首先，我需要明确每个阶段的主要目标和关键任务，然后合理分配时间和负责人。

首先，项目启动阶段通常需要明确需求、组建团队和制订计划。用户可能希望这个阶段不要太长，可能两周左右。接下来是开发阶段，可能需要三个月，分为前端、后端和数据库开发。然后是测试阶段，用户可能希望有一个月的时间进行各种测试，最后是上线准备和发布，可能需要两周。这样总时间大概是六个月。

接下来要考虑各个阶段的具体任务。启动阶段需要实现需求分析、团队组建、技术选型和项目计划制订。开发阶段包括前端、后端和数据库开发，可能并行进行。测试阶段包括单元测试、集成测试、用户测试等。上线阶段需要实现部署、培训、试运行和正式发布。

负责人方面，需要确定项目经理、技术负责人、测试经理等角色。预期成果要明确，比如需求文档、原型设计、测试报告等。

以下是为期 6 个月的电子商务平台开发项目计划，包含关键里程碑、任务分配及风险管理策略：

一、项目概览

- **目标**：6个月内完成电子商务平台开发并上线（含商品展示、购物车、支付、订单管理、用户系统）
- **总周期**：2024年1月1日 — 2024年6月30日
- **团队规模**：15人（开发8人、测试3人、产品/设计2人、运维2人）

二、阶段规划与时间表

1. 项目启动阶段（2024.1.1—2024.1.14）

任务	负责人	关键成果	交付物
需求分析与优先级排序	产品经理	需求文档（PRD）	签署确认的《需求规格说明书》
技术选型与架构设计	技术负责人	系统架构图	《技术方案设计文档》
团队组建与分工	项目经理	责任矩阵（RACI）	《项目团队章程》
原型与UI设计定稿	UI设计师	高保真原型	《UI设计规范文档》

图 2-5　DeepSeek 根据提示词生成的项目计划

4. SCOPE 框架

SCOPE 框架包含 5 个部分，分别是主题（Subject）、上下文（Context）、目标（Objective）、参数（Parameter）和排除项（Exclusion）。该框架的具体说明如表 2-4 所示。

表 2-4 SCOPE 框架的具体说明

SCOPE 框架	说明	提示词举例
主题 （Subject）	提示词的核心，明确 AIGC 模型需要处理或生成的内容的主要对象或领域。这是整个提示词的基础，决定生成内容的方向和范围	探讨人工智能在教育领域的应用
上下文 （Context）	提供与主题相关的背景信息、情境描述或特定条件，使模型能够更好地理解主题所处的环境和相关因素	随着科技的不断发展，人工智能技术逐渐渗透到各个行业，教育领域也不例外。目前，人工智能在教育中的应用越来越广泛，包括智能教学系统、个性化学习推荐、自动作业批改等方面
目标 （Objective）	明确用户希望通过 AIGC 模型实现的具体目的或期望达到的效果，如生成一篇文章、一段代码、一幅图画等	请为我撰写一篇关于人工智能在教育领域应用的科普文章，介绍其主要应用形式、优势及未来发展趋势，以帮助读者了解人工智能在教育中的重要作用
参数 （Parameter）	对生成内容的具体要求和限制，包括格式、风格、长度、语言、质量标准等。参数可以帮助模型更准确地生成符合用户期望的内容	文章采用段落式结构，包含引言、正文和结论 3 个部分。语言通俗易懂，适合普通读者阅读。文章字数控制在 800～1000 字。使用中文撰写
排除项 （Exclusion）	指出用户不希望在生成内容中出现的内容、风格、元素等，帮助模型避免生成不符合用户需求或可能引起误解的内容	内容不涉及人工智能在教育领域中的伦理问题和争议。避免使用过于学术化或晦涩难懂的语言风格

图 2-6 所示为 DeepSeek 根据提示词生成的科普文章（图片只截取部分内容）。

探讨人工智能在教育领域的应用。随着科技的不断发展，人工智能技术逐渐渗透到各个行业，教育领域也不例外。目前，人工智能在教育中的应用越来越广泛，包括智能教学系统、个性化学习推荐、自动作业批改等方面。请为我撰写一篇关于人工智能在教育领域应用的科普文章，介绍其主要应用形式、优势以及未来发展趋势，以帮助读者了解人工智能在教育中的重要作用。文章采用段落式结构，包含引言、正文和结论 3 个部分。语言通俗易懂，适合普通读者阅读。文章字数控制在 800～1000 字。使用中文撰写。内容不涉及人工智能在教育领域中的伦理问题和争议。避免使用过于学术化或晦涩难懂的语言风格。

嗯，用户让我写一篇关于人工智能在教育领域应用的科普文章。首先，我需要确定用户的需求。他们希望文章结构清晰，分为引言、正文和结论，语言要通俗易懂，适合普通读者，字数控制在 800 到 1000 字，并且不涉及伦理问题和争议。

用户可能是一位教育工作者，或者是对教育技术感兴趣的人士，想了解 AI 如何改变教育。他们需要的信息应该具体，包括应用形式、优势和未来趋势。同时，避免学术术语，所以需要将技术概念用简单的话解释清楚。

接下来，我得确保覆盖主要应用形式。比如智能教学系统、个性化推荐、作业批改、虚拟助手等。每个部分需要举例说明，让读者容易理解。比如提到像 ChatGPT 这样的工具如何帮助学生解答问题。

人工智能：打开教育新世界的钥匙

引言

想象一下这样的场景：一个偏远山村的学生，通过手机就能获得和城市孩子一样的名师讲解；一位老师只需轻点鼠标，就能自动批改全班作文；一个孩子做题卡壳时，系统立即推送最适合他的教学视频……这些看似科幻的画面，正通过人工智能技术变成现实。

过去十年，人工智能（AI）像一股春风，悄然吹进教育领域。它不再是实验室里的高深概念，而是化作无数个"智能教育助手"，正在重塑我们获取知识的方式。让我们走进这个充满智慧的新世界，看看 AI 如何让教育变得更"聪明"、更"温暖"。

一、AI 正在改变课堂

1. 24 小时在线的"超级教师"

AI 教学系统就像永不知疲倦的教师。当学生深夜做题遇到困难时，类似 ChatGPT 的智能助手能立即解答疑问；当学生反复做错同类题目时，系统会自动推送知识点动画，像朋友一样耐心讲解。美国某数学学习平台的数据显示，使用 AI 辅导的学生，平均解题速度提升了 40%。

2. 量身定制的学习地图

每个学生都能拥有专属的"学习导航"。AI 通过分析做题记录、观看教学视频的停留时长等数据，精密绘制知识掌握图谱。比如某英语 App 会根据用户拼写错误，智能生成包含"易混淆单词对比"的个性化学习。

图 2-6　DeepSeek 根据提示词生成的科普文章

想一想

　　使用 DeepSeek 时，创作者可以借助极简提示词公式来生成自己需要的内容。极简提示词大体符合前面提到的 BROKE 框架。DeepSeek 提示词公式为：背景（任务的背景信息）+ 动作（要帮我做什么）+ 结果（预期达到的结果）+ 要求（要什么，不要什么）。如果你是一个美食领域的创作者，你想创作一个短视频脚本，如何使用 DeepSeek 生成需要的内容？

四、提示词的设计技巧

　　在使用 AI 工具进行内容生成时，可能会出现生成的结果不尽如人意的情况，很多时候是没有正确设计提示词所致的。一个精心设计的提示词可以显著提高 AI 生成内容的质量。一般来说，用户在使用 AI 工具生成内容时，可以采用以下技巧来设计提示词。

1. 明确内容方向和主题范围

　　在设计提示词时，用户要清晰、准确地表达自己想要 AI 生成的内容方向，避免模糊和歧义。例如，若想生成一首古诗，就不能只说"写点东西"，而应明确说"创作一首古诗"。

为了让生成的内容更聚焦，用户需要给提示词设定一个明确的主题范围。以撰写产品介绍为例，要具体到产品的名称、功能及目标受众等，如"为一款面向年轻人的、可以监测心率的智能运动手表撰写产品介绍"。

2. 提供细节与背景

用户要适当地为提示词添加相关背景信息，这有助于 AI 更好地理解语境，生成更符合需求的内容。例如，让 AI 分析一个商业案例时，可提供"在电商行业竞争激烈的背景下，分析某新兴电商平台的营销策略"。

对于重要的概念或元素，用户要尽可能地细化描述。例如，要 AI 设计一个标志，不能只说"设计一个标志"，而要具体到"设计一个以 AI 为核心业务的科技公司标志，风格简约、现代，要体现创新和智能元素"。

3. 调整语气和风格

用户要根据不同的应用场景选择合适的语气和风格。若是写新闻报道，就要用客观、正式的语气；若是创作社交媒体文案，则可以采用更活泼、亲切的风格。如果有特定的风格要求，如模仿某位作家的写作风格，可在提示词中明确指出，如"以鲁迅的写作风格，针对外卖员的社会处境撰写一篇时事评论文章"。

4. 运用逻辑顺序

用户可以按照一定的逻辑顺序来组织提示词，使内容具有连贯性和条理性。例如，在让 AI 工具撰写项目计划书时，可以按照"项目背景—目标—具体方案—预期成果—风险评估"的逻辑顺序来设计提示词；然后利用连接词和引导语来明确各部分内容之间的关系，引导 AI 生成逻辑清晰的内容，例如"首先介绍产品的基本信息，然后分析其市场竞争力，最后提出推广策略"。

5. 合理控制长度和复杂性

用户设计的提示词要简洁，并在模型的字符限制内，以避免因不必要的信息而使模型不堪重负，避免使用过于复杂的语言结构和冗长的描述，让模型能够快速、准确地理解提示词的核心内容。

对于复杂任务，用户可以将提示词分解成子任务或步骤，以帮助模型专注于各个组成部分。例如，在生成一份详细的项目报告时，可以将提示词分解为项目背景、目标、实施步骤、成果、结论等多个部分，分别生成后再进行整合。

6. 提供示例

用户可以为模型提供一个或多个示例，让模型更直观地了解期望生成的内容类型和风格，减小模型生成内容时的偏差，使其更准确地满足用户的需求。例如，在生成一段代码时，提供一段类似的代码示例，模型可以根据示例更好地理解代码的结构和逻辑，生成更符合要求的代码。

7. 设定角色

用户可以引导模型扮演特定的角色，如专家、记者、教师等，让模型从特定的角度和立场来生成内容。例如，在生成一篇行业分析报告时，可以让模型扮演行业专家角色，以更专业和深入的视角进行分析。

8. 指定输出格式

用户需要清晰地指定期望的输出格式，如 JSON、HTML、Markdown 等，以便 AI 能够准确理解并生成符合要求的内容。对于特定的输出格式，如 JSON 或 HTML，用户应在提示词中具体描述其结构、字段和参数等要求。例如，可以指明期望输出的 JSON 对象包含哪些键和值，或者期望输出的 HTML 页面包含哪些元素和属性。

9. 细化和调整提示词

通过逐步细化提示词，用户可以更好地控制生成的内容，并提升输出内容的质量。例如，可以从一个宽泛的主题开始，逐渐添加具体的细节和要求，直至达到期望的输出格式和内容。

在创建提示词后，用户应进行测试，以确保 AI 能够生成符合期望格式的内容。如果结果不符合预期，用户可以根据测试反馈调整提示词并进行再次测试，直至获得满意的结果。

任务实施：设计提示词引导 AI 生成内容

1. 任务目标

熟练运用提示词的相关知识，根据不同需求设计出有效的提示词，精准引导 AI 生成符合预期的高质量内容。

2. 实施步骤

（1）明确需求与目标

确定希望 AI 生成的内容的类型，如撰写一篇科技类文章、生成一幅科幻风格的插画或者一段舒缓的背景音乐。详细思考内容的应用场景，是用于学术交流、商业宣传，还是个人兴趣创作，明确具体的目标。例如，科技类文章要通俗易懂、知识性强，宣传插画要突出产品特点。

（2）选择合适的提示词框架

根据需求从常见提示词框架中挑选合适的类型，如 ICIO 框架、CRISPE 框架、BROKE 框架、SCOPE 框架等。

（3）运用设计技巧撰写提示词

运用提示词设计技巧撰写提示词。例如提供丰富细节，在生成插画的提示词中描述画面元素的颜色、形状、布局等；调整语气、风格，若为儿童读物绘制插画，语气、风格要活泼可爱；确保逻辑清晰，按照一定的顺序组织提示词内容。

（4）测试与优化提示词

将设计好的提示词输入 AI 工具，观察生成的内容。若结果与预期有偏差，分析问题所在，如提示词不够具体、逻辑有误等，有针对性地优化提示词并重新测试，直至生成满意的内容。

任务小结

本任务聚焦于高效地向 AIGC 提问，旨在令我们掌握提示词的设计技巧。提示词是引导 AI 工具生成理想内容的关键，具有精准性、引导性等特点。常见的提示词框架有 ICIO 框架、CRISPE 框架、BROKE 框架、SCOPE 框架等，能够为创作提供方向。设计提示词时，要明确目标、意图，提供细节、背景，调整语气、风格，运用逻辑顺序。学习这些知识，能够优化我们的提问方式，让 AI 工具生成的内容更契合需求。

任务三 认知智能体

知识储备

智能体是一种能够感知和理解环境，并基于生成式模型自主创造文本、图像、视频、代码等多种形式内容的 AI 系统。智能体和 AIGC 虽然都是 AI 应用，但智能体具备自主决策和执行能力，而 AIGC 侧重于内容生成生技术，两者的应用场景和功能逻辑不同。智能体具有自主性、智能性、交互性和可扩展性等特点。

自主性是指智能体能够自主运行，并根据环境变化自主地做出反应；智能性是指其具备强大的自然语言处理与生成能力，能够理解用户意图并生成符合需求的内容；交互性是指能够与外部环境进行交互，包括用户、其他智能体或系统；可扩展性是指能够处理大规模的训练数据和多模态任务，适用于多种应用场景，如内容创作、企业知识库管理、个性化服务和市场营销。

目前，主流原生应用内的智能体大致可分为8类，包含情感陪伴、职场办公、教育学习、生活助手、趣味休闲、图像生成、文案写作、行业顾问等。其中，情感陪伴是最受热捧的，职场办公、文案写作、图像生成和教育学习位居第二梯队。

一、智能体的性能度量

性能度量指标用于衡量智能体在特定任务或场景下表现的优劣。这些指标通常涵盖智能体生成内容的准确性、多样性、创新性、效率，以及在不同环境和任务中的适应性等方面。通过对这些指标的评估，用户可以全面了解智能体的性能水平，为后续的优化提供依据。

智能体的性能度量指标主要有以下几种。

1. 内容质量指标

内容质量指标可以细分为准确性、多样性、创新性、连贯性等。

- **准确性**：评估智能体生成的内容是否符合事实、逻辑和语境要求。例如，在新闻报道的撰写中，智能体应确保报道的准确性和客观性。
- **多样性**：衡量智能体在不同主题、风格和语境下生成内容的丰富程度，这有助于确保智能体能够适应多样化的用户需求。
- **创新性**：评估智能体在生成内容时是否能够展现出新的想法、观点和表达方式。创新性是衡量智能体创造力的重要指标。
- **连贯性**：考察文本在语义上是否连贯、合理，句子与句子之间、段落与段落之间是否逻辑清晰，上下文是否能够自然衔接，让读者能够理解文本所表达的完整意思。

2. 生成效率指标

生成效率指标可以细分为生成速度和并发处理能力。

- **生成速度**：智能体从接收输入到生成输出结果所花费的时间快慢。在实际应用中，尤其是对于实时交互的场景，如智能客服、对话机器人等，生成速度至关重要。更快的生成速度可以提供更流畅的用户体验，减少用户等待时间。
- **并发处理能力**：当将多个请求同时发送给智能体时，智能体能同时处理这些请求并及时响应的能力。在大规模应用中，如面向大量用户的在线教育平台、社交媒体平台等，智能体需要具备较强的并发处理能力，以确保系统的稳定性和响应速度。

3. 学习能力指标

学习能力指标用于衡量智能体在不断接收新数据和任务的过程中，能否快速、有效地学习新知识、新技能，改进自身的模型和策略，以提升性能。例如，在语言翻译任务中，智能体能否通过学习更多的语料库来提升翻译的准确性和质量。

学习能力指标包括泛化能力指标，用于衡量智能体在面对未曾见过的新数据、新场景时，能否将已学到的知识和技能灵活应用，保持较好的性能表现。具有良好泛化能力的智能体能够更好地适应复杂多变的实际应用环境。

4. 交互能力指标

交互能力指标用于衡量在对话场景中，智能体与用户的对话是否自然、流畅，是否能够根据用户的输入及时、合理地给出回应，避免出现回答生硬、不相关或长时间无响应的情况。

交互能力指标包括情感理解与表达指标，用于衡量智能体能否理解用户话语中蕴含的情感，并做出合适的情感回应，使交互更具人性化和亲和力。

5. 可靠性指标

可靠性指标可以细分为系统稳定性指标、恢复能力指标和结果一致性指标。

- **系统稳定性指标**：衡量智能体在长时间运行过程中，是否能够稳定工作，不出现崩溃、宕机等故障。对于需要持续提供服务的智能体来说，系统稳定性是保证其正常运行的基础。
- **恢复能力指标**：评估智能体在出现错误或故障时，是否能够迅速恢复并继续执行任务，这有助于提升智能体的容错性和可用性。
- **结果一致性指标**：考察在相同或相似的输入条件下，智能体生成的结果是否具有一致性，不会出现忽好忽坏、差异过大的情况。

二、智能体的界面结构

智能体的界面设计旨在提供直观、高效且用户友好的交互体验。这些界面通常包含以下结构。

1. 输入区域和输出区域

输入区域是用户输入文本、指令或问题的区域，通常位于界面底部或显眼位置，用户在此输入想要智能体处理的内容，如"写一篇关于人工智能发展趋势的文章"等。

输出区域用于展示智能体生成的内容，如文字回答、图片、图表等。它占据界面的主要空间，会以清晰、易读的格式呈现智能体给出的结果，例如，以段落形式展示文本内容，以可视化形式展示数据图表等。

图 2-7 所示为豆包 App 中的智能体"头条爆款文章写作"的界面，包括输入区域和输出区域。用户可以在输入区域输入指令，在输出区域阅读和复制智能体给出的结果。

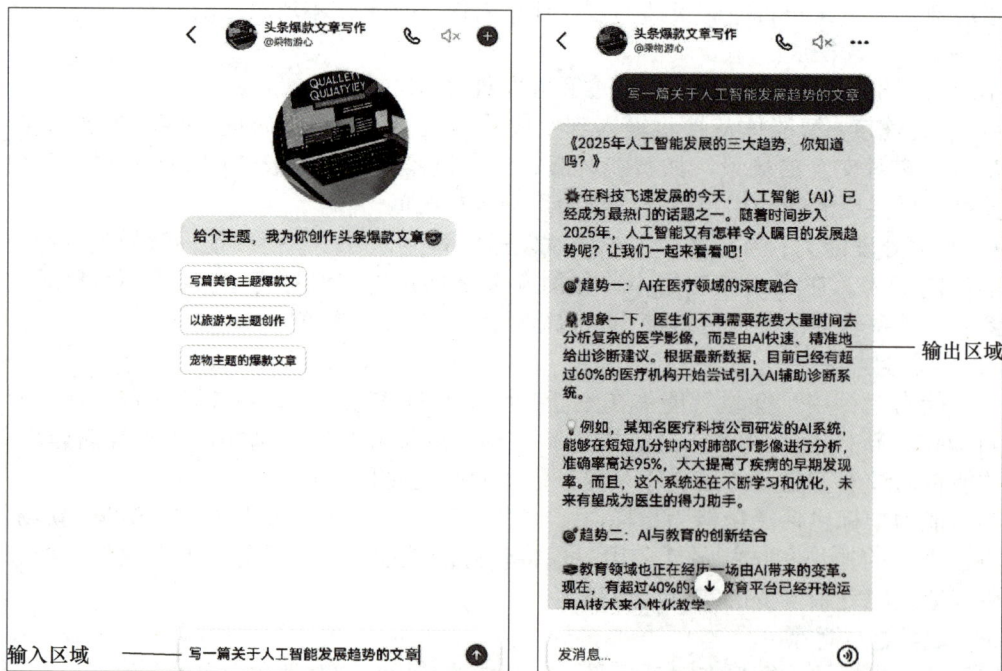

图 2-7　智能体的输入区域和输出区域

除了文本输入外，智能体还支持语音、图像等多种模态的输入方式，以满足不同用户的需求和不同的应用场景。

2. 智能辅助与推荐区域

智能体一般会提供示例或模板，帮助用户更快速地输入有效指令或问题，还会根据用户的输入历史和偏好，智能推荐相关的内容或功能，提高用户的使用效率和满意度。

图 2-8 所示为豆包网络端的智能体"小红书文案创作"的界面，"你想在小红书上发点什么呢？"下方的内容即智能体提供的示例。

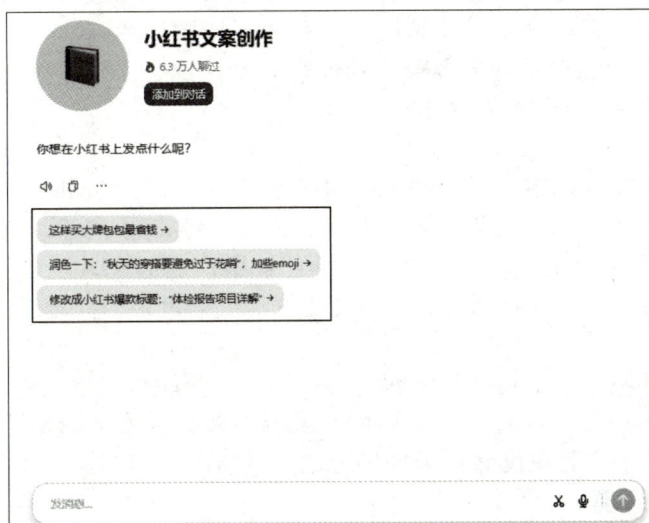

图 2-8　智能体提供的示例

3. 标题、头像和欢迎语

标题和头像位于界面顶部，用于显示智能体的名称和标志，让用户明确使用的是哪个智能体产品，同时也起到美化和标识作用，增强品牌辨识度。

欢迎语通常在头像的下方，会显示欢迎用户的话语，以及一些基本的使用提示，引导用户进行正确的操作，例如，提示用户可以输入的内容类型。

图 2-9 所示为豆包网络端的智能体"短视频灵感"的界面。

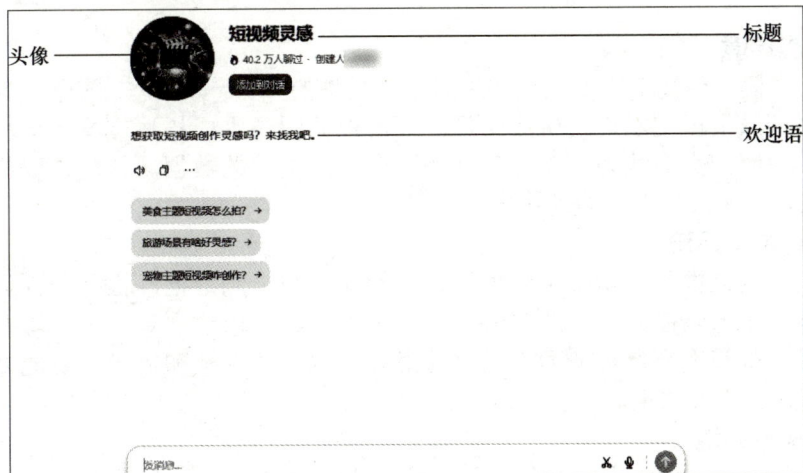

图 2-9　智能体"短视频灵感"的界面

三、智能体的任务环境

智能体的任务环境是指其执行任务时所处的外部条件和背景，任务环境对智能体的行为和决策产生重要影响，展示智能体在不同领域的应用潜力和多样性，为用户提供更加智能化和个性化的服务。

智能体的任务环境主要分为以下几种。

1. 内容创作环境

智能体在内容创作环境中主要负责生成各种形式的内容，如文本、图像、音频和视频等。例如，智能体可以根据用户的需求生成文章、故事、诗歌、图画、音乐等。该环境要求智能体具备强大的创造力和对不同内容形式的理解能力。智能体要能根据用户的具体要求和风格偏好，生成高质量、个性化的内容。

2. 智能客服环境

智能体在智能客服环境中用于处理用户的问题和需求，提供即时的解答和帮助。例如，智能客服可以回答常见的用户问题，解决技术问题或提供产品推荐。该环境要求智能体具备良好的自然语言理解和生成能力，能够准确理解用户的问题并提供合适的回答。同时，智能体需要具备一定的记忆和学习能力，以便更好地处理复杂的问题。

3. 教育环境

智能体在教育环境中用于辅助教学和学习。例如，智能体可以提供个性化的学习计划，解答学生的问题，生成教学内容等。该环境要求智能体具备丰富的知识储备和良好的教学能力，能够根据学生的学习进度和需求提供合适的教学内容和指导。

4. 办公自动化环境

智能体在办公自动化环境中用于提高工作效率和自动化处理任务。例如，智能体可以自动生成报告、整理数据、安排日程等。该环境要求智能体具备高效的任务处理能力和对办公流程的理解能力；智能体要能准确地执行任务，并与其他办公工具和系统进行良好的集成。

5. 娱乐环境

智能体在娱乐环境中用于提供各种娱乐内容和服务。例如，智能体可以生成音乐、图画、视频等娱乐内容，或者提供 VR 和增强现实（AR）体验。该环境要求智能体具备创新性和对用户娱乐需求的敏感度。智能体要能生成有趣、吸引人的内容，并提供个性化的娱乐体验。

6. 多模态环境

智能体在多模态环境中用于处理和生成多种类型的数据，如文本、图像、音频和视频等。例如，智能体可以根据文本描述生成图像，或者根据图像生成描述文本。该环境要求智能体具备跨模态理解和生成能力，能够处理和整合不同类型的数据。智能体要能理解不同模态之间的关系，并生成协调一致的内容。

7. 个性化推荐环境

智能体在个性化推荐环境中用于根据用户的偏好和行为数据，推荐个性化的内容和服务。例如，智能体可以根据用户的观看历史推荐电影、音乐或文章。该环境要求智能体具备强大的数据分析和用户建模能力，能够准确理解用户的兴趣和需求。智能体要能根据用户的反馈不断优化推荐结果。

8. 任务执行环境

智能体在任务执行环境中负责执行具体的任务，如订购商品、预订机票、安排会议等。

该环境要求智能体具备良好的任务规划和执行能力，能够准确理解任务需求并采取合适的行动。智能体要能与其他系统和工具进行良好的集成，以完成复杂的任务。

> **想一想**
>
> 　　你觉得现在的智能体具备哪些优势和劣势？未来智能体要如何发展才能更好地服务用户？开拓思维，结合自己使用智能体的感受提出一些可以改进的地方，可以通过询问 AIGC 工具延伸更多的思考维度。

任务实施：使用智能体生成木版年画营销文案

1. 任务目标

利用智能体生成具有吸引力、感染力且能精准传达木版年画独特文化价值与艺术魅力的营销文案，旨在提升木版年画的市场关注度与销量。

2. 实施步骤

（1）需求分析与指令构建

详细梳理木版年画的信息，包括其历史渊源、制作工艺、图案寓意、色彩风格等方面。根据这些特点，构建清晰、明确的指令输入智能体。例如，指令可设定为："生成一篇面向年轻消费者群体，突出木版年画传统工艺与现代时尚融合元素，用于社交媒体平台推广的营销文案，文案需包含购买引导，字数在300字左右。"

（2）智能体选择与调用

根据智能体的性能特点和擅长领域，挑选合适的智能体，例如，有的智能体在语言生成的创新性上表现突出，有的则在遵循特定风格要求方面更具优势。确定智能体后，按照其调用接口和规范，将构建好的指令发送给智能体。

（3）生成文案与初步评估

对智能体接收指令后，生成的木版年画营销文案进行初步评估，检查文案是否涵盖指令中要求的关键信息，如木版年画的特点介绍、目标受众针对性表述、购买引导等。同时，评估文案的语言流畅性、逻辑性，以及是否符合社交媒体平台推广的风格。

（4）优化与调整

根据初步评估结果，对文案进行优化与调整。若发现文案中对木版年画制作工艺描述不够详细，可以要求智能体进一步补充；若文案语言风格不够活泼，可以让智能体重新生成更具活力的表述。这一过程可能需要多次与智能体交互，不断修改指令，以获得更优质的文案。

（5）最终审核与应用

对优化与调整后的文案进行最终审核，确保文案在内容准确性、文化内涵传达、营销效果等方面都达到预期。审核通过后，将文案应用于社交媒体平台发布、线下宣传资料制作等木版年画营销推广场景中。

任务小结

本任务围绕"认知智能体"这个主题来展开，深入探讨了智能体的性能度量、界面结构和任务环境3个关键方面。在性能度量上，我们了解了评估智能体表现的多种指标，这些指标为衡量智能体的智能水平和实际应用效果提供了科学依据。关于智能体的界面结构，我们分析了智能体的一般组成部分，通过认识智能体的这些组成部分，学生可以更顺利地使用智能体来提升工作效率和生活体验。在任务环境方面，我们讨论了智能体所处的不同任务环境，任务环境对智能体的行为和决策具有重要影响，理解任务环境有助于更有效地使用智能体。

任务四　掌握 AIGC 工具应用策略

知识储备

在 AIGC 技术快速迭代的背景下，工具应用能力已成为用户的核心竞争力。常见的 AIGC 工具主要有文本处理类 AIGC 工具（DeepSeek、文心一言）、图像编辑类 AIGC 工具（Midjourney、即梦 AI）、音频创作类 AIGC 工具（讯飞智作、网易天音）和视频创作类 AIGC 工具（腾讯智影、可灵 AI）等。要充分发挥 AIGC 工具的潜力，生成高质量的内容，掌握其应用策略至关重要。

一、运用 AIGC 工具生成内容的模式

运用 AIGC 工具生成内容的模式不仅关乎技术实现，更侧重于如何根据特定需求、目标受众及内容类型，选择合适的策略来最大化 AIGC 工具的效率与创造力。

运用 AIGC 工具生成内容的模式主要有以下几种。

1. 模板化生成模式

模板化生成是最直观且易于上手的一种模式。在此模式下，用户选择一个预设的模板（如文章框架、设计布局、代码结构等），AIGC 工具则基于该模板填充具体内容。这种模式的优势在于能够快速产出结构化、标准化的内容，适于生成报告、新闻稿等需要统一格式和风格的内容。用户可以通过调整模板参数或提供关键词，引导内容生成的方向。

2. 提示词生成模式

提示词生成模式是最为常见的一种内容生成模式。在这种模式下，用户通过简洁明了的自然语言指令，向 AIGC 工具传达自己的创作意图。例如，要创作一篇科技评论文章，可以输入"撰写一篇关于量子计算最新进展的评论文章，重点分析其对未来数据处理的影响"。AIGC 工具基于自身学习到的海量文本数据和语言理解能力，解析用户指令，然后按照既定的算法和模型，从知识库中筛选与整合相关信息，生成符合指令要求的内容。

这种模式的优势在于直接、高效，用户能够快速将自己的想法转化为明确的创作需求，工具则能迅速响应并输出结果。然而，它对用户指令的准确性和清晰度要求较高，模糊或不完整的指令可能会导致生成内容偏离预期。

3. 示例引导模式

示例引导模式是指借助具体的示例来启发 AIGC 工具生成内容。用户会提供一个或多个与期望生成的内容风格、结构或主题相似的示例，让工具以此为参考进行模仿和创新。例如，用户希望创作一首现代诗，可以先给工具提供几个著名现代诗人的作品片段，然后告知工具"按照这种风格和意境，创作一首关于星空的现代诗。"工具会分析示例的语言特点、韵律节奏、情感表达等元素，将这些特征融入新内容的生成过程中。

这种模式有助于引导工具生成具有特定风格和特点的内容，尤其适用于对风格要求较高的创作领域，如艺术创作、文案撰写等。但是，它的局限性在于生成内容可能会过度依赖示例，创新性相对受限。

4. 交互迭代模式

交互迭代模式强调用户与 AIGC 工具之间的持续互动。在初始阶段，用户输入一个大致的创作方向或问题，工具生成初步内容后，用户可以根据生成结果提出修改意见，如调整内容结构、补充细节、改变风格等，工具再根据这些意见进行优化和再次生成。如此反复迭代，直至生成的内容满足用户需求。

以创作商业策划书为例，用户先让工具生成一个基础框架，然后针对框架中的市场分析部分提出更详细的数据需求，工具更新内容后，用户又对营销策略部分提出不同的侧重点，经过多轮交互，逐步完善策划书内容。这种模式能够充分发挥用户的主观能动性和工具的快速生成能力，生成的内容更符合用户的个性化需求，但整个过程相对耗时，需要用户具备一定的耐心和明确的修改思路。

5. 批量生成与筛选模式

面对需要大量内容产出的任务，如社交媒体内容策划、文章创作等，批量生成与筛选模式尤为有效。AIGC 工具根据用户设定的主题、关键词列表或风格偏好，自动生成一系列内容样本。用户随后从中挑选出最符合要求的内容，或者进一步编辑优化。这种模式的关键在于高效的内容生成与快速筛选机制，有助于快速扩大内容库，同时保持内容的质量与多样性。

6. 情境模拟生成模式

情境模拟生成模式利用 AIGC 工具对特定情境或场景的理解能力，生成符合该情境或场景的内容。例如，在虚拟助手、角色扮演游戏或客户服务自动化中，AIGC 工具根据用户提供的背景信息（如角色设定、对话历史、用户情绪等）生成符合情境的对话或行动方案。这种模式要求 AIGC 工具具备较高的情境感知与理解能力，能够灵活应对复杂多变的交互环境。

7. 混合智能协作模式

混合智能协作模式是将人类创造力与 AI 技术能力深度融合的一种高级模式。在这种模式下，AIGC 工具不仅能辅助内容生成，还能作为创意伙伴，与人类创作者共同探索新的创意方向，优化创作流程，包括使用 AI 进行灵感激发、风格迁移、内容审核等，同时保留人类创作者在创意构思、情感表达等方面的独特优势。这种模式促进了人机协作最佳实践的实现，推动了内容创作领域的创新与发展。

二、运用 AIGC 工具生成内容的思路

在使用 AIGC 工具时，用户要关注如何合理利用工具的功能和特点，有效地规划和组织生成内容的过程，以满足特定的需求和目标。

运用 AIGC 工具生成内容的思路如下。

1. 明确目标与需求

在使用 AIGC 工具生成内容之前，用户首先需要明确目标与需求，包括确定要生成的内容类型（如文本、图像、音频、视频等），内容的主题、风格、受众，以及预期的效果等。明确的目标与需求有助于指导后续的内容生成过程，确保生成的内容符合预期。

2. 选择合适的工具与模型

用户要根据目标与需求选择合适的 AIGC 工具与模型。不同的 AIGC 工具可能擅长于生成不同类型的内容，而同一工具内的不同模型也可能具有不同的特点和优势。因此，在选择时需要考虑工具的功能、模型的性能、生成内容的质量，以及易用性等因素。例如，生成文本可以使用 DeepSeek、文心一言、豆包等语言模型；生成图像可以使用即梦 AI、

Midjourney、Stable Diffusion 等图像生成工具；生成视频可以考虑使用可灵 AI、runway、Sora 等视频生成工具。

3. 输入指令

在确定 AIGC 工具与模型后，接下来用户要输入指令，包括关键词、短语、描述或示例等，以便 AIGC 工具能够理解并生成符合需求的内容。此外，还可以通过设置参数、调整选项或提供反馈等方式，进一步指导 AIGC 工具的内容生成过程。

4. 评估和优化

在 AIGC 工具生成内容后，用户要评估生成的内容是否符合需求，如有必要，可以调整提示词或参数，重新生成；或者对生成的内容进行人工优化，以确保内容的质量和准确性。

三、选择 AIGC 工具的原则

在选择 AIGC 工具时，用户需要遵循以下原则。

1. 功能需求匹配原则

用户要确保选择的 AIGC 工具具备所需的核心功能，如文章生成、编辑建议、风格定制等。不同的 AIGC 工具可能擅长不同的功能，所以用户需要根据具体需求进行选择。

用户还要考虑 AIGC 工具是否适合专业领域。一些 AIGC 工具在特定领域有更深入的训练和优化。例如，在医学领域，有专门针对医学文献生成、病例分析等任务训练的 AIGC 工具，其在医学术语理解、医学知识推理等方面表现更优；在法律领域，有结合法律知识图谱的 AIGC 工具，能更好地处理法律文书生成、法律问题解答等任务。

除了核心功能外，用户还可以考虑工具的扩展功能，如多语言支持、跨平台兼容、与其他软件的集成等，这些功能可以进一步提高工作效率和创作体验。

2. 性能表现原则

优质的 AIGC 工具生成的内容具有较高的准确性、逻辑性和连贯性。文本生成工具生成的文本不应出现明显的事实错误、逻辑漏洞，语言表达应自然、流畅；图像生成工具生成的图像应具有较高的清晰度、细节丰富度和色彩准确性。

在实际应用中，生成速度也是一个重要的考量因素，尤其是在处理大规模内容生成任务或对时间要求较高的场景下，如实时对话系统、新闻快速写作等，工具要能快速响应用户请求，及时生成内容。

3. 易用性原则

简单直观的操作界面能够降低用户的学习成本，使用户快速上手。无论是输入指令、调整参数还是获取生成结果，都应该方便快捷。例如，一些 AIGC 图像生成工具提供了可视化的操作界面，用户可以通过简单的拖动、点击等操作完成复杂的图像生成任务。

优质的 AIGC 工具通常会提供丰富的学习资源，如文档教程、视频教程、案例库等。这些资源可以帮助用户更好地理解工具的功能和使用方法，快速掌握技巧，提高创作效率。

4. 安全性原则

用户在选择 AIGC 工具时，要确保所选 AIGC 工具在上传和处理数据时采用加密技术，以保护隐私不被滥用或泄露。用户要仔细阅读 AIGC 工具的隐私政策，了解其对用户数据的收集、使用和存储方式，应选择那些尊重用户隐私、遵守相关法律法规的工具。

5. 成本效益原则

AIGC 工具分为免费与付费两种。对于付费的 AIGC 工具，不同的 AIGC 工具收费模式各不相同，有的按使用次数收费，有的按订阅套餐收费，还有的根据生成内容的量或计算资源使用量收费。用户需要根据自身的使用需求和预算，选择价格合理的工具。

用户要综合考虑工具的功能、性能和价格，评估其可以带来的价值和收益。如果一个AIGC工具虽然价格较高，但能显著提高工作效率，提升内容质量，为用户带来更多的商业机会或更高的效益，那么从长期来看，它可能具有更高的投资回报率。

6. 社区与生态原则

活跃的社区意味着用户可以在其中与其他用户交流使用经验，分享技巧和创意，获取最新的工具信息和使用建议。例如，Stable Diffusion在开源社区中非常活跃，用户可以在社区中找到大量的模型资源、插件和教程，这有助于用户更好地发挥工具的作用。

具有良好生态扩展性的AIGC工具能够与其他软件和平台进行集成和对接，方便用户在不同的工作流程中使用。例如，一些文本生成工具可以与办公软件集成，图像生成工具可以与设计软件对接，提高工作效率和创作的便捷性。

四、AIGC工具的使用要点

掌握AIGC工具的使用要点对于高效、准确地生成高质量内容至关重要，这不仅能够帮助用户最大化工具效能，还能促进创意与技术的融合，确保内容的独特性和实用性。

AIGC工具的使用要点如下。

1. 熟悉工具功能与特性

在使用AIGC工具之前，用户应花时间全面了解其界面布局、主要功能及隐藏特性。大多数工具提供教程或引导式入门指导，以便用户快速上手。例如，有的图像生成工具在写实风格上表现出色，而有的则擅长卡通风格创作；文本生成工具也各有侧重，有的在故事创作方面构思巧妙，有的在学术论文撰写上能精准提供专业术语和文献引用参考。只有充分熟悉这些特性，用户才能在创作时选用最契合需求的AIGC工具，发挥工具的最大效能。

2. 合理设置参数

AIGC工具往往有众多参数可供调节，参数设置直接影响生成内容的质量和风格。以语音合成工具为例，语速、语调、音色等参数的不同组合，能让合成语音呈现出截然不同的效果，或欢快、活泼，或沉稳、庄重。在使用时，要根据具体应用场景和预期效果，细致地调整参数，不断尝试不同参数值，以获得理想的生成结果。

3. 有效输入提示词

输入提示词是引导AIGC工具生成高质量内容的关键。提示词应简洁明了，且包含足够的关键信息，避免模糊和歧义。例如，让文本生成工具创作一篇关于AI在医疗领域应用的文章，提示词不能仅仅是"写一篇AI文章"，而应详细到"写一篇探讨AI在医疗诊断、疾病预测和药物研发等方面具体应用的文章，列举至少3个实际案例"，这样工具才能生成更符合期望的内容。

4. 迭代优化生成内容

AIGC工具生成的初始内容很多时候不能完全符合要求，用户需要对其进行迭代优化，可以针对生成内容中不满意的部分修改提示词并再次输入，让工具基于修改后的提示词进一步完善生成内容。例如，使用图像生成工具生成一幅科幻场景图，若对画面中飞船的造型不满意，可以明确指出修改要求，如"将飞船造型改为流线型，增加金属质感和未来感装饰"，然后让工具重新生成，通过多次迭代逐步得到满意的作品。

5. 保护隐私与数据安全

在使用AIGC工具时，用户要注意保护个人隐私和数据安全，避免输入敏感信息，如身份证号、银行卡号等；对于涉及商业机密或个人重要创作成果的数据，要确认工具提供商的数据存储和处理方式是否安全可靠，防止数据泄露和滥用。

德技并修

在 AIGC 技术不断发展的时代，人们可以借助 AIGC 工具提高效率，但不能过度依赖 AIGC 工具而忽视自主、全面和创造性思考。我们要树立指导 AI 的意识，具备高瞻远瞩的思想站位，从更宽广、更长远的角度审视问题，并且勇于探索未知，培养独立思考、深度思考和解决问题的能力，以避免思维僵化，从而在社会上保持竞争力。

任务实施：探讨 AIGC 工具生成内容的缺陷

1. 任务目标

深入探讨 AIGC 工具生成内容的缺陷，分析其产生的原因和带来的影响，使读者能够全面、客观地认识 AIGC 工具，为合理运用工具提供依据，避免在实际创作和应用中因工具缺陷导致的问题。

2. 实施步骤

（1）资料搜集

通过多种渠道搜集资料，包括学术论文、行业报告、新闻资讯等，以及实际使用 AIGC 工具的用户的反馈等。例如，在学术数据库中检索关于 AIGC 工具局限性的研究文献，关注知名科技媒体对 AIGC 工具的评测报道，在相关论坛和社区中查看用户分享的使用体验和遇到的问题。

（2）案例分析

挑选具有代表性的 AIGC 工具生成内容的案例进行深入分析，如选择文本生成工具生成的新闻稿件、图像生成工具创作的艺术作品、代码生成工具编写的程序代码等案例。分析这些案例中内容存在的缺陷，如文本内容逻辑混乱、图像细节不合理、代码存在错误或安全隐患等。

（3）分类归纳缺陷

根据搜集到的资料和案例分析结果，对 AIGC 工具生成内容的缺陷进行分类归纳。常见的缺陷类型包括准确性问题（如事实错误、数据偏差）、逻辑性问题（如内容前后矛盾、结构混乱）、创造性问题（如缺乏独特创意、生成内容同质化）、伦理道德问题（如生成歧视性、攻击性或虚假有害内容）以及版权问题（如涉嫌抄袭、侵犯他人知识产权）等。

（4）原因分析

深入分析导致各类缺陷产生的原因。在技术层面上，原因可能是模型训练数据的局限性、算法的不完善等；在人为因素方面，如输入的提示词不合理、用户对工具的错误使用等也可能引发问题。

（5）讨论应对策略

以小组讨论的形式，针对不同类型的缺陷提出相应的应对策略。例如，对于准确性问题，可通过优化训练数据、引入多源数据验证等方式来解决；对于逻辑性问题，可以在生成后利用逻辑校验算法或人工审核进行处理；对于版权问题，建立严格的版权检测机制和明确的版权归属规则等。最后各小组分享讨论结果，共同总结出具有可行性的应对方案。

任务小结

本任务围绕"掌握 AIGC 工具的应用策略"这个主题来展开，介绍了运用 AIGC 工具生成内容的模式，包含模板化生成、提示词生成等，为用户提供了不同的内容产出路径；在运用 AIGC 工具生成内容的思路上，强调从明确目标与需求、选择合适的工具与模型、输入指令到评估和优化的完整流程；关于选择 AIGC 工具的原则，指出要综合考量功能需求匹配、性能表现、易用性等方面。AIGC 工具的使用要点则涵盖熟悉工具功能与特性、合理设置参数、有效输入提示词等内容。

通过对这些内容的学习，学生可以全面掌握 AIGC 工具的应用策略，在实际操作中更高效、合理地运用 AIGC 工具进行创作。

综合实训：探讨如何看待 AIGC 的发展和应用

一、实训目标

通过实训，加深学生对 AIGC 技术发展现状、潜力与挑战的理解；引导学生在实践中思考如何有效运用 AIGC 技术解决实际问题，提升创新能力；通过小组讨论和项目模拟，增强团队合作与沟通能力。

二、实训思路

1. 实训准备阶段

简要回顾本项目中关于 AIGC 大模型、提示词设计技巧、智能体及 AIGC 工具应用策略的知识点，确保每位学生扎实掌握基础知识；将学生分成若干小组，每组选择一个与 AIGC 相关的实际应用场景作为实训主题，如新闻报道生成、个性化内容推荐、艺术创作辅助等。

2. 实训实施阶段

（1）AIGC 现状调研

各组利用网络资源、学术论文、行业报告等，调研 AIGC 在该场景的发展现状、成功案例及面临的挑战。

组织一次线上或线下的分享会，每组派代表展示调研成果，并设置 Q&A（问与答）环节，促进班级内的知识共享与讨论。

（2）模拟项目策划

基于调研结果，各组策划一个具体的 AIGC 应用项目，包括项目目标、预期成果、所需技术、潜在风险及解决方案等；可以使用在线协作工具进行项目策划，鼓励组间互评，提出建设性意见。

（3）伦理与社会影响讨论

提供几个 AIGC 应用引发的伦理争议案例，如版权纠纷、信息真实性、隐私保护等。各组围绕案例展开讨论，分析 AIGC 应用中的伦理边界，探讨如何在技术创新与社会责任之间找到平衡。

通过角色扮演活动，模拟 AIGC 应用中可能遇到的伦理困境，扮演如企业代表、用户、监管机构人员等角色，从不同的视角探讨解决方案。

（4）工具应用实践

根据策划的项目，选择合适的 AIGC 工具进行实际操作，如使用 DeepSeek 生成文案、即梦 AI 生成图像等。

各组展示实践成果，分享使用过程中的心得、遇到的挑战及解决方案。

三、实训总结与反思

每位学生撰写实训报告，总结个人在实训过程中的学习收获、遇到的困难及解决策略，然后各组进行最终的总结汇报，包括项目成果展示、团队合作经验分享，以及对 AIGC 未来发展的展望等。

最后，组织一次班级讨论，围绕"AIGC 技术的未来趋势""如何培养适应 AIGC 时代的创新能力"等话题展开，鼓励学生发表见解，促进深度思考。

四、实训评估

（1）过程评估：教师关注学生在实训准备、AIGC 现状调研、模拟项目策划、伦理与社会影响讨论和工具应用实践等方面的参与积极性，是否全面搜集各种资料，分享调研成果时表达是否清晰、有逻辑，讨论问题的深度如何，是否能熟练应用 AIGC 工具。

（2）教师成果评估：教师审查实训报告的内容完整性和内容分析的条理性；检验使用 AIGC 工具生成的内容是否符合项目要求；评估讲解者在展示小组成果时的语言表达流畅性、语速把控能力、对报告内容的熟悉程度，能否准确无误地传达小组观点。

（3）学生自我反思评价：学生审视自己对 AIGC 技术发展现状、潜力与挑战等知识的理解深化程度，反思是否通过实训掌握了运用 AIGC 技术解决实际问题的方法。

项目三 识文断字：AIGC助力文本处理

学习目标 ▼

知识目标
- 了解主流的文本处理类 AIGC 工具及其应用场景。
- 掌握文本创作提示词设计要点。
- 掌握使用 DeepSeek 和 "135 AI 排版" 的方法。

能力目标
- 能够使用提示词进行文本创作。
- 能够使用 DeepSeek 生成各种类型的文本内容。
- 能够使用 "135 AI 排版" 对文本内容进行排版。

素养目标
- 摒弃因循守旧思想，积极拥抱变化，充分掌握 AI 新质生产力。
- 培养并强化框架思维，在 AI 时代坚守创作的核心价值。

项目框架 ▼

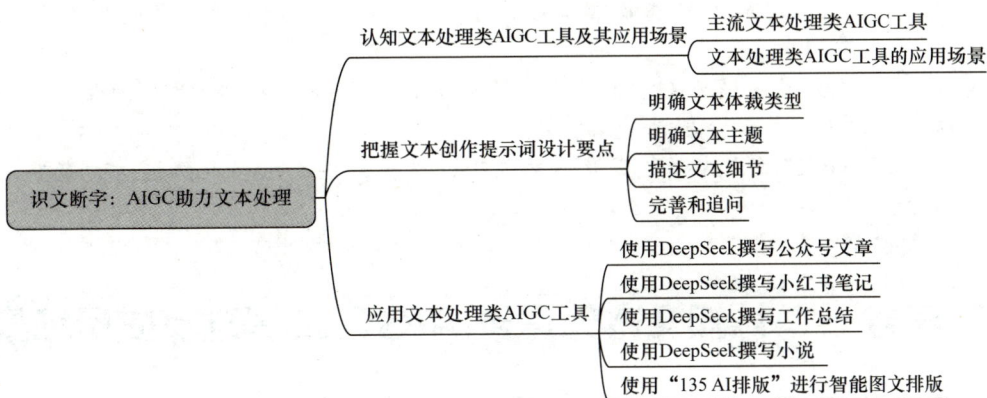

识文断字：AIGC助力文本处理
- 认知文本处理类AIGC工具及其应用场景
  - 主流文本处理类AIGC工具
  - 文本处理类AIGC工具的应用场景
- 把握文本创作提示词设计要点
  - 明确文本体裁类型
  - 明确文本主题
  - 描述文本细节
  - 完善和追问
- 应用文本处理类AIGC工具
  - 使用DeepSeek撰写公众号文章
  - 使用DeepSeek撰写小红书笔记
  - 使用DeepSeek撰写工作总结
  - 使用DeepSeek撰写小说
  - 使用 "135 AI排版" 进行智能图文排版

案例导入

当沈大成遇上 AIGC：传统糕点品牌的数字化转型之路

随着市场竞争日益激烈，尤其是在糕点等食品领域，众多新兴品牌不断涌现，以新颖的营销方式和产品设计吸引消费者目光。沈大成作为老字号，虽拥有深厚底蕴，但在品牌宣传与产品推广上，面临着内容创新的巨大压力。传统的内容创作模式不仅耗费大量人力、物力，还难以快速适应不同平台的传播特点，无法精准触达目标受众。

同时，沈大成也意识到，要在新时代持续发展，必须实现品牌转型，拉近与年轻消费者的距离。在这样的时代背景下，AIGC 工具的出现为沈大成提供了新的契机。

2024 年，老字号沈大成积极拥抱时代变革，引入 AIGC 工具，为品牌营销注入全新活力。例如，在礼盒产品介绍文案创作方面，沈大成通过 ChatGPT 输入提示词，生成别具一格的内容。当输入提示词"上海、Q 版女孩、色调温暖、糕点元素、中国传统服饰"时，ChatGPT 凭借强大的语言生成能力，能够简捷且高效地生成独特的礼盒产品介绍文案。这种文案既融合了上海地域特色、品牌的糕点元素，又以 Q 版女孩形象和温暖色调吸引年轻消费者，与传统古板的产品介绍文案形成鲜明的对比。

在宣传推广层面，不同社交平台有着截然不同的风格和受众偏好。抖音以短视频为主，节奏快、趣味性强；小红书注重分享体验，文案简洁生动且富有"种草"属性；微博则更倾向于话题性和即时性。沈大成利用 AIGC 文本模态，根据这些平台特点生成相应的宣传文案与短视频脚本。以往，为不同平台创作适配内容需要文案团队反复构思与修改，非常耗时。如今，借助 AIGC 工具能够快速产出符合各平台风格的内容，大大提高了宣传效率。

广告语作为品牌传播的重要元素，需要不断推陈出新。沈大成通过 ChatGPT 在短时间内生成多条广告语，如"选沈大成礼盒，品味百年底蕴""沈大成，传承百年匠心，尽在这飘香美食中"等。这些广告语既传承了品牌的百年匠心，又以简洁有力的语言吸引消费者，提升了品牌在消费者心中的辨识度。

这一系列 AIGC 技术的应用，促使老字号沈大成与现代前沿技术深度融合，高效地宣传了品牌，生动地阐释了 AIGC 独有的营销魅力。通过 AIGC 技术，沈大成成功突破传统内容创作瓶颈，快速生成高质量的文案和脚本，满足不同平台的内容需求，极大地提升了品牌的传播效率和影响力，为老字号在新时代的发展开辟了新路径。

【启发思考】

1. 沈大成通过 AIGC 工具生成的文案和广告语，在情感共鸣的营造上能否超越传统创作方式，打动年轻消费者？

2. AIGC 助力沈大成提升传播效率，这对那些尚未引入该技术的老字号有怎样的启示？

任务一　认知文本处理类 AIGC 工具及其应用场景

知识储备

在信息爆炸的时代，文本处理需求呈指数级增长。从海量学术资料的整理，到商业文案的创作，再到文学艺术的构思，传统方式愈发显得力不从心。而 AIGC 技术的横空出世，宛如一道曙光，为文本处理带来了全新的变革。

一、主流文本处理类 AIGC 工具

在数字化浪潮奔涌的当下，AI 技术已深度融入我们生活的方方面面，而文本处理类

AIGC 工具更是成为信息处理与知识创造的关键力量，众多各具特色的 AIGC 工具纷纷崭露头角，不断拓宽人类认知与创作的边界。

目前，主流的文本处理类 AIGC 工具主要有以下几个。

1. DeepSeek

DeepSeek 是由杭州深度求索人工智能基础技术研究有限公司开发的大模型，其创始团队以坚守技术理想主义著称，坚持开源路线与技术创新，目标是通过技术民主化推动 AI 的普惠发展。DeepSeek 创始人梁文锋强调原创式创新，认为中国 AI 应突破"跟随者"角色，参与全球技术前沿竞争。

DeepSeek 分为 3 个版本：DeepSeek-V3、DeepSeek-R1 和多模态模型 DeepSeek Janus-Pro。

• **DeepSeek-V3**：混合专家（Mixture of Experts，MoE）架构，参数量达 6710 亿，激活参数量为 370 亿，预训练数据量为 14.8 万亿 token（大模型用来表示自然语言文本的基本单位，可以直观地理解为"字"或"词"）。在百科知识、长文本、代码、数学等评测中超越主流开源模型，并与 Claude 3.5 Sonnet、GPT-4o 等闭源模型性能持平。

• **DeepSeek-R1**：专注于数学、代码、自然语言推理任务，性能对标 OpenAI o1 正式版，部分测试实现超越，但 API 调用成本仅为 OpenAI o1 的 3.7%，训练总成本约 550 万美元，算力需求显著低于同类模型算力需求。

• **多模态模型 DeepSeek Janus-Pro**：具备强大的多模态处理能力，能够处理图像、音频等多种数据形式，适用于智能助手和移动应用等场景。

DeepSeek 的主要功能包括自然语言处理、问答系统、智能对话、代码生成、多语言编程支持、信息推荐、内容写作、智能客服等。其中，文本处理类的问题可以通过自然语言处理、问答系统、内容写作等功能来实现。例如，DeepSeek 能够理解和生成自然语言，可以进行语言翻译、文本摘要、情感分析和命名实体识别等任务；DeepSeek 可以回答用户提出的各种问题，包括常识问题、专业问题、历史问题和科技问题等；DeepSeek 可以根据用户提供的关键词和主题，自动生成相关的文章和内容。

2. 文心一言

文心一言是百度推出的大模型，依托百度搜索引擎多年积累的海量数据构建的庞大知识库。文心一言可进行文学创作、商业策划撰写，具备翻译功能，支持多种语言互译，能够进行数理逻辑推算，可用于解决数学问题，还能提供各类知识，回答用户的各种提问。

3. 豆包

豆包是字节跳动在 2023 年推出的智能助手，它是一个多功能的 AI 工具，也是免费的 AI 聊天伙伴，依托豆包大模型而诞生。豆包拥有强大的自然语言处理能力，能够理解和生成自然语言，与用户进行流畅的对话，回答各种问题。它拥有文案创作、长文本深入剖析、学习辅助、图像生成、信息搜罗与整合等众多本领，能够精准洞察用户需求，并给予专属的贴心服务。

在文本处理方面，豆包可以根据关键词帮助用户撰写各类文案，可以按用户指定的写作类型和需求撰写不同风格的文章，用户还可以提出写作要求，如风格、文章长度及语言等。它还可以润色完善已有文本，提炼总结文字内容，满足用户在写作方面的多种要求。

用户可以将 Word 文档、PDF 文件或其他格式的文件上传给豆包，它可以对文件进行快速阅读并分析。用户也可将网页链接发给豆包，它可以对这个网页的内容进行分析，提取关键信息，如网页中的重要文本、数据、图表等，并进行总结分析。

4. Kimi

Kimi 是北京月之暗面科技有限公司开发的 AIGC 工具，它以超长文本处理、信息检索见长，支持高达 20 万汉字的超长文本输入，配合文件和网页解析功能，便于用户驾驭复杂信息，并且具有强大的搜索能力和多语言对话功能。

5. 通义千问

通义千问是阿里云推出的 AIGC 工具，背靠阿里云强大的算力支持，具有多轮交互、多模态理解能力，在代码编写、语言翻译、逻辑推理及文案创作等多个领域表现出色，能够提供精准、高效的解决方案。

6. 智谱清言

智谱清言是由北京智谱华章科技有限公司推出的生成式 AI 助手，基于智谱 AI 自主研发的中英双语对话模型 ChatGLM2，采用有监督微调技术，以通用对话形式提供智能化服务，其内置代码解释器、绘图工具及图表分析功能，有丰富的智能体库和高度自定义化的特性。

智谱清言的功能强大，能实现通用问答，可回答各类问题；能与用户进行自然流畅的多轮对话；可进行创意写作，提供头脑风暴灵感、内容框架和高质量文案；能根据需求生成相应代码，辅助编程；能扮演不同角色进行虚拟对话，增强互动性。

7. 讯飞星火

讯飞星火是科大讯飞股份有限公司推出的 AIGC 工具，依托科大讯飞在语音识别领域的领先技术，在语音输入、语音播报及文本生成方面表现出色，能够实现语音操控，为用户提供便捷的智能体验。

讯飞星火支持语音输入文本，可以快速将语音转化为文字；可进行语音播报，将文本内容以语音形式输出；能进行文本生成，辅助写作，提供实时的写作建议、修改意见和灵感提示。

二、文本处理类 AIGC 工具的应用场景

文本处理类 AIGC 工具的应用场景十分广泛，涵盖教育、办公、金融、医疗、媒体和出版、广告和营销、游戏开发、生活服务、法律等多个领域。

1. 教育领域

在教育领域，文本处理类 AIGC 工具涵盖以下应用场景。

（1）教学辅助

AIGC 工具可以生成教学内容，如教案、课件、练习题等，帮助教师提高教学效率。例如，教师可以利用 AIGC 工具快速生成针对不同知识点的教案和课件，节省备课时间。

（2）学习资源推荐

AIGC 工具可以根据学生的学习进度和兴趣，推荐个性化的学习资源，如文章、视频、书籍等，帮助学生更好地掌握知识。

（3）学习评估

AIGC 工具可以自动批改学生的作业和试卷，提供详细的反馈和建议，帮助学生了解自己的学习情况，便于其及时改进。

2. 办公领域

在办公领域，文本处理类 AIGC 工具涵盖以下应用场景。

（1）智能写作

AIGC 工具可以生成各种类型的文档，如报告、邮件、演讲稿等，提高办公效率。例如，用户输入关键词或提纲，AIGC 工具会自动生成一篇完整的文章。

（2）文档编辑

AIGC工具可以对文档进行智能编辑，如语法检查、风格优化、内容润色等，提升文档的质量和可读性。

（3）信息检索

AIGC工具可以帮助用户快速检索和整理信息，如从大量文档中提取关键信息、生成摘要等。

（4）会议辅助

AIGC工具能够实时记录会议内容，生成会议纪要，提取关键信息和待办事项，提高办公效率。

3. 金融领域

在金融领域，文本处理类AIGC工具涵盖以下应用场景。

（1）客户服务

AIGC工具可以生成自动回复，处理常见的客户问题，提高客户服务效率。例如，银行可以利用AIGC工具为客户提供24小时在线客户服务。

（2）投资建议

AIGC工具可以分析市场数据，生成投资建议和报告。

（3）风险评估

AIGC工具可以生成风险评估报告，帮助金融机构识别和管理风险。

4. 医疗领域

在医疗领域，文本处理类AIGC工具涵盖以下应用场景。

（1）医疗咨询

AIGC工具可以生成医疗咨询和建议，帮助患者了解疾病和治疗方法。例如，患者可以通过AIGC工具咨询常见疾病的症状和治疗方法。

（2）病例生成

AIGC工具可以生成病例摘要和医疗报告，帮助医生快速了解患者的病情和治疗进展。

（3）医学研究

AIGC工具可以生成医学文献综述和研究报告，帮助研究人员了解最新的医学研究进展。

5. 媒体和出版领域

在媒体和出版领域，文本处理类AIGC工具涵盖以下应用场景。

（1）内容创作

AIGC工具可以生成新闻报道、故事、文章等，提高内容创作效率。例如，媒体机构可以利用AIGC工具快速生成新闻稿件。

（2）编辑校对

AIGC工具可以对文章进行智能编辑校对，检查语法错误、拼写错误等，提升文章质量。

（3）内容推荐

AIGC工具可以根据用户的兴趣和阅读历史，推荐个性化的文章和内容，提升用户的阅读体验。

6. 广告和营销领域

在广告和营销领域，文本处理类AIGC工具涵盖以下应用场景。

（1）广告文案生成

AIGC工具可以生成广告文案和创意内容，帮助广告公司和营销人员快速生成高质量的广告素材。

（2）市场分析

AIGC 工具可以生成市场分析报告，帮助企业和营销人员了解市场趋势和消费者需求。

（3）舆情分析

在市场营销、品牌管理中，AIGC 工具可以对网络上的海量信息进行监测和分析，了解消费者对产品或品牌的评价和态度，为决策提供依据。

（4）客户画像生成

AIGC 工具可以根据用户数据生成客户画像，帮助企业和营销人员更好地了解目标客户，制定更精准的营销策略。

7. 游戏开发领域

在游戏开发领域，文本处理类 AIGC 工具可以生成游戏剧情和对话，帮助游戏开发者快速构建游戏故事线；可以生成游戏角色和背景故事，丰富游戏内容；可以生成游戏关卡和任务，提高游戏开发效率。

8. 生活服务领域

在生活服务领域，文本处理类 AIGC 工具涵盖以下应用场景。

（1）智能客服

AIGC 工具可以生成自动回复，处理常见的用户问题，提高服务效率。例如，电商平台可以利用 AIGC 工具为用户提供 24 小时在线客户服务。

（2）旅游服务

AIGC 工具可以生成旅游攻略和行程规划，帮助用户更好地安排行程。

（3）生活助手

AIGC 工具可以生成生活建议和解决方案，如健康建议、理财建议等，帮助用户解决生活中的问题。

9. 法律领域

在法律领域，文本处理类 AIGC 工具可以生成法律文书，如合同、起诉状等，提高法律工作者的效率；可以生成案件分析报告，帮助律师和法官更好地理解案件；可以生成法律咨询和建议，帮助用户了解法律知识和权益。

德技并修

在快速发展的 AI 时代，创作者首先需要在认知层面摒弃因循守旧的思想。这意味着创作者应主动跳出传统思维模式的框架，不局限于过去的经验和做法，而是以一种开放的心态去接纳和理解 AI 技术所带来的变革，并在此基础上积极拥抱变化，将 AI 技术转化为实际的生产力。

任务实施：体验文本处理类 AIGC 工具的功能

1. 任务目标

亲身感受并熟悉主流文本处理类 AIGC 工具的各项功能，包括但不限于文本生成、翻译、摘要、问答等，建立对工具实际操作的认知，然后通过实际操作体验，对比不同 AIGC 工具在相同功能上的表现差异，如生成内容的质量、速度、准确性等，最后引导学生思考如何根据具体文本处理需求，合理选择和运用 AIGC 工具，提升学生解决实际问题的能力。

2. 实施步骤

（1）前期准备

教师确定体验任务，给出一系列具有代表性的文本处理任务，包括但不限于：撰写一篇 500 字左右关于"AI 对未来教育的影响"的议论文；将一段 200 字左右的中文科技短文翻译成英文；对一篇 1000 字左右的新闻报道进行 200 字以内的摘要提取；回答"如何提高企业的市场竞争力"等开放性问题。

学生要至少使用 3 款主流的文本处理类 AIGC 工具，如 DeepSeek、文心一言、豆包等。

（2）工具体验

学生根据教师布置的任务，自主选择工具进行操作体验。在操作过程中，详细记录每个工具完成各项任务的过程，包括输入的指令和工具的响应时间等。

以 4 ～ 5 人为一组，在小组内分享自己使用不同工具完成任务的体验，交流遇到的问题和解决方法。例如，在使用某工具生成议论文时，讨论生成内容的逻辑性、创新性，以及与主题的契合度；在翻译任务中，探讨不同工具对专业术语的翻译准确性和语言表达的流畅性。

（3）对比分析

各小组分别组织整理组内成员的体验数据，制作对比分析表格，从内容质量、生成速度、易用性、功能多样性等维度对不同工具进行量化评估。例如，内容质量可从准确性、逻辑性、丰富度等方面打分；对生成速度的评估依据工具从接收指令到输出结果所耗费的时间。

每个小组选派代表进行课堂汇报，展示小组的对比分析结果，重点阐述不同工具在各项任务中的优势和不足。

（4）总结归纳

教师对各小组的汇报进行点评，补充和完善学生的分析内容，强调在实际应用中选择 AIGC 工具应综合考虑的因素，如任务类型、数据安全性、成本等，然后引导学生总结本次体验活动的收获，鼓励学生在今后的学习和实践中继续探索 AIGC 工具的应用，不断提升文本处理的效率和质量。

任务小结

本任务深入探讨了文本处理领域的 AIGC 技术革新，首先概述了市场上主流的文本处理类 AIGC 工具，分析了它们的核心功能与特点；接着详细阐述了这些工具在教育、办公、金融、医疗、媒体和出版、广告和营销、游戏开发、生活服务、法律等领域中的实际应用，展示了 AIGC 如何显著提升文本处理的效率与质量。

通过对本任务的学习，读者不仅了解了主流文本处理类 AIGC 工具及其特点，还认识到其在推动文本创作与传播方面的巨大潜力，为后续实践操作与深入探索奠定坚实的理论基础。

任务二 把握文本创作提示词设计要点

知识储备

借助 AIGC 工具进行文本创作时，提示词就如同开启宝箱的钥匙。它的设计质量直接决定了生成文本的优劣。在实际操作中，很多人虽手握强大的 AIGC 工具，却因提示词设计不佳，难以收获满意成果。因此，把握文本创作提示词的设计要点就显得尤为重要。

一、明确文本体裁类型

在使用文本处理类 AIGC 工具时，设计有效的提示词是引导 AI 产出符合预期质量文本的关键步骤之一。明确文本体裁类型，作为设计提示词的首要考量，能够极大地提升 AI 生成内容的准确性和适用性。

文本体裁是指文本所属的类别或形式，如新闻报道、议论文、小说、说明文、诗歌、广告文案、社交媒体帖子等。每种体裁都有其特定的结构、语言风格、目的和受众。明确体裁有助于 AI 理解所需文本的整体框架和表达风格，从而生成更加符合要求的文本。

文本体裁主要可以分为以下几种。

1. 新闻报道

新闻报道注重时效性、客观性和真实性。在设计提示词时，要明确事件的时间、地点、人物、事件经过和结果这些关键要素，例如，"请以新闻报道的形式，撰写一篇关于［具体时间］在［具体地点］发生的［事件简述］的报道，包含事件的起因、经过和各方反应。"这样的提示词能引导 AIGC 工具遵循新闻报道的规范，清晰、准确地呈现事件。

2. 议论文

议论文的核心在于提出论点并进行论证。设计提示词时，首先要给出明确的论点，如"以'AI 对就业的影响是利大于弊的'为论点，撰写一篇议论文，要求论据充分，论证逻辑清晰"。同时，可以指定使用的论证方法，如举例论证、对比论证等，帮助 AIGC 工具更好地组织内容。

3. 小说

小说需要有引人入胜的情节、鲜明的人物形象和明确的主题。提示词可以设定小说的故事背景、主要人物特点及故事走向，例如"在一个魔法世界的背景下，以一个勇敢但有点鲁莽的少年为主人公，创作一个他踏上冒险之旅并最终成长的故事，要包含冒险途中的挑战和他的内心转变"，用户可以让 AIGC 工具围绕这些设定展开丰富的想象。

4. 说明文

说明文旨在清晰、准确地说明事物的特征、功能、原理等。提示词要明确说明对象，例如，"请撰写一篇关于智能手机工作原理的说明文，用通俗易懂的语言解释芯片、操作系统、通信模块等关键部分的作用。"这样的提示词可以帮助 AIGC 工具明确说明的重点，避免生成的内容主旨不明。

5. 诗歌

诗歌注重韵律、节奏和意象表达。提示词可以给出诗歌的主题、情感基调及形式要求，引导 AIGC 工具在诗歌创作中展现出独特的艺术魅力，例如"以'春天的思念'为主题，创作一首押韵的现代诗，运用丰富的意象来表达内心的情感"。

6. 广告文案

广告文案需要有吸引力，能传达产品信息。提示词应包括产品信息、目标受众和文案要求。产品信息要突出产品的基础信息、产品特点、使用场景；目标受众要展现其年龄、性别、职业、兴趣爱好，以及需求痛点；文案要求包括广告文案的风格、长度、重点、创意元素等。

例如"请撰写一篇新款智能手机的广告文案，要求突出产品特点，如续航时间长、刷屏率高、折叠屏设计、性价比高，目标受众为'90后'和'00后'，他们对手机的新功能更感兴趣，文案要语言生动，有创意，重点突出手机的社交场景"。

7. 社交媒体帖子

社交媒体帖子往往简短、直接，大多包含表情符号、话题标签，旨在吸引注意力和互动。在使用 AIGC 工具撰写社交媒体帖子时，提示词要包括"添加吸引眼球的标题""使用热门话题标签""内容要简短、有趣""内容要符合［社交平台］的风格"等，以适应社交平台的传播特性。

二、明确文本主题

文本主题是内容的核心与灵魂，它决定了文本围绕什么展开论述、描述或创作。在使用 AIGC 工具时，清晰、明确的文本主题能让 AIGC 工具迅速定位到关键信息，避免生成内容偏离方向，确保生成内容与用户期望高度契合。

关于明确文本主题，以下撰写提示词的技巧可供参考。

1. 精准表述主题

如果主题涉及专业领域，用户要使用准确的专业术语，让 AIGC 工具理解特定语境和概念。例如，在计算机领域，若主题是"支持向量机（SVM）在图像分类任务中的应用"，直接使用这样专业的表述，就会显著提高 AIGC 工具对特定语境和概念的理解能力，从而生成更加符合期望的内容。

为了避免歧义，用户在表述主题时立意要单一，不能只给出一个大方向。例如，"环保相关的内容"就比较模糊，AIGC 工具可能不知道到底从环保政策、环保技术、环保意识等哪个角度入手；而"当前我国垃圾分类政策的实施现状与改进措施"就明确了主题方向，AIGC 工具能聚焦在我国垃圾分类政策方面进行内容生成。

2. 细化主题内容

用户可以通过增加限定条件来细化主题内容，如时间、地点、范围等限定条件，能让提示词更具针对性。以文化领域为例，"写一篇关于中国传统节日的文章"范围较广，若改为"生成一篇关于中国传统节日春节在北方地区的庆祝习俗的文章"，AIGC 工具就能根据"春节""北方地区""庆祝习俗"等限定词语，更精准地生成符合要求的文章。

用户可以将复杂主题分解为多个元素，在提示词中逐一列出。例如，主题是"智慧城市建设"，可以分解为"智能交通、智慧能源、智慧医疗在智慧城市建设中的应用"，AIGC 工具就能从不同方面分别进行阐述，生成内容更全面，更有条理。

3. 结合目标受众与目的

在明确文本主题时，要考虑目标受众需求。如果文本是面向专业人士的，主题表述可深入、专业；若文本是面向大众的，则语言要通俗易懂。例如，关于"区块链技术"，面向专业人士的提示词可以是"区块链技术在金融领域的创新应用及安全挑战"，面向大众的则可以是"用简单易懂的语言解释区块链技术及其在日常生活中的潜在应用"。

用户还可以根据创作目的来撰写提示词，先明确是为了介绍知识、提出解决方案，还是进行观点论证等。例如，主题是"AI 对就业的影响"，若目的是介绍知识，则提示词可以是"全面介绍 AI 发展对不同行业就业岗位数量和技能需求的影响"；若目的是提出解决方案，则提示词可以是"分析 AI 对就业的冲击，并提出缓解就业压力的具体措施"。

三、描述文本细节

文本细节是使生成内容丰富、生动且符合需求的关键。精准的细节描述能让 AIGC 工具更深入理解创作方向，避免生成内容空洞、泛泛而谈，从而生成更具有针对性和独特性的文本。

关于描述文本细节，以下撰写提示词的技巧可供参考。

1. 提供具体的数据

用户可以在提示词中加入具体的数据，增强内容的可信度与准确性。例如，在撰写市场分析报告时，不要只给出"产品销量增长"，而是给出"过去一年，该产品在我国市场的销量从 10 万件增长至 30 万件，增长率达到 200%"，AIGC 工具会基于这些数据进行分析，如探讨销量增长原因、与竞争对手对比等，生成更有说服力的报告内容。

2. 列举事例

用户可以用具体事例辅助说明，让 AIGC 工具更直观地把握内容要点。例如，在创作一篇关于创新精神的文章时，可提及"像特斯拉在电动汽车领域不断创新，突破传统汽车动力系统，研发出高效的电池技术和自动驾驶技术，改变了整个汽车行业的格局"，引导 AIGC 工具围绕此类事例，阐述创新精神的重要性及影响。

3. 描述场景和环境

对于宣传文案、故事创作等，构建场景能营造氛围，吸引读者。例如，创作旅游宣传文案，提示词可以是"在阳光明媚的春日，漫步在云南大理的洱海湖畔，微风轻拂，岸边的柳树随风摇曳，远处的苍山云雾缭绕，这样的美景等你来体验"，AIGC 工具会依据此场景描述生成充满感染力的宣传文案，突出大理洱海的独特魅力。

在小说创作中，环境细节对塑造人物和推动情节发展至关重要。例如，提示词为"在一个破旧的工厂里，机器零件散落一地，昏暗的灯光闪烁不定，空气中弥漫着刺鼻的机油味，主人公在这里开始了他的冒险"，AIGC 工具会根据这样的环境设定展开情节创作，使故事更有代入感。

4. 刻画人物特征和情感

在人物相关的文本创作中，用户要在提示词中详细描述人物外貌、性格、身份等特征。例如，写人物传记，提示词为"他是一位年近 50 的科学家，戴着一副黑框眼镜，眼神中透露出对科学探索的执着，多年来一直致力于基因编辑技术的研究，在业内享有很高的声誉"，AIGC 工具会围绕这些特征，阐述人物的生平经历和科研成就。

在文学创作中，用户可以在提示词中明确人物情感状态，让生成内容更具情感性。例如，在写爱情故事时，提示词中添加"女主人公在得知男主人公即将离开去远方工作时，内心充满了不舍和担忧，她紧紧握住男主人公的手，眼中闪烁着泪光"，AIGC 工具会根据这种情感细节，描绘出两人之间细腻的情感互动。

5. 阐述事物的属性和特点

在营销类、科普类文本的撰写中，用户要在提示词中阐述事物的属性和特点。

列举事物的属性可让 AIGC 工具准确传达信息。介绍一款手机时可以在提示词中添加产品细节，如"这款手机搭载了最新的骁龙处理器，拥有 6.7in 的高清 OLED 屏幕，支持 120Hz 高刷新率，电池容量为 5000mAh，具备快速充电功能"，AIGC 工具会依据这些属性，详细介绍手机的性能优势和使用体验。

阐述事物的特点，突出事物的独特性，能使生成内容更具吸引力。介绍一款环保产品时可以在提示词中添加产品特性，如"这款产品采用了完全可降解的材料制作，在自然环境中半年内即可分解，对环境无污染，这是它区别于传统同类产品的最大优势"，AIGC 工具会围绕这一特点宣传产品的环保价值。

6. 提供核心事件

在小说创作中，主要人物的故事线由各种核心事件组成，用户要在提示词中列出小说中的核心事件或转折点，并尽可能详细地描述每个事件的具体情况，包括起因、经过、结果。由于小说创作非常复杂，核心事件很多，用户可以按照先后顺序，依次给出核心事件 1、核心事件 2、核心事件 3 的起因、经过和结果。

例如"我要写一篇冒险小说，该小说由众多核心事件展开，核心事件 1 是接到神秘邀请，（起因）主角收到一封神秘的邀请函，邀请他参加一场探险活动，邀请函中提到了一个传说中的宝藏。（经过）主角决定接受邀请，前往指定地点与组织者会面。在会面过程中，主角结识了其他几位参与者，他们各自有着不同的背景和目的。（结果）主角和其他参与者组成了一支探险队，开始了一段充满未知和危险的冒险之旅。请根据我举出的核心事件 1 的内容为我生成这一篇小说"。AIGC 工具会根据"起因—经过—结果"这一结构生成符合要求的小说内容。

> **想一想**
>
> 　　假设你有一个旅游自媒体账号，你想要撰写一篇关于九寨沟的旅游公众号文章，如果借助 AIGC 工具，你会如何设计提示词？分别从文本体裁类型、文本主题和文本细节等 3 个方面考虑。

四、完善和追问

在使用 AIGC 工具时，初始提示词生成的内容可能并不完全符合预期。通过完善提示词，补充更多关键信息，AIGC 工具生成的内容会更丰富、准确；追问则是基于已生成内容，进一步挖掘和拓展，从而得到更全面、深入的文本。

用户在提示词方面进行完善和追问的具体技巧如下。

1. 补充遗漏信息

如果初始提示词中遗漏了关键信息，例如，在撰写一篇关于某品牌手机的发布会报道时，最初只提及"报道某品牌手机发布会"，没有提到发布会的地点和时间，后续可补充为"报道了［具体时间］在［具体地点］举办的某品牌手机发布会"，让 AIGC 工具获取完整信息，生成更有价值的报道。

用户可在后续环节为主题添加背景知识，帮助 AIGC 工具更好地理解创作意图。例如，创作一篇关于 AI 新算法的科普文章，初始提示词是"介绍 AI 新算法"，补充背景后变为"在当前 AI 技术飞速发展、传统算法面临瓶颈的背景下，介绍一种新型 AI 算法，阐述其研发背景、原理及相较传统算法的优势"，使 AIGC 工具生成的科普文章更具有逻辑性和深度。

2. 细化已有要求

如果用户对生成文本的风格要求不够细致，可进一步细化。例如，一开始要求 AIGC 工具写一篇"活泼风格的旅游宣传文案"，可细化为"写一篇活泼俏皮、充满感染力的旅游宣传文案，多使用网络流行语，通过生动的语言描绘当地特色美食、美景，激发读者的旅游欲望"，让 AIGC 工具更精准把握风格要点。

除了风格以外，内容深度和广度也可以进一步细化。例如，撰写市场调研报告，初始提示词为"分析某产品市场情况"，可细化为"从市场规模、竞争格局、消费者需求等多个维度，深入分析某产品近 5 年的市场情况，每个维度至少提供 3 个具体数据支撑，并对未来市场趋势做出合理预测"，使生成的报告更具有专业性和实用性。

3. 基于内容不足追问

当 AIGC 工具生成的内容存在关键部分缺失时，用户要进行针对性追问。例如，生成一篇关于某历史事件的文章，若缺少对事件影响的论述，可追问"请补充上述历史事件对当时社会政治、经济、文化产生的具体影响"，让 AIGC 工具完善内容。

若内容分析不够深入，可要求进一步挖掘。例如，生成对某电影的评论，若只是简单描述剧情，可追问"从电影的镜头语言、叙事结构、人物塑造等专业角度，深入分析该电影的艺术价值和导演的创作意图"，使影评更具有专业性。

4. 基于内容拓展追问

用户可以根据已生成内容拓展相关联的内容。例如，生成一篇关于某款新上市汽车的介绍，可追问"该款汽车与同级别竞争对手相比，优势和劣势分别是什么？消费者在购买时应如何权衡？"，从不同角度丰富对汽车的介绍。

对于有发展性的主题，可以在提示词中追问未来走向。例如，生成一篇关于 5G（第 5 代移动通信技术）应用现状的文章，可追问"预测未来 5G 在智能家居、远程医疗、工业互联网等领域的发展趋势和潜在应用场景"，使文章更具前瞻性。

任务实施：AIGC 生成文章赏析

1. 任务目标

通过对 AIGC 生成文章的赏析，深入理解明确文本体裁类型、明确文本主题、描述文本细节、完善和追问这些文本创作提示词设计要点在实际应用中的重要性及具体运用方式，从而提升自身设计提示词并利用 AIGC 进行高质量文本创作的能力。

2. 实施步骤

（1）选择赏析文章

从不同领域、不同体裁中挑选具有代表性的 AIGC 生成文章，如科技领域的科普文章、文学领域的短篇小说、商务领域的市场分析报告等。确保所选文章涵盖多种提示词设计要点的应用场景。

（2）明确文本体裁类型分析

分析文章的体裁特征，如科普文章注重科学性、准确性和通俗易懂性，语言表达较为客观；短篇小说则强调故事情节、人物塑造和情感表达，语言富有感染力。

（3）明确文本主题剖析

找出文章的核心主题，并分析文章是如何围绕主题展开论述或叙述；观察主题的表述是否精准、是否有歧义，思考如果主题表述不准确会对文章产生怎样的影响。

（4）描述文本细节探究

仔细研读文章，找出其中描述的文本细节，如数据、事例、场景、人物特征等，并分析这些细节对提高文章内容丰富度和可信度的作用。

（5）完善和追问思路梳理

假设自己是文章的创作者，根据已有的文章内容，思考可以从哪些方面进行完善和追问。例如，内容是否存在遗漏信息需要补充，分析是否需要深入进一步挖掘，是否可以拓展关联内容等。

（6）小组讨论与总结

学生进行小组讨论，分享各自对文章赏析的见解，讨论在不同情况下如何更好地运用提示词设计要点。

教师进行总结，强调关键知识点，解答学生的疑问，强化学生对文本创作提示词设计要点的理解和应用能力。

任务小结

本任务深入探讨了把握文本创作提示词设计要点。明确文本体裁类型是基础，不同体裁有其独特规范与风格，能让 AIGC 生成的内容符合相应要求。清晰界定文本主题，为创作锚定方向，避免内容偏离核心。细致描述文本细节，无论是数据、事例还是场景刻画，都能极大丰富生成内容，使其更具有可信度与吸引力。完善和追问则是提升内容质量的有力手段，通过补充遗漏、细化要求、深入挖掘和拓展关联，让生成的文本更符合需求，逐步趋近完美。熟练掌握这些要点，是利用 AIGC 进行高效、优质文本创作的重要前提。

任务三　应用文本处理类 AIGC 工具

知识储备

如今内容创作的需求呈井喷式增长，从社交媒体上吸睛的公众号文章、小红书笔记，到职场中严谨的工作总结，再到充满想象力的小说以及展示视觉效果的智能图文排版，每一项都考验着创作者的能力与效率，而 AIGC 工具为创作者开启了全新的创作大门。本任务将深入探索文本处理类 AIGC 工具，使读者掌握如何巧妙运用它，让各类创作难题迎刃而解，开启高效、创意的创作之旅。

一、使用 DeepSeek 撰写公众号文章

在移动互联网时代，公众号已成为信息传播、知识分享、品牌推广的重要阵地。无论是个人博主分享生活感悟、专业见解，还是企业宣传产品服务、树立品牌形象，公众号文章都扮演着关键角色。然而，持续产出高质量、吸引人的公众号文章并非易事，创作者面临着灵感枯竭、写作效率低下、内容同质化等困境。AIGC 技术的兴起为公众号文章撰写带来了新契机，它能辅助创作者快速生成内容框架、提供创意灵感，甚至完成初稿创作，大大提升创作效率和质量。

通常来说，创作者完成一篇公众号文章需要经过以下 4 个步骤。

1. 确定选题

撰写公众号文章的第一步就是确定选题。选题是公众号文章的灵魂，优秀的选题可以吸引更多用户的关注，创造更高的价值。运用 AIGC 工具，创作者可以源源不断地获得选题灵感。首先，创作者要选择合适的 AIGC 工具，以 DeepSeek 为例，要向 DeepSeek 提出具体的要求。提出要求的基础是创作者已做好账号定位，这样就可以在提示词中列出具体的方向。

例如输入提示词："我是一个公众号文章创作者，现在我想要撰写一篇与旅游相关的文章，但还没有找到特定的选题。请你为我提供 10 个与旅游相关的公众号文章选题。选题要求新颖、有趣、实用，对公众号文章的撰写有指导作用，能够吸引用户阅读。"

图 3-1 所示为 DeepSeek 生成的公众号文章选题。

> 我是一个公众号文章创作者，现在我想要撰写一篇与旅游相关的文章，但还没有找到特定的选题。请你为我提供 10 个与旅游相关的公众号文章选题。选题要求新颖、有趣、实用，对公众号文章的撰写有指导作用，能够吸引用户阅读。

以下是为您推荐的 10 个新颖、实用的旅游公众号文章选题，结合了 2025 年行业趋势和用户兴趣，并附上选题方向和参考依据。

1.「无人机 + 传统灯会：2025 年元宵节如何玩出科技感？」
方向：解析无人机表演与传统灯会的融合趋势，推荐全国十大热门灯会（如豫园灯会、自贡恐龙灯会），结合用户搜索量暴涨 318% 的数据，提供拍照打卡攻略和避开人潮的小众玩法。

2.「2025 年全年自驾路线地图：这 10 条线路承包你的假期」
方向：整合云南怒江傈僳族自治州、福建沿海公路特色自驾路线，结合季节特点（如 3 月杏花季、5 月"蓝眼泪"）设计全年出行日历，附带路况提示和私藏景点。

3.「可持续旅行新浪潮：住环保酒店、吃"零碳餐"，你敢挑战吗？」
方向：从生态旅游、低碳交通（如高铁短途游）切入，推荐国内外可持续旅行目的地（如贵州生态 AI 游项目），分析年轻一代"无痕旅行"的消费趋势。

4.「AI 旅行助手测评：马蜂窝、DeepSeek 大模型谁更懂你？」
方向：实测马蜂窝 AI 行程规划、DeepSeek 大模型推荐的贵州旅游路线，对比传统攻略，探讨 AI 如何解决"选择困难症"，并预测未来个性化旅行的可能性。

图 3-1　DeepSeek 生成的公众号文章选题

2. 生成思路大纲

想写好一篇文章，思路清晰的大纲是必不可少的。大纲写得好，在一定程度上保证了公众号文章的质量。很多时候，我们确定了公众号文章的主题，或者有了一个核心观点，觉得有成为爆款的潜质，想围绕这个主题、观点写一篇文章，但还没有具体的想法，这时就可以借助 DeepSeek 来撰写思路大纲，从而得到更多写作的想法。

以上面提到的旅游相关的选题为例，如果你是一名自驾游领域的作者，认为 DeepSeek 生成的选题中第二个选题恰好合适，就可以让 DeepSeek 围绕第二个选题生成思路大纲。提示词如下："我觉得你列出的第二个选题比较适合我的公众号账号。我的公众号账号主要发布自驾游攻略。接下来，请你根据第二个选题的内容为我生成一个公众号文章思路大纲。"

图 3-2 所示为 DeepSeek 生成的思路大纲。

3. 生成公众号文章

获得思路大纲以后，创作者就可以按照大纲撰写文章，确保文章的方向和主题正确无误。由于 DeepSeek 有联系上下文的功能，在确认思路大纲无误后，创作者就可以让 DeepSeek 按照思路大纲撰写完整的公众号文章。提示词如下："好，请你围绕这个思路大纲为我撰写一篇完整的公众号文章，要求成文逻辑通顺、小标题格式统一、文字排版清晰，语言风格要接地气一些，但不要变成刻意搞笑的段子式的语言，字数限制在 1500 字以内。"

图 3-3 所示为 DeepSeek 生成的公众号文章。

我觉得你列出的第二个选题比较适合我的公众号账号。我的公众号账号主要发布自驾游攻略。接下来，请你根据第二个选题的内容为我生成一个公众号文章思路大纲。

好的，用户之前让我帮忙想旅游相关的公众号文章选题，我提供了10个，他选了第二个关于全年自驾路线的。现在他要我根据这个选题生成思路大纲。首先，我需要回顾一下第二个选题的内容，里面提到了整合云南怒江傈僳族自治州、福建沿海公路等路线，结合季节特点设计全年出行日历，附带路况提示和私藏景点。

接下来，用户提到他的公众号主要发布自驾游攻略，所以大纲需要符合这个定位，内容要实用、详细，并且结构清晰。我需要确保每个部分都涵盖必要的信息，比如路线推荐、季节特点、路况提示、私藏景点，可能还需要加入一些实用工具或资源，比如导航App、车辆检查清单等。

用户可能需要的是既有整体规划又有具体细节的内容，这样读者可以按图索骥。同时，考虑到自驾游的安全性和便利性，加入安全贴士和应急措施也是必要的。另外，用户可能希望文章有互动性，比如鼓励读者分享自己的路线，或者提供问答环节，这样可以增强读者黏性。

还要注意结构上的逻辑性，比如先引入全年自驾的概念，再分季节推荐路线，每条路线详细说明，然后给出实用建议。

最后总结和互动。需要检查每个部分是否覆盖了选题提到的要点，比如季节特点、路况、私藏景点，以及是否有数据支撑，比如引用相关报告或搜索量数据。

以下是针对「2025年全年自驾路线地图：这10条线路承包你的假期」选题的公众号文章思路大纲设计。大纲突出实用攻略属性，并结合自驾用户核心痛点和需求。

标题
2025年自驾日历｜每月一条神仙路线，私藏景点＋避堵攻略一键收藏
文章结构
开篇：痛点切入＋数据锚点
• 场景化开头：
你是否也经历过熬夜做攻略，结果假期堵在景区停车场？收藏的"网红路线"，开过去才发现修路限行？
2025年自驾游搜索量上涨65%（引用马蜂窝数据），但80%的人仍在重复5年前的路线……
• 抛出解决方案：
"我们联合资深自驾领队、地图导航工程师，结合卫星遥感路况预测，整理出这份'全年不踩雷自驾日历'。10条路线承包你的假期，将小众秘境、应急避险、季节限定景观'一网打尽'。"

图 3-2　DeepSeek 生成的思路大纲

好，请你围绕这个思路大纲为我撰写一篇完整的公众号文章，要求成文逻辑通顺、小标题格式统一、文字排版清晰，语言风格要接地气一些，但不要变成刻意搞笑的段子式的语言，字数限制在 1500 字以内。

好的，用户现在需要我根据之前提供的大纲撰写一篇完整的公众号文章。首先，我需要回顾之前的对话，确保完全理解用户的需求。用户最初请求了 10 个旅游相关的公众号文章选题，之后选择了第二个关于全年自驾路线的选题，并得到了大纲。现在用户希望根据这个大纲完成一篇完整的文章，要求逻辑通顺、格式统一、排版清晰，语言接地气但不搞笑，字数在 1500 字以内。

首先，我需要确认用户的核心需求是什么。用户运营的是一个自驾游攻略公众号，所以文章需要实用、信息量大，同时吸引读者收藏和分享。用户强调语言要接地气，这意味着避免过于正式或学术化的表达，但也不能过于随意，比如使用段子或网络流行语。要保持专业性和亲切感之间的平衡。

接下来，我需要检查之前的大纲结构是否合理，是否需要调整。大纲分为开篇、主体（四季路线详解）、工具包、结尾互动福利。每个部分都有明确的子标题和内容要点，比如 3 月、5 月、7 月、10 月的路线，以及其他月份的速览卡。工具包部分提供了实用资源，结尾有互动环节。这样的结构清晰，符合公众号文章的常见格式，应该保留。

然后，我需要考虑如何将每个部分的内容扩展成连贯的文字。例如，开篇需要用场景化的痛点引入，结合数据引起客户共鸣。主体部分需要详细介绍路线、亮点、注意事项，同时加入实用贴士，如导航提示、车辆要求等。

以下是根据您的要求撰写的公众号文章，采用统一层级标题、口语化表达与实用信息结合，全文约 1480 字。

2025年自驾日历|每月一条"神仙"路线，私藏景点+避填攻略一健收藏

文末含自驾轨迹包福利

一、堵怕了？这份日历专治假期焦虑

刚过去的五一假期，老李在朋友圈吐槽："导航显示3小时的路，硬生生开了8个钟头！"

这不是个例——马蜂窝数据显示，2025年自驾游搜索量暴涨65%，但80%的人还在挤独库公路、318国道这些"网红钉子户"。

今天这份全年自驾日历，我们请来15年越野领队老张+高德地图工程师王姐，结合卫星遥感预测，精选出10条"不堵车+有看头"的宝藏路线。从杏花沟到"蓝眼泪"，每月解锁新玩法，文末还准备了独家自驾轨迹包！

图 3-3　DeepSeek 生成的公众号文章

4. 反馈优化

DeepSeek 生成的公众号文章大体符合要求，但若有些地方不符合创作者的预期，创作者要向 DeepSeek 提出反馈优化的要求，让 DeepSeek 生成更优质的内容。提示词如下：“可能是我限制的字数太少，你生成的内容有些部分过于简短，没有丰富的介绍，请你再丰富‘三、其他月路线速览’这一部分的内容，要给读者更具体的介绍。”

图 3-4 所示为 DeepSeek 生成的优化后的公众号文章。

可能是我限制的字数太少，你生成的内容有些部分过于简短，没有丰富的介绍，请你再丰富“三、其他月份路线速览”这一部分的内容，要给读者更具体的介绍。

好的，我现在需要帮用户解决他们提出的问题：用户觉得之前生成的公众号文章中“三、其他月份路线速览”部分内容过于简略，希望更丰富、具体。首先，我要回顾之前的对话历史，确保理解用户的请求和上下文。

用户最初请求了 10 个旅游相关的公众号文章选题，之后选择了第二个关于全年自驾路线的选题，并生成了大纲和完整的文章。用户反馈第三部分“其他月份路线速览”需要更详细的内容，因为原内容可能因为字数限制而过于简略。

首先，我需要明确用户的需求：在保持总字数不超过 1500 字的前提下，扩展第三部分的内容，使其更具体、信息量更大，同时保持文章整体的结构和风格统一。用户希望这部分不仅作为速览，还要提供足够的信息帮助读者做出决策。

接下来，我需要分析现有的“其他月份路线速览”部分。原文中提到了 1 月、6 月、9 月的路线，但每个月份只有一两句话，缺乏详细攻略。用户需要每个月份有更多的实用信息，比如路线亮点、注意事项、具体建议等。

为了丰富内容，我可以为每个月份添加小标题，分别列出亮点、避坑指南和车辆要求。例如，对于 1 月的东北亚雪公路，可以加入冰雪驾驶培训的详细信息，推荐装备，以及适合的车型。这样不仅增加了内容的深度，也保持了结构的一致性。

以下是针对“三、其他月份路线速览”部分的强化升级版内容，补充了实用细节和场景化描述，字数控制在合理范围内。

三、其他月份路线速览 | 冷门时段藏着真宝藏

| 1月 | 东北亚雪公路（哈尔滨—雪乡）

关键词：冰雪奇缘 | 新手特训

零下30℃该怎么玩？这条线路专治南方人"见到雪就撒欢"的"毛病"。

硬核亮点：

☑ 必体验项目：

- 冰雪路面漂移：亚布力滑雪场旁的「冰雪驾驶学院」（1800元/人含保险）
- 雪地温泉坐标：牡丹江镜泊湖山庄（泡温泉看冰瀑，门票198元）

避坑指南：

⚠ 防滑链别瞎买：认准××认证标识（中国汽车流通协会实测劣质防滑链断裂率超40%）

⚠ 保暖"黑科技"：

- 车窗防雾喷雾（推荐××品牌）
- 座椅加热垫（插点烟器款比USB款升温快3倍）

图 3-4　DeepSeek 生成的优化后的公众号文章

二、使用 DeepSeek 撰写小红书笔记

在新媒体时代，创作者一般会布置多媒体矩阵，不仅在公众号上撰写文章，也有可能在小红书平台上撰写相同领域的笔记。不同平台的内容有不同的风格和特征，创作者要熟悉小红书平台对内容的要求，从而有针对性地进行内容创作。为了提高创作效率，创作者可以使用 DeepSeek 等 AIGC 工具来辅助完成。

创作者使用 DeepSeek 生成小红书笔记一般要经过以下 3 个步骤。

1. 提出具体指令

创作者在向 DeepSeek 提出指令之前，要先确定小红书账号的定位、内容选题方向。仍以前文提到的自驾游选题为例，可以要求 DeepSeek 根据小红书平台的要求及选题生成笔记。提示词如下："请以'2025 年全年自驾路线地图'为主题，写一篇小红书爆款笔记，要遵循小红书爆款笔记的特征。"

图 3-5 所示为 DeepSeek 生成的小红书笔记。

请以"2025 年全年自驾路线地图"为主题，写一篇小红书爆款笔记，要遵循小红书爆款笔记的特征。

好的，用户让我写一篇关于"2025 年全年自驾路线地图"的小红书爆款笔记，需要符合平台的特点。首先，我得回想一下小红书的风格，通常是图文并茂，语言活泼，多用表情符号和短句，重点突出实用性和吸引力。

首先要确定结构，小红书笔记通常有吸引人的标题，然后分点介绍，每个点用 emoji（表情符号）或符号分隔。可能需要按月推荐路线，每个月份给出一条亮点路线，加上小贴士和实用信息。还要注意加入数据支撑，比如引用网页中的搜索热度或增长数据，增加可信度。

然后考虑用户需求，他可能想要新颖、有趣、实用的路线，避免大众化景点。

🎆【2025 年自驾天花板攻略】每月一条封神路线‼私藏地图+避坑指南🗺

#自驾游 #旅行攻略 #年度计划

🚗🎇2025 年想承包朋友圈 C 位？收下这份"全年自驾日历"，小众秘境、季节限定、连老司机都直呼内行！（文末送福利‼）

📍【1~2 月：反向操作，承包整片雪原】

✅东北亚雪公路（哈尔滨→雪乡）

- 硬核玩法：亚布力冰雪漂移学院 get"秋名山"同款车技🚗
- 隐藏彩蛋：牡丹江镜泊湖雪地温泉，边泡汤边看冰瀑炸裂💥

  ⚠避坑：防滑链认准××认证！劣质链断裂率超 40% ①

✅云南怒江过大年

- 独家烟花秀+傈僳族长桌宴，比西双版纳少 90%！①

  💡春节自驾搜索量暴涨 150%，但 99%的人不知道这条线！

图 3-5　DeepSeek 生成的小红书笔记

2. 反馈优化

创作者可以根据个人的需要和喜好，进行进一步的迭代和优化。提示词如下："旅游途中，拍照是必不可少的一项操作，为的是留下旅途中的美好记忆。请你在自驾游攻略中适当添加符合每一条攻略内容的拍照小技巧。"

图 3-6 所示为 DeepSeek 生成的优化后的内容，添加了拍照技巧。

旅游途中，拍照是必不可少的一项操作，为的是留下旅途中的美好记忆。请你在自驾游攻略中适当添加符合每一条攻略内容的拍照小技巧。

好的，用户现在希望在之前讨论的自驾游攻略中加入符合每条路线的拍照小技巧。首先，我需要回顾之前的对话，看看之前提供的攻略内容，然后为每个月份或每条路线添加相关的拍照建议。用户特别提到要"适当添加"，所以不能太冗长，但要实用，能够帮助读者拍出更好的照片。

首先，我需要确认每个月份对应的自驾路线，然后针对每条路线的特色景点和季节特点，提供具体的拍照技巧。例如，一月的东北亚雪公路，可能涉及雪景和低温环境下的拍摄技巧，比如如何避免过曝、利用光线等。五月的平潭"蓝眼泪"需要夜间拍摄技巧，比如长曝光、三脚架的使用等。

还要注意用户之前提到的语言风格要接地气，所以拍照技巧需要用口语化但专业的建议，避免使用过于技术性的术语，同时保持简洁明了。此外，用户之前要求避免段子式的语言，所以要保持实用性和指导性。

接下来，我需要检查之前的攻略结构，确保每个部分都有对应的拍照小技巧，并且这些技巧与路线内容紧密结合。例如，在云南怒江过大年的部分，可以建议拍摄傈僳族长桌宴的人文照片，使用连拍模式捕捉动态瞬间，或者利用当地环境光线突出人物和场景。

🏍️【2025年自驾天花板攻略】每月一条封神路线+保姆级拍照指南📷

#自驾游 #旅行摄影 #年度计划

🚗✨2025年想承包朋友圈C位？收下这份"全年自驾日历"，小众秘境+独家机位+摄影技巧三连暴击！（文末送福利‼）

📍【1～2月：雪原大片速成班】

☑️ 东北亚雪公路
📷拍照技巧：
● 日出后1小时拍蓝调雪景，用树枝在前景划出纹理
● 车灯+长曝光拍出「光轨穿越林海」效果（ISO调至800）
● 穿亮色羽绒服与雪地撞色，人物放在画面下1/3处

☑️ 云南怒江过大年
📷人文摄影：
● 用连拍模式抓取傈僳族「上刀山」动态（快门1/1000以上）
● 夜晚用大光圈拍长桌宴烛光，食物特写开「美食模式」
● 无人机俯拍千人踏歌，后期加15%饱和度

图 3-6 DeepSeek 生成的优化后的内容

3. 生成小红书标题

标题是快速吸引用户注意力，使笔记获得更多曝光的重要元素。小红书笔记的标题尤为重要，是小红书笔记流量的重要来源之一。因此，创作者要十分重视小红书笔记标题的撰写，生成的标题要符合小红书平台的特征。

使用 DeepSeek 生成小红书笔记标题，提示词如下："请你根据自驾游的内容为我生成 5 条小红书笔记的标题，要符合小红书爆款笔记的标题特征，字数限制在 20 字左右，要有特色，符合自驾游的主题，并能够吸引用户的眼球。"

图 3-7 所示为 DeepSeek 生成的小红书笔记标题。

请你根据自驾游的内容为我生成 5 条小红书笔记的标题，要符合小红书爆款笔记的标题特征，字数限制在 20 字左右，要有特色，符合自驾游的主题，并能够吸引用户的眼球。

好的，用户让我根据自驾游内容生成 5 条小红书爆款笔记标题，每条 20 字左右，要有特色，吸引眼球。首先，我需要回顾之前的对话内容，了解用户的自驾游攻略重点。之前的攻略涵盖全年不同月份的自驾路线，每条路线都有具体的拍照技巧和实用建议。

接下来，我需要分析小红书爆款笔记标题的特征。通常这类标题会使用 emoji、感叹号、数字、疑问句或挑战性语言，突出实用性和独家性，比如"私藏""避坑""保姆级"等词汇。同时，标题需要包含关键词，如"自驾游""攻略""拍照"等，方便用户搜索。

然后，结合用户提供的自驾游内容，我需要从每个月份的特色路线中提取亮点，比如南疆杏花、"蓝眼泪"、冬季雪景等。

这些独特景点可以作为标题的卖点。同时，要加入用户之前提到的实用工具和福利，比如 GPS 轨迹包、摄影技巧等，增强标题的吸引力。

现在，我需要确保每个标题都符合字数限制，并且结构紧凑。可能需要使用符号分隔不同部分，比如用"|"或"·"，让标题更易读。例如，"🚗2025 年自驾天花板！私藏 10 条路线＋避坑指南🔥"这样的标题，包含 emoji、年份、亮点和情感符号，符合爆款特征。

📌 **爆款标题推荐**

1. 🚗**2025年自驾天花板！私藏10条路线+避坑指南**🔥
2. 🌊**蓝眼泪追光地图 | 附手机拍银河保姆级参数！**
3. ⚠️**冬季雪路保命攻略：防滑链避坑+零下30℃出片**
4. 📷**南疆杏花古风大片机位！99%的人不知道的坐标**
5. 🎁**免费领！全年自驾GPS轨迹包+车载电源抽奖**

标题设计逻辑：

- **强痛点+解决方案**（如"防滑链避坑""保命攻略"）
- **场景化关键词**（"蓝眼泪""杏花古风""零下30℃"）
- **稀缺性暗示**（"私藏""99%人不知道""免费领"）
- **情感符号加持**（🔥🚗🌊强化视觉冲击）

图 3-7　DeepSeek 生成的小红书笔记标题

三、使用 DeepSeek 撰写工作总结

当工作进行到一定阶段或告一段落时，需要回过头来对所做的工作认真地进行分析、

研究，肯定成绩，找出问题，总结经验教训，深化认识，明确方向，以便进一步做好工作。将以上环节用文字表述出来，就是工作总结。

通过工作总结，人们可以把零散的、肤浅的感性认识上升为系统、深刻的理性认识，从而得出科学的结论，以便改正缺点，吸取经验教训，使今后的工作少走弯路，多出成果。

要想写出优秀的工作总结，往往需要花费大量的时间和精力对项目或工作进行全面的梳理和分析，这很考验一个人的分析能力、总结能力和语言组织能力。

如果想要提升写工作总结的效率，创作者可以使用 AI 工具快速梳理工作，组织语言。以 DeepSeek 为例，使用 AI 工具撰写工作总结的步骤如下。

1. 确定框架

创作者首先要告知 DeepSeek 工作总结的背景信息，如汇报人、汇报对象、汇报主题等，然后向 DeepSeek 提供工作总结的框架，包括工作总结目的、工作目标、工作业绩、个人成长、团队协作、问题和挑战、下一步计划等。

提示词如下："我需要向领导汇报 3 月个人销售工作的完成情况，下面我为你提供工作总结的框架，请你根据我提供的信息生成一份完整的工作总结。工作总结一般要包括工作总结目的、工作目标（销售额完成 50 万元）、工作业绩（超额完成工作，与客户成为朋友）、个人成长（提升了与客户进行人际交往的能力）、团队协作（设计部及时提供样品图样）、问题和挑战（公司整体营业目标较高，工作压力大）、下一步计划（下个月将继续拓展客户群体，积极学习最新的营销理论，提升自己）。"

图 3-8 所示为 DeepSeek 生成的工作总结。

我需要向领导汇报 3 月个人销售工作的完成情况，下面我为你提供工作总结的框架，请你根据我提供的信息生成一份完整的工作总结。工作总结一般要包括工作总结目的、工作目标（销售额完成 50 万元）、工作业绩（超额完成工作，与客户成为朋友）、个人成长（提升了与客户进行人际交往的能力）、团队协作（设计部及时提供样品图样）、问题和挑战（公司整体营业目标较高，工作压力大）、下一步计划（下个月将继续拓展客户群体，积极学习最新的营销理论，提升自己）。

嗯，用户需要一份 3 月销售工作总结，他提供了一个框架，包括工作总结目的、工作目标、工作业绩、个人成长、团队协作、问题和挑战、下一步计划。用户希望根据这些信息生成完整的工作总结。首先，我需要确保每个部分都涵盖到，并且内容连贯。

用户提到工作目标是完成 50 万元的销售额，实际超额完成，这点需要突出，可以用数据对比。业绩部分提到与客户成为朋友，这可能意味着客户关系维护得好，可以举例说明如何建立关系。个人成长方面是人际交往能力提升，需要具体说明是通过哪些方式提升的，比如沟通技巧或客户活动。

团队协作方面，设计部提供了及时的支持，可以具体说明设计部的帮助如何促进销售，比如快速出图帮助赢得客户。问题和挑战是公司整体目标高，压力大，需要分析压力来源，并说明如何应对。下一步计划包括拓展客户群体和学习营销理论，要具体化方法，比如参加培训或行业会议。

3月个人销售工作总结

汇报人：XXX

一、工作总结目的

全面梳理3月销售工作成果与不足，明确目标达成路径，为下一阶段业绩提升提供数据支撑与改进方向。

二、工作目标完成情况

目标设定：3月销售额目标 **50万元**

实际达成：**62.8万元**（完成率 **125.6%**）

核心亮点：

- **重点客户突破**：新签3家长期合作客户（XX公司、XX集团等），贡献销售额占比38%
- **复购率提升**：老客户复购金额达24.5万元，同比2月增长20%
- **客单价优化**：通过组合营销策略，单笔订单均价从1.2万元提升至1.8万元

图 3-8　DeepSeek 生成的工作总结

德技并修

依赖 AI 直接生成完整内容而忽视前期框架构建，无异于舍本逐末。AI 虽然很强大，但其创造力根植于对既有数据的分析与重组，缺乏人类独有的创新思维与深度理解力。因此，创作者需发挥主观能动性，具备全局观念，运用框架思维，为 AI 提供清晰、合理的创作导向，避免陷入技术依赖的误区。

2. 反馈优化

创作者可以根据自己的实际工作需求继续发送优化指令，让 DeepSeek 不断优化工作总结。例如，创作者不仅想要撰写书面形式的工作总结，还想要生成一份向领导汇报工作的语言指导文件，这时创作者可以向 DeepSeek 输入具体指令："你生成的内容过于模式化，语言死板，请你以下属员工向领导汇报工作的语气重新写一遍之前的工作总结，标题和结构不变，只改写语言风格和语气。"

图 3-9 所示为 DeepSeek 生成的口头形式的工作总结。

你生成的内容过于模式化，语言死板，请你以下属员工向领导汇报工作的语气重新写一遍之前的工作总结，标题和结构不变，只改写语言风格和语气。

嗯，用户之前让我帮他生成了一份销售工作总结，但后来反馈说内容过于模式化，语言死板，需要更口语化，像是下属向领导汇报的语气。首先，我需要理解用户的具体需求。他可能希望工作总结听起来更自然，更贴近实际对话，而不是僵硬的模板。

用户提到标题和结构不变，只改变语言风格和语气。这意味着我需要保持原有的框架，但用更亲切、更直接的方式表达内容。比如，避免使用过于正式的专业术语，转而使用

日常交流中的词汇和句子结构。

接下来，我需要分析前面生成的总结，找出哪些部分显得模式化。例如，原来的"工作目标完成情况"部分便用了数据列表和项目符号，可能显得生硬。转换语气后，可以用更自然的叙述方式，比如用"这个月我的目标是 50 万元，结果完成了 62.8 万元"这样的表达。

另外，用户希望体现出与客户建立朋友关系，所以在业绩部分需要加入更多个人化的案例，比如提到具体客户的名字和互动细节，让内容更生动。同时，个人成长部分要展示真实的进步过程，比如提到具体的书籍或课程，以及这些如何帮助实际工作。

团队协作方面，原始内容提到了设计部的支持，但可以更具体地感谢同事，比如提到设计部同事的名字或具体帮助事件，增强真实感。问题和挑战部分需要更坦诚地描述遇到的困难，同时展示解决问题的积极态度，而不是仅仅列出问题。

2024年3月个人销售工作总结

汇报人：XXX

一、工作总结目的

王总，我来和您汇报下3月份的工作情况，既想总结成绩，也想请您帮忙看看哪里还能再优化，争取下个月更上一层楼！

二、工作目标完成情况

您定的目标： 50万元
实际完成： 62.8万元（超了12.8万！）
小亮点和您同步：

- 新签的XX公司李总特别爽快，首单就给了15万元！他们采购总监说就冲着咱们的定制方案来的

- 现在客户都爱打包买，我试着推了组合套餐，单子平均涨了6千元

图 3-9　DeepSeek 生成的口头形式的工作总结

四、使用 DeepSeek 撰写小说

随着互联网和数字媒体的发展，人们对文学内容的需求不断增加，无论是网络文学平台、影视制作公司还是游戏开发商等，都需要大量的故事内容。AIGC 工具的出现降低了文学创作的门槛，让更多没有经过专业写作训练但有创意和想法的人能够参与到小说创作中来，这可以激发全民创作的热情，促进文学创作的多元化发展。

下面将详细介绍使用 DeepSeek 撰写小说的步骤。

1. 设定背景

如果创作者想写出一篇完整的小说，但缺乏灵感，可以先向 DeepSeek 提供几个关键词，让它构思小说的故事背景。提示词如下："我现在想要写一篇温馨小说，以家庭为主题，但还没有灵感，接下来我给你几个关键词，请你构思小说的故事背景：春节、思乡、工作、电话、失败、逃避、安慰、向往、亲情。"

图 3-10 所示为 DeepSeek 生成的小说故事背景。

我现在想要写一篇温馨的小说，以家庭为主题，但还没有灵感，接下来我给你几个关键词，请你构思小说的故事背景：春节、思乡、工作、电话、失败、逃避、安慰、向往、亲情。

好的，用户想要写一篇温馨的家庭主题小说，关键词包括春节、思乡、工作、电话、失败、逃避、安慰、向往、亲情。我需要把这些关键词串联成一个连贯的故事背景。春节通常与家庭团聚相关，所以故事可以围绕春节展开，突出家庭的重要性。

思乡和工作可能意味着主角在外地工作，无法回家过年，导致思乡之情。电话可能是联系家人的主要方式，尤其是在无法见面的时候。失败和逃避可能是指主角在工作或生活中遇到了挫折，主角选择不回家，避免面对家人。安慰和亲情则是家人通过电话给予主角支持，最终主角可能振作起来，决定回家或面对问题。

需要确定主角的背景，比如年龄、职业、为什么不能回家。比如，主角可能是一个在大城市打拼的年轻人，工作压力大，项目失败，导致经济困难，因此逃避回家过年。春节临近，家人打电话来关心，主角最初可能敷衍，但最终被亲情感动，得到安慰，重新燃起希望。

要考虑情感的变化，从逃避到接受安慰，再到向往亲情。故事的高潮可能在电话中的真诚交流，家人不责怪反而支持，让主角感受到温暖。结局可以是主角决定回家，或者虽然不能回家，但心结解开，重新振作。

需要注意避免过于俗套的情节，比如直接回家大团圆，可能更侧重情感层面的转变。

好的，我将按照您的要求创作一个关于家庭亲情的故事。为了让故事更完整，我会先列出一些基本框架。请您看看以下内容是否符合您的预期。如果您有其他想法，可以随时提出，我会进行调整。

世界观设定

- 时间背景：当代社会，春节前夕的上海。霓虹灯与红灯笼交相辉映，城市中弥漫着节日的喧嚣与职场人的孤独。
- 空间背景：从写字楼格子间到江南小镇院落，通过电话连接的现代城市与传统乡村两个场景。
- 基本冲突：城市生存压力与传统亲情的撕扯，成年人的体面伪装与血缘羁绊的本能渴望之间的角力。

故事梗概

- 困守孤岛："沪漂"设计师程雨薇因项目失败陷入职业危机，在春节前夜独自留守写字楼，用工作麻痹自己，以逃避现实。
- 时空裂痕：母亲跨越千里的电话如同打开记忆匣子的钥匙，童年守岁画面与现实际遇形成残酷对比。
- 谎言拆穿：精心编织的都市精英人设在母亲直击心灵的关怀中被拆穿，女儿在抽泣中吐露真实困境。
- 化解心结：母亲用江南人家特有的含蓄温情化解女儿心结，窗外的上海夜空与老家院落的烟花在某个瞬间重叠。

我们将重点描写程雨薇在除夕夜接到母亲电话时，从强撑体面到情绪决堤的心理转变过程。

图 3-10　DeepSeek 生成的小说故事背景

2. 生成大纲

创作者可以让 DeepSeek 结合设定的故事背景完成大纲创作，提示词如下："请你根据上述故事背景，把这篇小说分为 8 个部分，相邻的两个部分之间要有逻辑性。"

图 3-11 所示为 DeepSeek 生成的小说大纲。

请你根据上述故事背景，把这篇小说分为 8 个部分，相邻的两个部分之间要有逻辑性。

好的，用户希望我把之前构思的小说分成 8 个逻辑连贯的部分。我需要先回顾之前提供的故事背景和现有的内容，确保每个部分都有明确的转折点和连接点。

首先，用户的关键词包括春节、思乡、工作、电话、失败、逃避、安慰、向往、亲情。现有的故事梗概已经涵盖了这些元素，比如程雨薇在春节前夕的工作压力，与母亲的电话互动，以及通过回忆和现实对比展现亲情。

其次，我需要将现有内容分成 8 个部分。相邻部分之间需要有逻辑性，可以按照时间顺序或者情感发展的阶段来划分。例如，从程雨薇在办公室感受到孤独开始，接电话，回忆过去，到最终的亲情"救赎"。

再次，考虑到用户可能需要每个部分有一个标题，并简要描述内容。同时，要确保每个部分之间有自然的过渡，比如通过电话的接入触发回忆，或者由母亲的某个动作引发情感转折。还要注意用户可能希望每个部分突出不同的主题，比如失败、逃避、安慰等，所以在划分时要确保每个部分侧重一个或多个关键词，同时保持整体连贯。

最后，需要检查是否有遗漏的关键词或情节，同时，要确保每个部分的结尾引导到下一个部分。

第一章："钢筋森林"的守夜人

- **核心意象**：陆家嘴午夜零点的雪景与电脑屏幕光
- **关键细节**：程雨薇反复删除PPT最后一页的"项目总结"
- **逻辑钩子**：手机第七次震动时，她瞥见来电显示"家"字在黑暗中闪烁

第二章：电话里的年味

- **核心意象**：视频通话中摇晃的厨房蒸汽与母亲围裙上的油渍
- **关键细节**：母亲说话时总不自觉地调整镜头角度，仿佛在给缺席的女儿留位置
- **逻辑钩子**：背景突然炸响的烟花让程雨薇膝盖撞到抽屉，露出藏在深处的辣酱瓶

图 3-11　DeepSeek 生成的小说大纲

3. 撰写内容

创作者可以让 DeepSeek 根据大纲写出小说的第一章，提示词如下："很好，请你按照大纲，写出这篇小说的第一章。"

图 3-12 所示为 DeepSeek 生成的小说第一章。后续章同样使用这种方法依次生成。

很好，请你按照大纲，写出这篇小说的第一章。

好的，用户希望我根据之前的大纲写出小说的第一章。

首先，我需要回顾之前的大纲，确保第一章的内容和结构符合设定。第一章的标题是"钢筋森林"的守夜人，核心意象是陆家嘴的午夜雪景和电脑屏幕光，关键细节包括程雨薇反复删除 PPT "项目总结"。逻辑钩子是手机第七次震动时，她看到来电显示"家"字在黑暗中闪烁。

其次，我需要将这些元素融入场景中。开头需要营造出孤独感和压力的氛围，突出程雨薇在职场中的困境。陆家嘴的雪景和办公室的冰冷环境形成对比。电脑屏幕光作为视觉元素，可以象征她被困在工作的"牢笼"里。

再次，处理手机震动的细节。手机震动七次才接听，显示她的逃避心理。来电显示"家"字在黑暗中闪烁，暗示家庭与工作的冲突。这里需要描写她的心理活动，比如犹豫、焦虑，以及接电话时的紧张。

再次，需要注意逻辑钩子的衔接，手机震动第七次接听后，引出后续章节的内容，比如母亲的电话和家庭的温暖。另外，要使用细腻的描写，比如将雪片比作"碎银"，电脑屏幕光在睫毛间流转，这些意象增强画面感。

最后，要确保第一章结尾留下悬念，促使读者继续阅读。

好的，我将按照您的要求细腻呈现第一章的孤独困境与情感伏笔。为了让故事更具沉浸感，我会采用通感手法增强环境与心理的互动性。

第一章："钢筋森林"的守夜人

玻璃幕墙外最后一丝天光灭时，程雨薇听见自己后槽牙撞击的声音。

其实那只是中央空调管道在震动作响。她把发热的脸颊贴在笔记本电脑外壳上，任由文档幽蓝的光在睫毛间"织网"。屏幕上名为"星辉城年终企划"的 PPT 正在被第 37 次修改，最后一页的"项目总结"字样被她反复删除又重建，像西西弗斯推着石头往返于悬崖边缘。

二十三楼高空飘落的雪片撞在窗上，碎成星星点点的银屑，让她想起老家屋檐垂挂的冰凌——那年父亲踩着梯子敲冰凌，她端着搪瓷盆在下面接，冰碴子落进盆里叮咚作响。手机在堆积如山的合同上第七次震动。电脑屏幕光扫过年度最佳设计师奖杯，照亮了来电显示上那个震颤的"家"字。程雨薇盯着黑暗中闪烁的荧光，划开接听键。

"在跟客户庆祝呢"她抢先开口，喉间泛起速溶咖啡的酸苦。视频镜头精准框住身后董事长的磨砂玻璃门，那幅"天道酬勤"的书法真迹恰好入镜。

图 3-12　DeepSeek 生成的小说第一章

4. 反馈优化

很多时候 DeepSeek 生成的小说内容比较简略，类似于故事梗概，创作者可以向 DeepSeek 提出具体指令，让 DeepSeek 生成更丰富的内容，例如，添加对话、环境描写和人物心理活动等，让主要人物的行动具备阶段性的变化，体现出小说人物弧线，或者增加悬疑元素等。

提示词如下："小说第一章的场景很有吸引力，但人物过少，建议增加同事和她一起加班，女主人公一边防备同事观察她打电话，一边向家人伪装自己的工作情况。要在一开始建立强烈的冲突，同时把办公室的环境描写描绘得更生动，以烘托女主人公的心理。"

图 3-13 所示为 DeepSeek 生成的优化后的第一章。

小说第一章的场景很有吸引力，但人物过少，建议增加同事和她一起加班，女主人公一边防备同事观察她打电话，一边向家人伪装自己的工作情况。要在一开始建立强烈的冲突，同时把办公室的环境描写描绘得更生动，以烘托女主人公的心理。

第一章：钢筋森林的守夜人（修订版）

打印机吞吐纸张的声响像冰凌碎裂，程雨薇数到第三十七声时，同事踩着细高跟从雾面玻璃后转出来。"雨薇还在改星辉城的提案？"同事倚在隔断板上，香水味混着碎纸机的焦糊味扑面而来。程雨薇把手机倒扣在《建筑年鉴》下方，指尖还残留着母亲来电的震动余波。"概念设计需要突破性迭代。"雨薇说道。

等同事的脚步声消失在茶水间，她才敢掀开精装书册。来电显示上"家"字正在呼吸般明灭，像老家灶台下将熄未熄的火星。接通的瞬间，她迅速将旋转椅转向落地窗，让陆家嘴的霓虹成为天然幕布。

"在跟客户庆祝呢"她抬高尾音，指甲深深掐进扶手。视频里母亲背后的八仙桌上，青花瓷碗倒扣着等待归人，而自己工位下的辣酱瓶正滚向阴影深处。

办公室突然陷入黑暗，应急灯将人影拉长成藤蔓。程雨薇听见同事的惊呼和文件散落声，手机却在这时清晰传来母亲的话语："你窗台上的虹之玉该换盆了……"她慌忙捂住收音孔，可已经来不及了。

图 3-13　DeepSeek 生成的优化后的第一章

想一想

使用本节的提示词设计方法创作一篇短篇小说，题材为家庭、温情，先利用 DeepSeek 撰写，然后用其他 AIGC 工具撰写，如豆包、Kimi、文心一言等，把生成的小说做对比分析，看哪一个工具生成的小说更优质，然后和同学进行讨论。

五、使用"135 AI 排版"进行智能图文排版

在新媒体文案的制作流程中，图文排版扮演着至关重要的角色，它融合了文字内容、图像元素、色彩搭配及整体版面设计等多个维度。有效的图文排版需遵循以下 4 个核心原则。

· **对比原则**：借助色彩差异、字号大小、线条粗细等对比手段，有效强调关键信息，提升视觉冲击力。

· **重复原则**：在排版设计中重复使用特定元素，确保整体风格的一致性，加强品牌或内容的辨识度。

· **对齐原则**：确保文字段落、图像及其他视觉元素在版面中保持恰当的对齐格式，以营造整洁有序、美观悦目的视觉效果。

· **亲密原则**：将相关联的信息或元素紧密排列，形成视觉上的群组，便于读者快速理解内容间的逻辑关系。

借助 AI 工具进行图文排版，能够显著提升内容的展示质量及读者的阅读体验，同时加速创作进程。AI 技术凭借其强大的图像与文本识别能力，能够迅速完成排版预处理，大幅缩短操作时间。此外，AI 还能根据用户设定的主题及要求，智能生成符合预期的排版模板，用户在此基础上可依据个人偏好或实际需求进行灵活调整与优化。

当前市场上，诸如 96 编辑器、135 编辑器等在线编辑平台，均已内置 AI 排版功能，为用户提供便捷、高效的图文编辑体验。

接下来我们以使用 135 编辑器旗下产品"135 AI 排版"编辑公众号文章为例，介绍如何使用 AI 工具进行图文排版，具体操作方法如下。

（1）使用微信"扫一扫"登录 135 AI 排版，进入其首页，如图 3-14 所示。

（2）如果还没有撰写公众号文章，我们可以输入标题、补充具体要求，平台会自动生成相应的公众号文章，并自动排版。如果有写好的文章，可以选择"导入文章"选项卡，然后单击"常规导入"按钮，如图 3-15 所示。

图 3-14　135 AI 排版首页

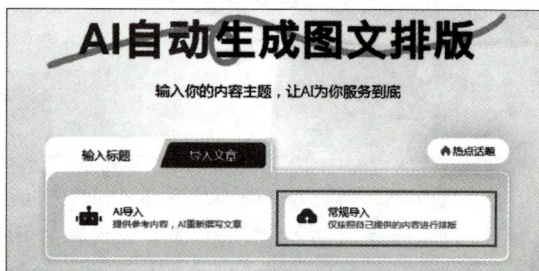

图 3-15　单击"常规导入"按钮

（3）按照平台给出的参考格式输入文本（正文小标题前加"#"，段落文字前加"##"），填写文章标题、头图标题、头图副标题和引言，确认无误后单击"确定"按钮，如图 3-16 所示。

图 3-16　输入文本

（4）平台自动生成文案大纲，我们可以在文本框中修改信息，同时选中"智能配图"复选框，系统将从 unsplash 图库中选图，图片都是公开版权的，没有版权风险，确认无误后单击"下一步"按钮，如图 3-17 所示。

（5）根据撰写的文章的内容类型挑选合适的模板类型和配色，单击"一键排版"按钮，如图 3-18 所示。

（6）预览 AI 生成的图文排版样式，根据需要更换模板、图片，更换样式，在页面左侧修改内容，在右侧可以同步预览，如图 3-19 所示。

（7）确认排版样式和文案内容都无误后，在页面右侧单击"保存同步"按钮，在弹出的菜单中选择"同步文章"选项，如图3-20所示，将排版后的文案同步到公众号后台，在预定时间发布文章；也可选择"群发文章"选项，即时发布文章或者输入对方的135编号或手机号，直接将编辑好的文章投稿给其他用户。

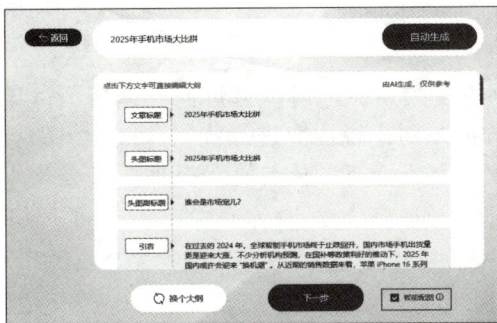

图 3-17　生成大纲

图 3-18　选择模板

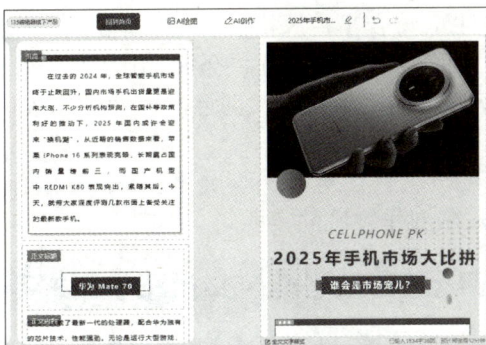

图 3-19　预览图文排版样式

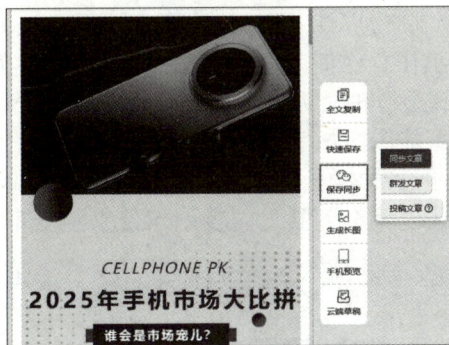

图 3-20　同步文章

任务实施：使用 DeepSeek 创作科幻小说

1. 任务目标

本任务旨在通过使用 DeepSeek 创作科幻小说，使读者掌握利用 DeepSeek 进行小说创作的方法和技巧，提高创作效率和质量，培养创新思维和写作能力。

2. 实施步骤

（1）设定背景

使用 DeepSeek 生成科幻小说的故事背景，包括故事发生的时间、地点、社会环境等。例如，可以输入提示词："生成一个设定在 22 世纪的科幻小说背景，描述人类在星际移民后的社会环境。"然后根据生成的背景进一步完善细节，如描述主要星球的特征、社会制度、科技水平等，可以继续使用 DeepSeek，输入提示词："完善上述背景中的主要星球特征，包括气候、地貌、生物等。"

（2）生成大纲

使用 DeepSeek 生成故事主线，包括主要人物、情节发展、冲突和高潮等。例如，输入提示词："生成一个以人类探索未知星系为主线的科幻小说大纲，包括主要人物和情节发展。"对生成的大纲进行细化，明确每一章的情节和重点，可以使用提示词："细化上述大纲中每一章的情节，包括人物行动、对话和场景描写。"

（3）撰写内容

根据大纲，使用 DeepSeek 生成每一章的内容。例如，输入提示词："生成第一章的内容，描述主角在新星球上的首次探险经历。"然后对生成的内容进行优化，调整语言风格、增加细节描写、完善人物形象，可以使用提示词："优化上述章内容，使其更加生动有趣，增加对人物内心的描写。"

（4）反馈优化

将生成的章内容展示给读者或写作小组，收集反馈意见，可以通过问卷调查、讨论会等方式进行。根据收集到的反馈意见，使用 DeepSeek 对小说内容进行优化。例如，如果反馈指出某个情节不够合理，可以输入提示词："修改上述情节，使其更加合理，符合故事背景和人物性格设定。"

任务小结

本任务聚焦于应用文本处理类 AIGC 工具，全面探索其在多样化内容创作中的应用。在撰写公众号文章时，AIGC 工具助力选题策划、内容生成与优化，提升创作效率与文章吸引力。撰写小红书笔记时，利用 AIGC 工具能快速生成符合平台风格的文案，精准把握热点。撰写工作总结时，利用 AIGC 工具可高效梳理工作成果与问题，提供条理清晰的框架。进行小说创作时，从设定背景、生成大纲到撰写内容，AIGC 工具激发创意，辅助搭建故事架构。智能图文排版功能则让文本与图片完美融合，增强视觉效果。

通过对本任务的学习，读者不仅可以掌握 AIGC 工具在不同类型文本创作中的操作技巧，还能体会到其为内容创作带来的变革，为未来在创作领域的实践筑牢基础。

综合实训：使用 DeepSeek 撰写品牌男装公众号推广文章和小红书笔记

一、实训目标

熟练掌握 DeepSeek 文本处理类 AIGC 工具的使用方法，通过输入有效提示词生成符合要求的内容；学会根据不同的文本体裁和主题，精准设计提示词，明确文本细节，提高生成内容的质量和相关性；通过完成本实训，培养在实际项目中运用 AIGC 工具进行文本创作和处理的综合能力，提升解决实际问题的能力，培养创新思维。

二、实训思路

1. 前期准备

搜集品牌男装的相关资料，包括品牌历史、产品特点、目标受众、市场定位等信息，为提示词设计和内容创作提供基础。

2. 提示词设计与优化

（1）公众号文章提示词

提示词中明确要求生成一篇推广品牌男装的公众号文章，突出文章的正式性、专业性和可读性。

确定文章的主题，如"品牌男装的时尚魅力与品质之选"，围绕该主题设计提示词，引导 DeepSeek 生成相关内容。

在提示词中添加更多细节，如品牌的独特卖点、产品的款式风格、适合的场合等，使生成的文章更具针对性和实用性。例如："请生成一篇关于［品牌名称］男装的公众号文章，主题为'品牌男装的时尚魅力与品质之选'。文章要突出该品牌的历史传承和精湛工艺，介绍几款经典的男装款式，包括西装、衬衫和牛仔裤，分析它们的设计特点和适合的场合。同时，强调品牌的高品质面料和舒适的穿着体验，吸引目标受众关注。"

根据 DeepSeek 生成的初稿，对提示词进行完善和追问，进一步优化文章内容。

（2）小红书笔记提示词

提示词中明确要求生成一篇推广品牌男装的小红书笔记，突出笔记的简洁性、趣味性和"种草"属性。

确定笔记的主题，如"[品牌名称]男装，让你秒变时尚型男"，围绕该主题设计提示词，引导 DeepSeek 生成相关内容。

在提示词中添加更多细节，如个人穿着体验、产品的搭配建议、价格优势等，使生成的笔记更具吸引力和说服力。例如："请生成一篇关于[品牌名称]男装的小红书笔记，主题为'[品牌名称]男装，让你秒变时尚型男'。笔记要分享个人穿着该品牌男装的真实体验，推荐几款适合日常穿搭的男装款式，提供详细的搭配建议。同时，提及品牌的价格优势和购买渠道，吸引其他用户关注和购买。"

根据 DeepSeek 生成的初稿，对提示词进行完善和追问，进一步优化笔记内容。

3. 排版与发布

将优化后的公众号文章和小红书笔记导入 135 AI 排版工具中，根据不同平台的特点和要求进行排版。选择合适的字体、颜色、图片和排版样式，使内容更加美观、易读。完成排版后，模拟在公众号和小红书平台上发布生成的内容，检查内容的完整性和排版效果，确保在实际发布时能够达到预期的效果。

三、实训总结与反思

撰写实训报告，总结个人在实训过程中的学习收获、遇到的困难及解决策略，然后各组进行最终的总结汇报，包括项目成果展示、团队合作经验分享、实训反思等。

四、实训评估

（1）过程评估：教师考察在前期准备过程中搜集的品牌男装相关资料的全面性，以及在搜集资料过程中的主动性与投入度；评估设计公众号文章提示词时，对文本体裁正式性、专业性与可读性的体现程度，主题设定是否精准，细节添加是否丰富且能切实引导 DeepSeek 生成符合要求的内容；关注依据 DeepSeek 初稿对提示词进行完善和追问的能力，衡量其优化思路的合理性与有效性；观察对 135 AI 排版工具的操作熟练程度。

（2）教师成果评估：教师判断提示词是否精准传达文本体裁、主题及关键细节等信息，是否有效引导 DeepSeek 产出符合预期的内容，从生成内容的质量倒推提示词设计的优劣；审查生成的公众号文章内容是否完整呈现品牌相关信息，对产品款式、设计特点、适合场合等介绍是否准确，语言表达是否流畅且符合公众号风格，是否能吸引目标受众；对于小红书笔记，评估内容是否具备吸引力与说服力，个人穿着体验分享是否真实，搭配建议是否实用，价格优势及购买渠道介绍是否清晰，整体是否符合小红书平台的风格与用户需求；检查在公众号上模拟发布的内容排版是否美观、易读，排版风格是否与平台特点高度契合，图片与文字搭配是否协调，是否能提升内容的整体呈现效果。

（3）学生自我反思评估：学生反思自身在实际项目中运用 AIGC 工具进行文本创作和处理的综合能力提升情况，以及创新思维的激发程度；思考自己在团队中的角色定位与贡献，分析与团队成员协作过程中的优势与不足。

项目四 慧看世界：AIGC助力图像编辑

学习目标 ▼

知识目标
- 了解主流的图像编辑类 AIGC 工具及其应用场景。
- 掌握图像编辑提示词设计要点。
- 掌握使用各种图像编辑类 AIGC 工具的方法。

能力目标
- 能够使用提示词来生成图像。
- 能够使用图像编辑类 AIGC 工具生成各种类型的图像。

素养目标
- 提升审美素养，在商业社会坚持正确的审美标准。
- 精益求精，在图像编辑领域弘扬新时代的工匠精神。

项目框架 ▼

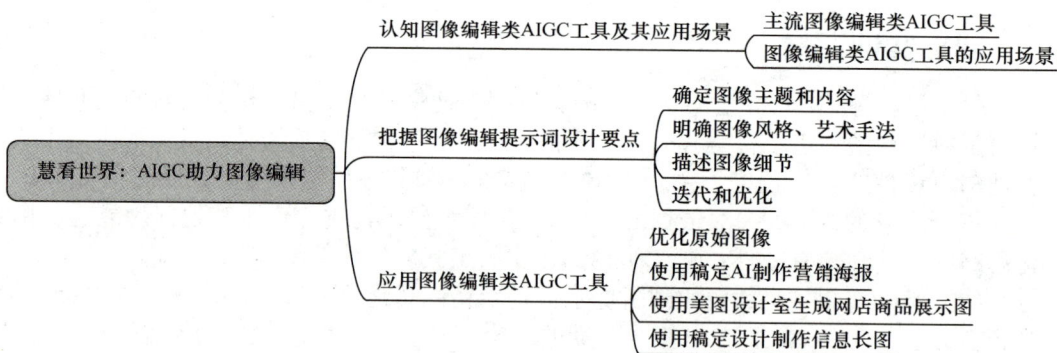

案例导入

京东联合文心一格，利用 AI 赋能打造线下广告新篇章

2023 年"6·18"期间，京东聚焦下沉市场，以"9.9 元包邮"为核心，期望为更多用户带来"花小钱买到大快乐"的消费体验。为了将这种简单、快乐的情绪精准地传递给目标用户，京东联合百度的 AI 艺术和创意辅助平台——文心一格，打造了电商行业首个 AI 线下广告，在市场中掀起了一阵热潮。

京东营销团队首先确定了以"9.9元包邮"带来的快乐为核心创意方向，希望通过海报人物展现出极致开心、夸张的情绪状态，以此吸引用户的注意力，传递"小钱买到大快乐"的信息。

团队成员根据创意方向，对海报中的人物特性进行详细描述，包括人物的表情、姿态、穿着风格等信息，并将这些描述输入文心一格中。例如，描述为"一位穿着色彩鲜艳休闲装的年轻女性，脸上洋溢着极度夸张的笑容，双手向上挥舞，跳跃，背景是充满活力的京东'6·18'主题元素"。

文心一格基于输入的描述，利用其底层的文心大模型，在短时间内生成大量风格各异的创意图片。京东团队对生成的图片进行初步筛选，挑选出符合整体创意风格、人物形象表现突出且能清晰传达"9.9元包邮"主题的图片。

对于初步筛选出的图片，团队根据实际需求进行进一步优化与调整。例如，对图片的色彩饱和度、光影效果进行微调，确保海报在不同线下场景展示时都能清晰、醒目；对图片中的京东品牌元素（如Logo、活动标识）进行添加或位置调整，保证品牌信息突出且协调。

根据百度测算，若按照传统方式制作这样一组海报，从寻找合适模特、准备服装道具，到进行拍摄、后期设计与排版，单张海报的成本可能接近10 000元。而借助文心一格以AI方式制作，制作周期从原本的周级别压缩至天级别，缩短了约70%，制作成本节省了80%左右，成本约2 000元，极大地降低了营销成本。

海报中的人物由文心一格生成，其展现出的极致开心的人物状态，相比真人实拍更具感染力和冲击力，能够迅速抓住用户眼球，让人更容易记住海报中"9.9元包邮""小钱买到大快乐"的信息点，有效提升了广告的视觉传播效果。

此次与文心一格的合作，是京东首次大规模将AI技术应用于线下广告，凸显了京东浓厚的科技氛围，强化了京东在电商行业的技术创新引领者形象，让消费者感受到京东不断探索、与时俱进，为用户提供更好体验的决心。

该系列AI线下广告在67座城市街头投放后，引发了广泛关注和讨论。走在街头的人们被海报中独特的人物形象所吸引，社交媒体上也出现了不少关于京东这组AI海报的分享和讨论，进一步扩大了广告的传播和影响范围，助力京东在"6·18"期间吸引更多下沉市场用户关注，推动了"9.9元包邮"业务的发展。

【启发思考】

1. 京东借助文心一格制作线下广告时，团队成员对人物特性的详细描述在图像生成中起到了怎样关键的作用？如果描述不精准，可能会对生成的图像产生什么影响？

2. 京东与文心一格合作的案例中，团队对初步生成的图片还要进行优化、调整。想一想，在实际运用图像编辑类AIGC工具时，应依据哪些原则来对生成的图像进行优化？

任务一　认知图像编辑类 AIGC 工具及其应用场景

知识储备

当前，图像编辑领域正经历着一场由AIGC工具引发的变革风暴。它们如同一把把神奇钥匙，开启了图像创作的全新世界。这些工具不仅革新了图像编辑的方式，还将应用场景拓展至艺术创作、商业广告、影视制作等多元领域，彻底重塑了人们对图像生成与编辑的认知。

一、主流图像编辑类 AIGC 工具

截至 2025 年，图像编辑类 AIGC 工具在国内外均呈现多样化发展，涵盖图像生成、修复、增强、风格迁移等核心功能。

1. 国外主流的图像编辑类 AIGC 工具

国外主流的图像编辑类 AIGC 工具主要有以下几个。

（1）Midjourney

Midjourney 是 AIGC 图像生成领域的标杆产品，专注于艺术创作，支持高精度图像生成与风格化编辑，其核心功能是通过文本描述生成极具创意的图像，支持多模态输入（如草图＋文本），内置精细化调整工具（如光影调节、局部重绘），涵盖各种风格和主题，如写实、卡通、科幻等，主要的应用场景包括插画设计、广告创意、游戏原画等。

（2）Stable Diffusion

Stable Diffusion 是一种开源模型，支持本地部署，用户可以通过调整参数、使用不同的插件和工具来满足多样化的图像编辑和生成需求，可用于生成艺术作品、设计素材、虚拟场景等，还支持图生图、局部重绘等功能。Stable Diffusion 的灵活性强，但主要适合具有一定技术基础的专业开发者定制化场景。

（3）DALL-E

DALL-E 是由 OpenAI 开发的 AI 图像生成工具，它能根据输入的文本描述生成逼真的图像，支持多种风格和主题。用户可以通过 ChatGPT 或 Bing 的对话界面使用 DALL-E。相比前代，DALL-E 3 的细节理解能力显著提升，可以生成与文本描述高度匹配的图像，支持复杂场景的语义编辑（如替换背景、调整构图）。DALL-E 3 的商业应用表现在与 Adobe 等设计软件深度整合，实现 AI 辅助设计流程。

2. 国内主流的图像编辑类 AIGC 工具

目前，国内主流的图像编辑类 AIGC 工具主要有以下几个。

（1）文心一格

文心一格是百度依托飞桨、文心大模型的技术创新推出的 AI 作画产品，其特点是可以轻松驾驭多种风格，人人皆可"一语成画"。文心一格面向有设计需求和创意的人群，辅助创意设计，打破创意瓶颈。

（2）即梦 AI

即梦 AI 是由剪映推出的 AI 图像生成工具，用户只需输入简单的提示词，即可生成精彩的图片，还可对现有图片进行创意改造，自定义保留人物或主体的形象特征，实现背景替换、风格联想、画风保持、姿势保持等操作，能够满足各种场景的创作需求。

即梦 AI 还具有智能画布功能，支持本地素材上传，用户可以在画布上自由拼接，并进行分图层 AI 生成、AI 扩图、局部重绘、局部消除等，在同一画布上实现多元素的无缝拼接，确保 AI 绘画的创作风格统一、和谐。

（3）WHEE

WHEE 是美图旗下的 AI 绘画平台，提供文生图和图生图功能，用户只需输入提示词或导入照片，AI 即可生成多种风格的图画。

（4）稿定 AI

稿定 AI 是一款由稿定设计推出的功能强大的一站式 AI 设计平台。其 AI 绘图功能可以实现利用用户输入的文案或提供的参考图快速生成画面，并可生成动漫、头像、插画等不同风格；通过输入素材文字描述，稿定 AI 可一键生成透明背景的免抠素材，节省搜索素材和抠图的时间，确保素材的独特性；能够满足新媒体、私域、电商等多种场景的设计需求，输入内容后系统可以快速生成多个设计版本，还具有上传产品图、自由添加 / 删除小标题，以及批量编辑和导出等功能。

（5）美图设计室

美图设计室是美图公司推出的一款功能强大的 AI 设计工具，它利用先进的 AI 算法，能够快速、高效地生成各种设计内容，大大提高设计效率，降低人力成本。美图设计室入选 2024 年度最受欢迎的 100 款综合 AIGC 产品榜单，已成为我国 AI 设计工具赛道的头部产品。

（6）百度 AI 图片助手

百度 AI 图片助手是百度搜索推出的一款强大的在线 AI 图片处理工具，支持 PC 端和移动端，用户在百度搜索引擎的 PC 端或移动端，单击或点击搜索结果中的图片，都能激活百度 AI 图片助手并进行使用。百度 AI 图片助手利用深度学习和大数据分析技术，能够智能分析图片内容，准确识别图像中的各种元素和特征，为精准处理图片提供基础。其界面简洁明了，操作流程简单易懂，用户无须具备专业的图像处理知识和技能，即可轻松完成各种复杂的图片处理任务。

（7）WeShop 唯象

WeShop 唯象是蘑菇街推出的一款专注于电商需求的 AI 商拍工具。2024 年 5 月，WeShop 唯象上线 AI 固定模特功能，面部模型可微调，妆容、皮肤等细节更逼真；2024 年 10 月上线固定背景功能，方便商家制作商品组图，保证出图效果和统一性。WeShop 唯象还提供大量固定场景模板，涵盖室内、街头、影棚、山林、湖海等场景，用户还可通过"上传参考图"功能自行复刻创建所需的场景。

二、图像编辑类 AIGC 工具的应用场景

图像编辑类 AIGC 工具的应用场景非常广泛，其借助图像生成、图像无损放大、提高分辨率、图片修复和去除背景等功能，在以下诸多领域可以提升创作效率。

1. 艺术创作

艺术家可以利用 AIGC 工具生成创意草图，参考其色彩搭配、构图等元素来创作自己的作品。例如，画家在构思风景画时，输入描述如"山间小溪旁的野花丛，阳光透过树叶洒下斑驳光影，印象派风格"，AIGC 工具即可生成相应的画面。

AIGC 工具能够生成各种风格的艺术作品，如油画、水彩画、素描等，为艺术家提供新的创作思路和表现形式。

2. 商业广告与营销

广告行业对创意素材的需求巨大，AIGC 工具可以快速生成符合广告需求的海报、宣传图等，大大缩短制作周期，提高营销效率。

电商平台在做促销活动时，需要大量的商品展示图。利用 AIGC 工具可以批量生成不同风格、角度的商品图片，配上相应的文案，吸引消费者购买。

3. 影视制作

在影视前期筹备阶段，AIGC 工具可以帮助导演、美术指导等可视化剧本中的场景和角

色形象，为搭建实际拍摄场景提供参考。在影视后期制作阶段，AIGC 工具可用于生成虚拟生物形象、修复与增强视频画质等，提升视听体验。

4. 游戏开发

在游戏开发过程中，AIGC 工具的功能包括：快速生成游戏中的各种场景，如城市、森林、沙漠等，为游戏世界的构建提供基础素材，丰富游戏场景的多样性；生成游戏角色的初始模型，包括人物、怪物等，设计师可以在此基础上进行进一步的细化和优化，提高角色设计的效率；设计各种游戏道具，从武器装备到生活物品，为游戏中的道具系统提供丰富的视觉资源。

5. 室内设计

AIGC 工具可以根据设计师的描述和尺寸信息快速生成室内空间效果图，展示不同风格的装修效果，帮助客户直观地感受设计方案；通过生成不同的软装搭配方案，如家具、窗帘、饰品等的组合，为客户提供多样化的选择，优化室内设计的整体效果。

6. 教育教学

AIGC 工具可以为教师制作教学课件提供图像素材，如生成历史事件场景图、科学实验示意图、地理地貌图等，丰富教学内容，提升教学的直观性和趣味性。

7. 医疗领域

AIGC 工具可以对医学影像如 X 射线影像、CT 影像等进行处理，增强图像的清晰度和对比度，辅助医生更准确地观察和诊断病情；还可以根据患者的医学影像数据，生成人体器官的三维（3D）图像，用于手术模拟和规划，提高手术的成功率和安全性。

任务实施：体验图像编辑类 AIGC 工具的功能

1. 任务目标

本任务旨在通过实际操作，让读者亲身体验图像编辑类 AIGC 工具的功能，了解其在图像生成、编辑、修复等方面的应用，提高对图像编辑类 AIGC 工具的熟悉程度和应用能力。

2. 实施步骤

（1）选择工具

从前文介绍的主流图像编辑类 AIGC 工具中，选择 1 ～ 2 款工具进行体验。在体验前，先了解所选工具的特点和功能，以便更好地进行操作。打开工具后，熟悉其界面布局和功能区域。通常图像编辑类 AIGC 工具会提供一个简洁明了的界面，包含图像生成、编辑、保存等功能按钮。

浏览工具的各种功能，如图像生成、图像无损放大、提高分辨率、修复、去除背景等，了解其操作方式。

（2）体验图像编辑功能

· **图像生成**：输入相关的文本描述或关键词，生成相应的图像。例如，使用工具的图像生成功能，输入"生成一张描绘未来城市的图像"，观察工具生成的图像效果。

· **图像编辑**：对生成的图像进行编辑，如调整颜色、添加滤镜、修改细节等。例如，使用工具的图像编辑功能，将图像中的某个物体替换成另一个物体，或者改变图像的风格。

· **图像修复**：对有瑕疵或损坏的图像进行修复。例如，使用工具的图像修复功能，输入"修复这张老照片的破损部分"，观察工具的修复效果。

· **去除背景**：将图像中的背景去除，只保留主体部分。例如，使用工具的去除背景功能，输入"去除这张图片的背景"，观察工具的去除背景效果。

（3）反馈与总结

在体验过程中，记录工具的优点和不足，如生成图像的质量、编辑功能的便捷性、修复效果的准确性等。根据体验结果，总结图像编辑类 AIGC 工具的特点和应用价值，为后续的图像编辑工作提供参考和借鉴。

任务小结

本任务深入介绍了图像编辑类 AIGC 工具及其应用场景，这些工具包括国外的 Midjourney、Stable Diffusion、DALL-E，以及国内的文心一格、即梦 AI 等。它们在图像生成、编辑、修复等方面展现出强大的功能，被广泛应用于艺术创作、商业广告与营销、影视制作等领域。通过本任务，我们对图像编辑类 AIGC 工具的认识更为全面，为后续的图像编辑实践奠定了基础。

任务二　把握图像编辑提示词设计要点

知识储备

在设计图像编辑类 AIGC 工具的提示词时，创作者要合理组织语言，确保提示词逻辑清晰、连贯，语言简洁、准确，清晰传达想要的图像信息，从而让 AIGC 工具顺畅地理解和处理。

一、确定图像主题和内容

在 AIGC 重塑数字内容生产的时代，精准设计图像编辑提示词成为释放 AIGC 创作潜力的关键。提示词设计的核心在于构建"主题 - 内容"双维度框架。这种结构化的提示词设计方法既实现了创作意图的清晰传达，又为 AIGC 的创造性发挥提供了必要约束，最终达成人机协同的高效创作目标，适用于艺术设计、教育教学、商业宣传等多领域内容生产者。

1. 确定图像主题

图像主题是提示词的核心，它决定了图像的主要内容和方向。在设计提示词时，创作者需要明确图像的主题。图像主题涵盖主题类型和主题风格两个方面。

（1）主题类型

主题类型可以是风景、人物、动物、建筑、抽象艺术等。例如，如果要生成一幅风景画，主题可以是"海边日出"或"山间小溪"。

（2）主题风格

主题风格可以是写实、卡通、油画、水彩等。例如，如果要生成一幅人物画像，主题风格可以是"写实风格的肖像"或"卡通风格的人物"。

2. 确定图像内容

在明确图像主题后，用户需要详细描述图像的内容，包括场景、元素、动作等。

（1）场景

在设计图像编辑提示词时，图像的场景主要涉及以下几个方面。

- **空间布局：** 详细描述图像中主体及其他元素所处的空间位置和分布情况。例如，在一个会议室场景中，可以描述为"长方形的会议室里，一张深色的长会议桌位于中央，周围整齐地摆放着黑色的皮质座椅"，让 AIGC 工具清楚空间的大小、形状及主要物体的摆放位置。

- **场景细节**：注重场景中的细节描述能让画面更逼真。例如，在森林场景中，可以描述为"阳光透过茂密的树叶洒下，形成一片片光斑，铺满落叶的地面上有一些散落的蘑菇，潮湿的泥土上还有一些小动物的脚印"，这些细节能够增强场景的真实感和丰富度。
- **场景氛围**：描述一些能够营造氛围的元素来确定场景的整体感觉。例如，在一个夜市场景中，可以描述为"夜市里弥漫着烤串的香味和热闹的人声，五彩斑斓的招牌灯闪烁着，街边的摊位上摆满了各种各样的小饰品和小吃"，使 AIGC 工具生成具有相应氛围的图像。

（2）元素

图像的元素主要涉及以下几个方面。

- **主要元素**：图像中最重要的核心元素，通常是画面的焦点。例如，在一幅以生日聚会为主题的图像中，描述为"戴着生日帽的小女孩站在蛋糕前，闭着眼睛准备许愿"，小女孩和蛋糕就是主要元素，需要详细刻画其特征、外观等。
- **次要元素**：用于辅助和丰富主要元素，使画面更完整。例如，在生日聚会场景中，"周围环绕着一群拿着气球的小伙伴，墙上挂着彩色的拉花和'生日快乐'的横幅"这些次要元素能让生日聚会的场景更加丰满。
- **装饰元素**：起到点缀和美化画面的作用。例如，在生日聚会场景中，"桌子上摆放着一些精致的蜡烛、漂亮的水果盘和一些小礼物盒"这些装饰元素能增加画面的趣味性和丰富性。

（3）动作

图像中的动作主要涉及以下几个方面。

- **主体动作**：描述主要元素的核心动作，包括动作的姿态、幅度等。例如，在一场足球比赛的图像中，描述为"前锋球员正以弯曲膝盖、身体前倾的姿势，用力地将足球踢向球门"，使 AIGC 工具能够精准地呈现出主体的关键动作。
- **协同动作**：当画面中有多个元素时，要描述它们之间的协同动作，以体现画面的互动性。例如，在足球比赛场景中，描述为"守门员则飞身扑向足球，伸展着双臂，试图将球挡出"，展现出球员之间的对抗和互动。
- **动作连贯**：如果图像要体现一定的故事性或连续性，需要描述动作的连贯性或动作的前后状态。例如，在接力赛跑的场景中，描述为"一名运动员正快速冲向接力点，伸出手臂准备交接接力棒，而另一名运动员已经在接力点前半蹲身体，伸出手臂做好了接棒的准备"，让 AIGC 工具生成具有动态连贯感的图像。

接下来以"主题类型＋主题风格＋场景＋元素＋动作"公式来生成一组图像。例如，在即梦 AI 中输入提示词"风景，写实，阳光透过茂密的树叶洒下，形成一片片光斑，一只小松鼠在树下趴着啃坚果"，可以生成 4 幅图像，从中选择符合要求的图像，如图 4-1 所示。

图 4-1　即梦 AI 生成的写实风景图像

二、明确图像风格、艺术手法

在确定图像主题和内容后，提示词通过双重维度构建视觉表达体系：第一，在图像风格层面，精准锚定艺术风格与视觉风格的融合表达；第二，在艺术手法层面，具象化描述绘画技巧、构图方式、光影效果及数字特效等方面的技术参数。

1. 明确图像风格

图像风格是提示词的重要组成部分，它决定了图像的艺术表现形式。图像风格包括艺术风格、视觉风格两种类型。

（1）艺术风格

艺术风格可以是印象派、写实主义、抽象派等，在提示词中可以直接引用艺术术语来定义风格基调。例如，如果要生成一幅风景画，可以指定艺术风格为"印象派风格的海边日出""文艺复兴风格的落日余晖景观"。

（2）视觉风格

视觉风格包括色彩风格、流行风格等。色彩风格可以是暖色调、冷色调、鲜艳色彩等。例如，如果要生成一幅人物画像，可以指定色彩风格为"暖色调的肖像"；也可结合流行文化与技术特征，如"《赛博朋克2077》风格的未来都市，霓虹光效与金属质感的碰撞""蒸汽波美学的复古广告设计"。

2. 明确艺术手法

艺术手法是提示词的另一个重要组成部分，它决定了图像的具体表现方式。艺术手法主要包括绘画技巧、构图方式、光影效果、数字特效、空间表现等。

（1）绘画技巧

绘画技巧主要包括油画技法、水彩技法、素描技法等。例如，如果要生成一幅风景画，可以描述为"使用油画技法表现的风景画"。

（2）构图方式

构图方式可以是对称构图、黄金分割构图、三角形构图等。例如，如果要生成一幅人物画像，可以描述为"采用黄金分割构图的人物画像"。

（3）光影效果

光影效果包括明暗对比、光影层次等。例如，如果要生成一幅风景画，可以描述为"具有明显明暗对比的风景画"。

（4）数字特效

用户可以在提示词中定义后期处理方式，让AIGC工具采用数字特效呈现图像，如"20世纪80年代胶片颗粒质感，暗角与漏光效果""动态模糊营造的速度感，背景高斯模糊突出主体"。

（5）空间表现

空间表现主要是在提示词中控制画面透视效果，如"鱼眼镜头的畸变效果，强化画面张力""中国山水画的散点透视，三远法布局营造深远意境"。

接下来结合前一节的提示词结构，以"图像主题＋图像内容＋图像风格＋艺术手法"公式来生成一组图像。例如，在即梦AI中输入提示词"风景，油画，阳光透过茂密的树叶洒下，形成一片片光斑，一只小松鼠在树下趴着啃坚果，印象派，暖色调，三角形构图，具有明显明暗对比"，可以生成4幅图像，从中选择符合要求的图像，如图4-2所示。

图4-2　即梦AI生成的油画风景图像

三、描述图像细节

为了使生成的图像更加符合预期，用户可以在提示词中添加一些细节要求。图像细节主要涉及以下几个方面。

1. 添加纹理和质感

用户可以在提示词中强调图像中纹理和质感的表达，例如是追求细腻平滑的表面处理，还是利用粗糙、颗粒感的纹理增加视觉层次。描绘一个木质桌面，提示词可以是"表面有着细腻木纹，因长期使用而产生自然磨损痕迹，部分区域还有浅浅划痕的木质桌面"，AIGC 工具就能精准地呈现材质的独特质感。如果描绘金属，就描述其光泽、硬度；如果描绘丝绸，则突出其顺滑、柔软。

2. 描述笔触与细节

对于手绘或类似风格的图像，用户可以描述笔触的粗细、方向以及细节处理的方式，例如"细腻的铅笔笔触，强调线条的流畅与细节的精致"或"粗犷的油画笔触，展现浓厚的艺术气息"。

3. 说明色彩层次与过渡

用户可以详细说明色彩的层次变化和过渡情况。例如，在描述晚霞时，提示词可以是"从橙红色的天空底部，逐渐向上过渡为淡粉色，在接近天边处融入了一丝淡紫色，色彩柔和过渡，边界处自然融合"，帮助 AIGC 工具生成色彩丰富且和谐的图像。

4. 聚焦光影细节

用户要善于聚焦光影的细微之处。例如，描述阳光透过窗户洒在室内，提示词可以是"一束强烈的阳光从窗户斜射进来，在地面上形成清晰的窗框影子，影子边缘因光线折射而略显模糊，周围还有因灰尘反射光线形成的金色光晕"，展现光影的变化和氛围。

5. 描述表情与神态

若是有人物或动物，可着重描述其表情和神态。例如，提示词可以是"小猫睁着圆溜溜的大眼睛，眼眸中闪烁着光芒，它有粉色的小鼻子，嘴角带着一丝俏皮的弧度"，使生成的形象更加生动、鲜活。

6. 描述装饰与配件

用户可以对画面中的各类装饰和配件进行细节描述。例如，在描述一个生日派对场景时，提示词可以是"蛋糕上点缀着彩色的糖珠，每颗糖珠都圆润饱满，在灯光下闪烁着五彩光芒，旁边还摆放着精致的巧克力牌，上面用金色糖霜写着'生日快乐'"，丰富画面内容。

接下来结合前一节的提示词结构，以"图像主题＋图像内容＋图像风格＋艺术手法＋图像细节"公式来生成一组图像。例如，在即梦 AI 中输入提示词"动物，卡通，远处的天空挂着一轮太阳，阳光透过茂密的树叶洒下，形成一片片光斑，一只小松鼠在树下趴着，一旁的树木睁着眼睛，微笑地看着松鼠，素描技法，暖色调，引导线构图，具有明显明暗对比，松鼠的眼睛睁得很大，貌似很惊讶坚果会如此好吃，松鼠的嘴角笑着"，可以生成 4 幅图像，可以从中选择符合要求的图像，如图 4-3 所示。

图 4-3　即梦 AI 生成的素描卡通动物图像

> **想一想**
>
> 如果你是一名电商营销人员，领导要求你为刚出的一款男装设计模特效果图，你要借助 AIGC 工具来提升工作效率，提示词要如何写？构思出大致的方向。

四、迭代和优化

迭代和优化是图像编辑过程中不可或缺的环节，可以不断提升图像的质量和效果，使其更符合预期。通过输入提示词，对图像作品进行迭代和优化的方法如下。

1. 明确优化目标

在优化和迭代过程中，创作者需要明确优化的目标，例如提高图像的清晰度、增强色彩表现、调整构图等。明确的目标有助于更有针对性地进行优化。

2. 描述优化需求

在提示词中详细描述优化需求，包括具体的优化内容和期望的效果。例如，如果需要提高图像的清晰度，可以描述为"请提高图像的清晰度，使细节更加分明"；如果需要增强色彩表现，可以描述为"请增强图像的色彩饱和度，使颜色更加鲜艳"。

3. 指定优化方法

在提示词中指定优化方法，例如使用特定的滤镜、调整参数等，可以描述为"使用锐化滤镜提高图像的清晰度"或"调整色彩平衡参数，增强图像的色彩表现"。

德技并修

在图像编辑方面，创作者要如同工匠雕琢艺术品般，对图像的每一个细节都精雕细琢，通过对细节的精准把控，提升图像整体品质。这种对细节的严格要求、对质量高度负责的态度，充分彰显了新时代的工匠精神和敬业精神。

任务实施：AIGC 工具生成图像赏析

1. 任务目标

通过赏析一系列由 AIGC 工具生成的图像，深入分析这些图像的表现特点，并从中反推出提示词设计的有效方法，能够更直观地理解和掌握图像编辑提示词的设计方法，并学会如何在实际操作中运用这些方法来指导 AIGC 工具图像创作。

2. 实施步骤

（1）选择赏析图像

从 AIGC 工具生成的图像中，选择几幅具有代表性的图像，如一幅风景画、一幅人物画像或一幅抽象艺术作品等。这些图像应涵盖不同的主题、风格和艺术手法，以确保赏析的全面性和多样性。

（2）分析图像表现特点

· **主题与内容**：分析图像的主题和内容，明确其传达的核心信息和情感。例如，图像是否展现了特定的场景、人物或物品？这些元素是如何共同构成图像的主题的？

· **风格与艺术手法**：探讨图像的风格和艺术手法，是写实主义、抽象表现主义、卡通风格还是其他？图像中运用了哪些色彩搭配、光影效果、构图原则等艺术手法来增强表现力？

· **细节处理**：细致观察图像中的细节处理，如纹理、质感、层次等，思考这些细节是如何提升图像的真实感和观赏性的。

（3）反推提示词设计方法

· **主题与内容提示词**：根据图像的主题和内容，反推出可能使用的提示词。这些提示词应能够准确描述图像的核心信息和情感，引导 AIGC 工具生成符合预期的图像。

- **风格与艺术手法提示词**：分析图像的风格和艺术手法，提炼出相应的提示词。这些提示词应能够明确指导 AIGC 工具在生成图像时采用特定的色彩搭配、光影效果、构图方式等。

- **细节处理提示词**：针对图像中的细节处理提炼出具体的提示词。这些提示词应能引导 AIGC 工具在生成图像时注重纹理、质感、层次等细节的处理，以提升图像的真实感和观赏性。

（4）总结与讨论

总结赏析过程中发现的提示词设计要点和技巧，强调这些要点在指导 AIGC 图像创作中的重要性。与同学讨论、分享自己对提示词设计的看法和经验，以及在实际操作中遇到的问题和解决方案。

任务小结

本任务聚焦于把握图像编辑提示词设计要点，其中确定图像主题和内容是基础，明确风格、艺术手法赋予图像独特气质，描述图像细节则让画面更具质感与真实感。在生成图像后，通过迭代和优化，图像会逐渐满足创作需求。掌握这些要点，创作者能够更高效地运用 AIGC 工具进行图像编辑，实现创意构思，释放出更多的创作潜能。

任务三　应用图像编辑类 AIGC 工具

知识储备

随着图像编辑需求的日益增长，AIGC 工具凭借其强大的功能，为创作者提供了高效、便捷的解决方案。无论是优化原始图像、制作营销海报、生成商品展示图，还是制作信息长图，AIGC 工具都展现出独特的优势，助力创作者轻松满足多样的图像需求。

一、优化原始图像

原始图像可能由于拍摄设备的限制或图像压缩等原因，导致分辨率较低，细节不够清晰，或者存在噪点、划痕、损坏等缺陷，有的图像的背景影响主体突出，或者因为拍摄角度、构图方式的原因无法展示完整的场景。为了提升图像的质量，创作者有必要使用图像编辑类 AIGC 工具来优化原始图像，主要涉及提高分辨率、图片修复、智能抠图、智能扩图等方面。

1. 使用 WHEE 提高分辨率

使用 WHEE 网站的"AI 超清"功能能够显著提升图片的清晰度，并强化其细节表现。这项功能有效解决了图像分辨率不足的难题，使图像即便在放大后，依然能够维持清晰、细腻的质感，具体操作方法如下。

（1）进入 WHEE 官网并登录账号，在页面下方选择"AI 超清"选项，如图 4-4 所示。

（2）进入"AI 超清"页面，单击上传图片按钮↵，上传"素材文件 \ 项目四 \ 优化原始图像 \ 模特 .png"图片素材，可以看到当前图片尺寸为 576 像素 ×967 像素，设置清晰度为"超清"后，显示实际生成尺寸为 2304 像素 ×3868 像素，设置适配风格为"人像"，单击"立即提升"按钮，如图 4-5 所示。

（3）生成完成后，查看图片前后对比效果，单击"下载图片"按钮下载图片，如图 4-6 所示。

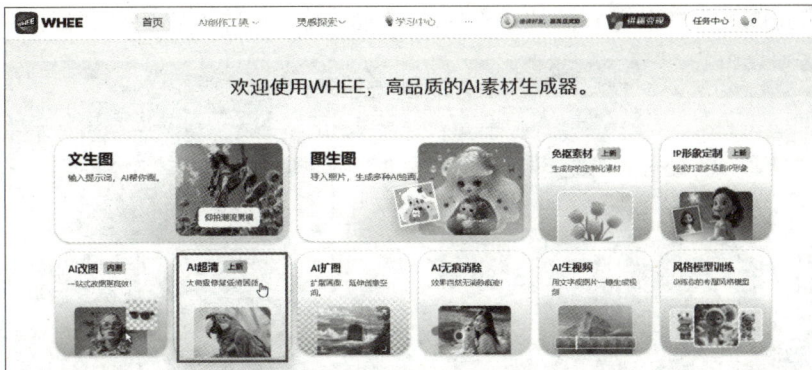

图 4-4　选择"AI 超清"选项

图 4-5　设置生成参数

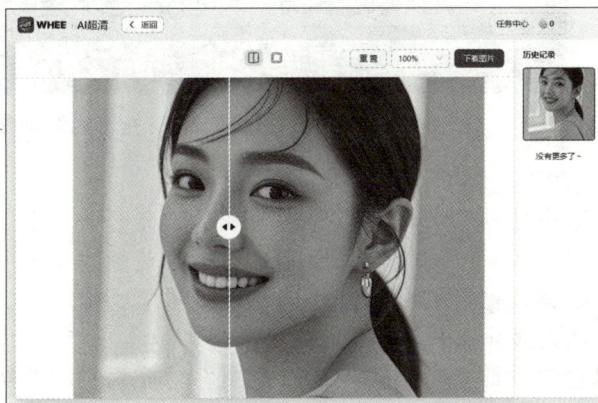

图 4-6　下载图片

2. 使用百度 AI 图片助手修复图片

当图片中某个元素的位置影响了整体构图的美感时，可以使用百度 AI 图片助手的"涂抹消除"功能将其去除，从而使画面的构图更加合理、协调，突出主体内容，让图片更具视觉吸引力，具体操作方法如下。

（1）打开百度 AI 图片助手网页，单击"上传图片"按钮，上传"素材文件\项目四\优化原始图像\旅行.jpg"图片素材，在页面右侧单击"涂抹消除"按钮，调整画笔大小，在需要消除的区域按住鼠标左键拖曳进行涂抹，单击"立即生成"按钮，如图 4-7 所示。

图 4-7　单击"涂抹消除"按钮

（2）生成完成后，可以看到图片中的路人已被消除，主体人物更加突出，如图 4-8 所示。

图 4-8　查看图像效果

3. 使用美图设计室智能抠图

在图像处理领域，抠图是一项既基础又至关重要的操作。然而，传统的抠图方法步骤烦琐且耗时较长，同时要求操作人员具备较高的技术水平和丰富的经验。相比之下，采用 AIGC 工具进行抠图则能迅速区分并识别图像中的主体与背景，在短短几秒内即可完成抠图任务，从而显著提升工作效率。

以美图设计室网站的"智能抠图"功能为例，介绍如何将图像主体快速地从背景中抠取出来，具体操作方法如下。

（1）进入美图设计室官网并登录账号，单击"图像处理"分类下的"智能抠图"按钮，进入"美图抠图"页面，单击"上传图片"按钮，如图 4-9 所示，上传"素材文件\项目四\优化原始图像\水杯 .jpg"图片素材。

图 4-9　单击"上传图片"按钮

（2）将图像主体抠取出来。在页面下方可根据需要选择合适的尺寸，单击"下载图片"按钮下载图片，如图 4-10 所示。

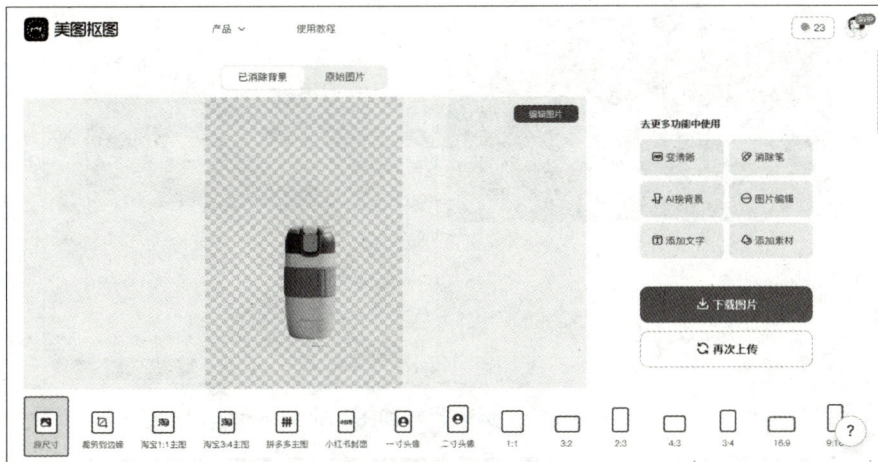

图 4-10　下载图片

4. 使用 WeShop 唯象智能扩图

在图像编辑过程中，为了满足页面布局的特定需求，经常需要用到符合特定尺寸的图片。当原始图片的尺寸未能达到这些要求时，若直接对其进行拉伸处理，可能会引发图片变形或清晰度下降的问题。

WeShop 唯象网站的"智能扩图"功能利用先进的 AI 技术，能够对上传的图片进行智能分析，深入理解原图的风格、色彩、纹理、构图等元素和细节，然后依据分析结果自动生成图片边缘扩展部分的内容，实现图片的无缝扩展，具体操作方法如下。

（1）进入 WeShop 唯象官网并登录账号，单击"免费试用"按钮，在打开的页面左侧选择"智能扩图"选项，进入"智能扩图"页面，单击"新建任务"按钮，如图 4-11 所示。

图 4-11　单击"新建任务"按钮

（2）单击"上传图片"按钮，上传"素材文件 \ 项目四 \ 优化原始图像 \ 美食 .jpg"图片素材，根据需要选择适配的尺寸和生成张数，单击"执行"按钮，如图 4-12 所示。

（3）生成完成后，能够看到图片的扩展部分与原图完美融合，无明显拼接痕迹，质感和细节与原图高度一致，扩展部分的纹理细腻、清晰，没有出现模糊、失真等情况，单击"下载"按钮下载图片，如图 4-13 所示。

图 4-12　选择尺寸和生成张数

图 4-13　下载图片

二、使用稿定 AI 制作营销海报

产品营销海报的设计要紧密围绕特定营销目标来展开，无论是推广新产品，还是促进销售，都要有明确的指向。在设计过程中，通常会将产品图片置于海报中心位置并适度放大，以此凸显产品，提升其视觉吸引力。借助稿定 AI 网站的"智能设计"功能，能够快速生成个性化的产品营销海报，具体操作方法如下。

（1）进入稿定 AI 官网并登录账号，在页面下方选择"智能设计"选项，进入"稿定 AI"页面，选择"产品营销"选项，如图 4-14 所示。

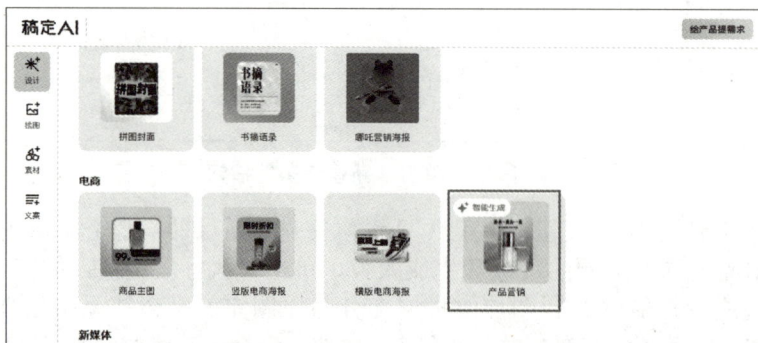

图 4-14　选择"产品营销"选项

（2）进入"产品营销"页面，输入营销主题、卖点包装，单击"上传"按钮＋，上传"素材文件＼项目四＼营销海报＼眼霜.png"产品图，单击"开始生成"按钮，在页面右侧选择需要的模板，单击"编辑"按钮，如图4-15所示。

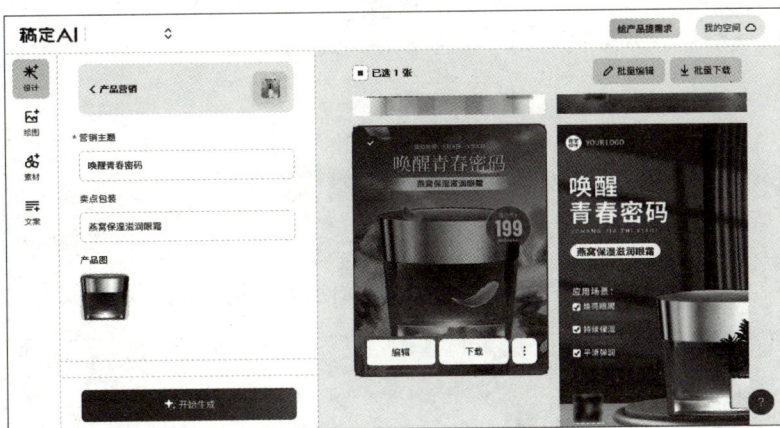

图4-15　选择海报模板

（3）进入编辑页面，在页面右侧单击"拆分组"按钮，调整各素材位置和大小，输入活动时间文字和价格文字，如图4-16所示，单击"下载"按钮，即可完成产品营销海报的制作。

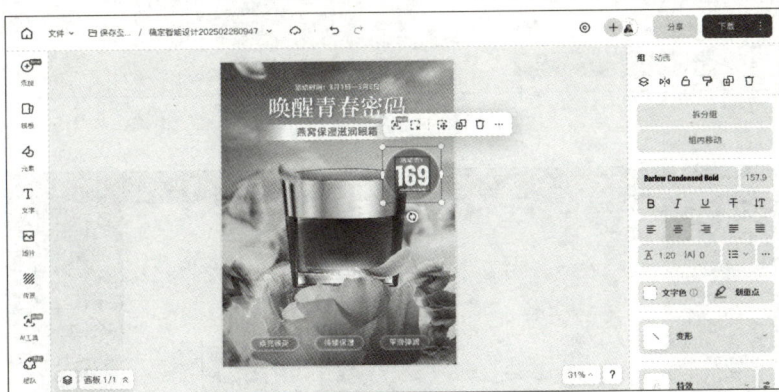

图4-16　编辑并下载海报

三、使用美图设计室生成网店商品展示图

美图设计室的"AI商品图"功能提供了大量的场景模板供创作者选择，包括不同的室内、室外环境，以及节日、促销等特定主题的场景。使用该功能将商品图片与所选场景进行融合，快速生成具有吸引力的商品展示图，具体操作方法如下。

（1）进入美图设计室官网并登录账号，单击"AI商拍"分类下的"AI商品图"按钮，进入"AI商拍"页面，单击"上传图片"按钮，如图4-17所示。

（2）上传"素材文件＼项目四＼商品展示图＼台灯.png"图片素材，在页面左侧选择合适的场景，在画布中调整商品图片的大小和位置，如图4-18所示，单击"去生成"按钮。

（3）在AI生成的4张商品展示图中选择最合适的一张，单击"下载"按钮下载图片，如图4-19所示。

图 4-17　单击"上传图片"按钮

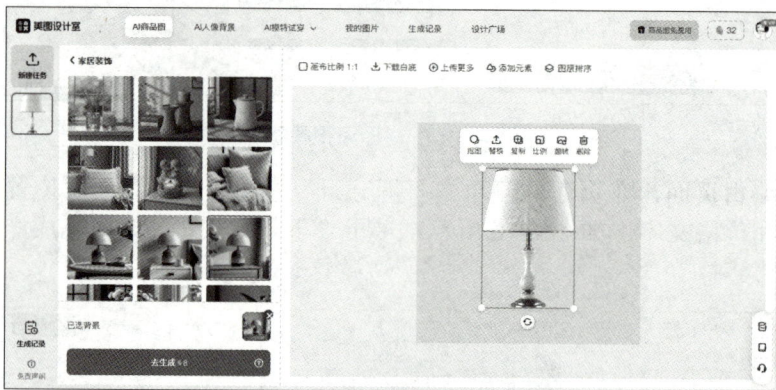

图 4-18　选择场景并调整

图 4-19　下载商品展示图

德技并修

　　在新时代背景下，创作者要树立正确的审美观念，坚持追求高尚、积极的审美价值，并学会平衡商业目标与审美价值。商业的本质是追求利润，但不能以牺牲审美价值为代价，要在商业活动中坚持较高的审美标准，将积极的审美理念有效传播给目标受众，共同维护优秀的审美文化。

四、使用稿定设计制作信息长图

信息长图是以长幅形式展示，通过整合文字、图片、图表等多种元素，将复杂、大量的信息以直观、有条理的方式呈现出来，便于用户快速理解和获取关键信息的一种视觉传播形式，常见于社交媒体传播、知识科普、产品介绍等场景。

信息长图的内容逻辑连贯，通常会采用从上到下或从左到右的顺序，引导用户逐步深入了解内容。以稿定设计为例，介绍如何利用 AI 工具制作旅游信息长图，具体操作方法如下。

（1）进入稿定设计官网并登录账号，在页面左侧选择"模板"选项，在右侧"物料"分类中选择"文章长图"选项，在"行业"分类中选择"旅游出行"选项，选择合适的模板，单击预览按钮 👁，如图 4-20 所示。

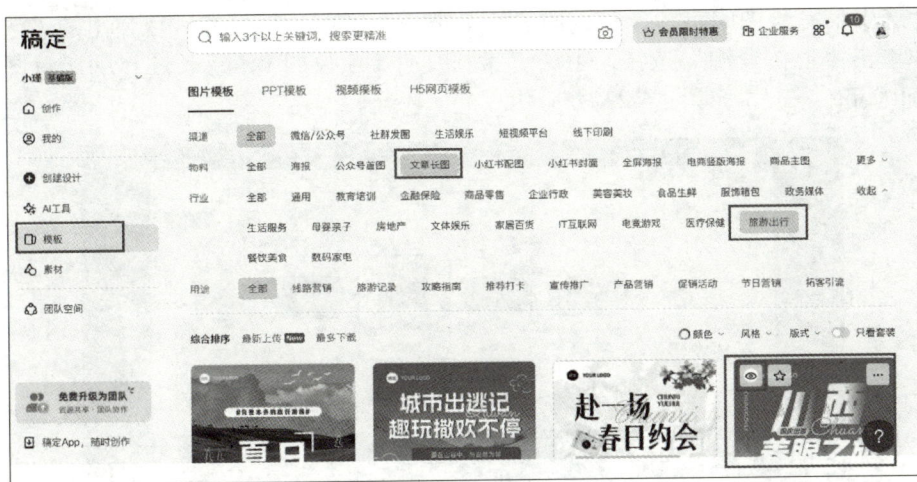

图 4-20　选择模板分类

（2）单击"立即编辑"按钮，进入编辑页面，删除不需要的素材，更改模板中的文字，根据需要选择合适的字体，如图 4-21 所示。

图 4-21　编辑文字信息

（3）在按住 Ctrl 键的同时选中需要对齐的文字，单击页面右侧"对齐"分类下的"垂直分布"按钮，如图 4-22 所示。

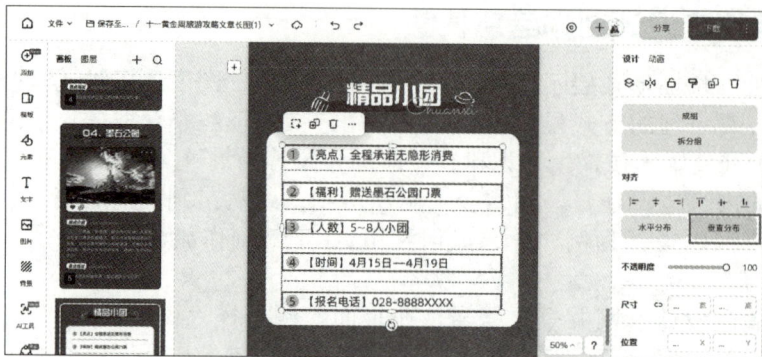

图 4-22　对齐文字

（4）选中信息长图的首图，在页面左侧单击"替换图片"按钮，在弹出的"选择资源"对话框中单击"上传资源"按钮，上传"素材文件\项目四\信息长图"的所有图片素材，选择"雪山.jpg"图片，如图 4-23 所示。

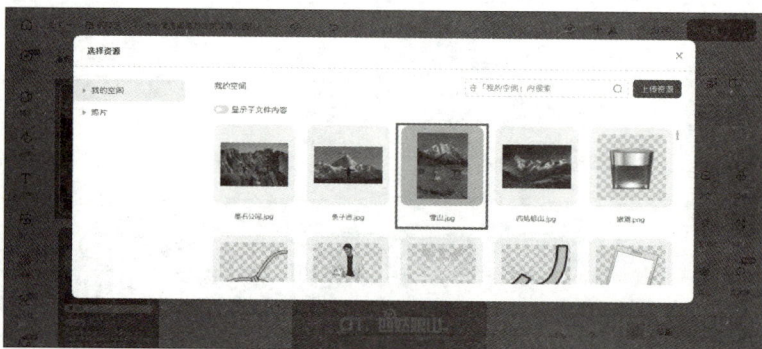

图 4-23　选择图片

（5）单击页面右侧的"AI 扩图"按钮 ，在弹出的"AI 扩图"对话框中调整扩展框的大小，单击"开始扩图"按钮，如图 4-24 所示。

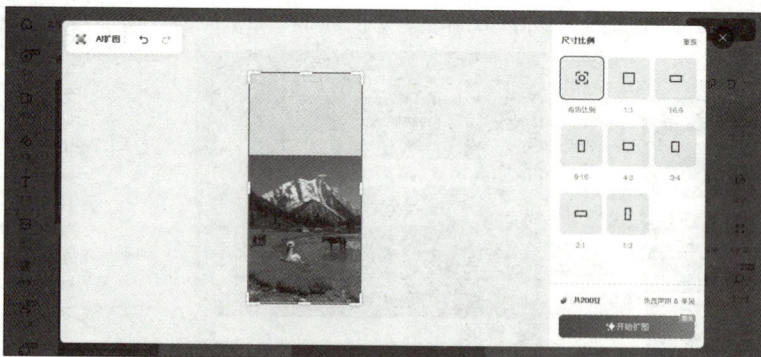

图 4-24　扩展图片

（6）单击"应用"按钮，返回编辑页面，单击"裁剪"按钮 ，调整裁剪框的大小和位置，单击"确认"按钮 ，如图 4-25 所示。采用同样的方法，替换其他图片素材。

（7）选中分辨率较低的图片，单击"AI 变清晰"按钮 ，在弹出的"AI 变清晰"对话框中选择"超清"选项，单击"开始生成"按钮，如图 4-26 所示。

图 4-25　裁剪图片

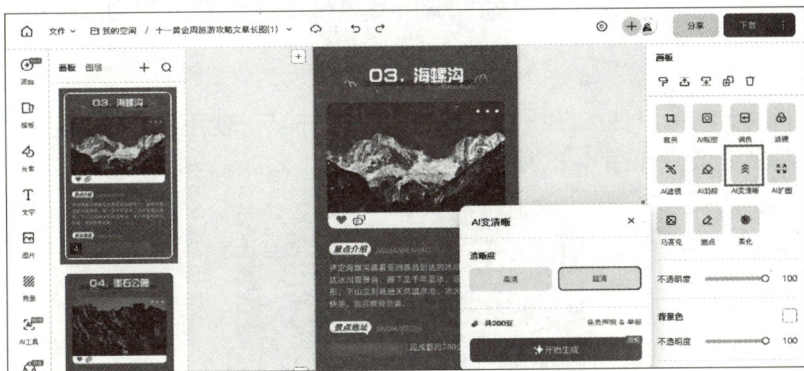

图 4-26　将图片变清晰

（8）采用同样的方法将其他分辨率较低的图片变清晰。单击页面右上角的"下载"按钮，下载完成后浏览信息长图，如图 4-27 所示。

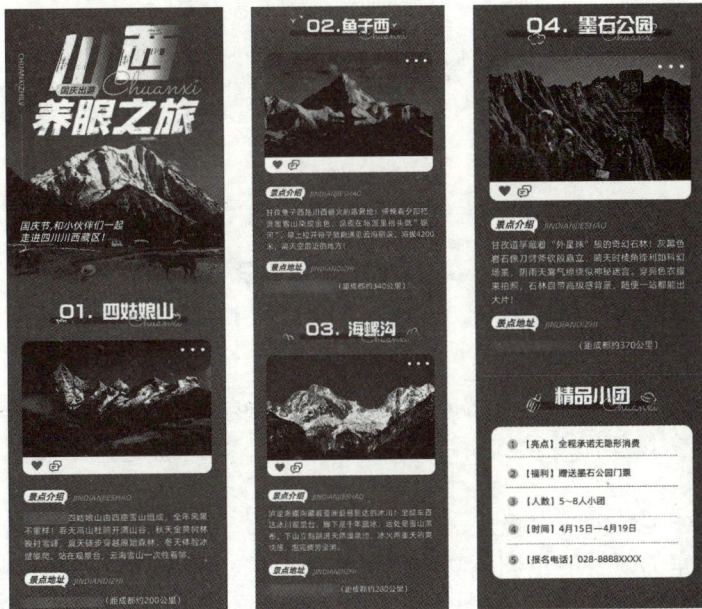

图 4-27　浏览信息长图

> **想一想**
>
> 　　本任务使用的图像编辑类 AIGC 工具大多是借助单击特定按钮，对上传的素材进行设置，你觉得这种处理方式与利用提示词生成图像与优化图像相比，各有哪些优劣势？

任务实施：使用美图设计室和稿定 AI 制作直播预告海报

1. 任务目标

学会运用 AIGC 工具，根据直播主题与风格制作出一张具有吸引力的直播预告海报。海报需要清晰传达直播主题、时间、核心亮点等关键信息，以吸引目标受众关注，激发他们参与直播的兴趣，同时在设计上符合直播内容风格，展现独特的创意，提升直播的宣传效果。

2. 实施步骤

打开"素材文件\项目四\直播预告海报\主播.jpg"，使用稿定 AI 制作一张"新品直播预告"海报，参考效果如图 4-28 所示。

图 4-28　"新品直播预告"海报

（1）明确直播信息

明确直播的主题，如"新品直播预告"；明确直播的具体时间，精确到时分；提炼直播的核心亮点，如"全场新品低至 5 折""10 轮红包雨"等。将这些信息整理、记录，方便后续融入海报设计。

（2）使用 AIGC 工具生成海报

使用美图设计室的"智能抠图"功能抠取主播图像，进入稿定 AI 官网并登录账号，选择合适的直播预告海报模板，将主播图像置入合适的位置，确定海报主体视觉区域，使用"AI 变清晰"功能将主播图像变清晰。

（3）修改文字信息

修改海报文字信息，选择与海报风格匹配的字体，调整文字大小、字间距，使其在海报上清晰可读且美观。

（4）优化与完善

整体审视海报，优化图像与文字的融合度，如调整图像亮度、对比度等。检查海报信息是否准确完整，确保无错别字或排版错误，最终导出高清海报文件，用于直播预热宣传。

任务小结

本任务深入介绍了图像编辑类 AIGC 工具的使用方法。通过学习优化原始图像、利用稿定 AI 制作营销海报、使用美图设计室生成网店商品展示图以及利用稿定设计制作信息长图，学生可以掌握图像编辑类 AIGC 工具的核心技能。这些实践不仅能够增强学生对 AIGC 工具的理解和应用能力，还可以激发学生的创意。通过本任务，学生能够更好地适应数字时代对图像编辑的需求，为未来的专业实践奠定坚实基础。

综合实训：使用即梦 AI 和百度 AI 图片助手生成商品海报

一、实训目标

本实训旨在使学生熟练掌握即梦 AI 的使用方法，精准输入提示词，从而生成符合要求的"高端月饼礼盒"商品海报，参考效果如图 4-29 所示。同时，学生还要学会运用百度 AI 图片助手对生成的图像进行修复，提升其质量，使其达到商品海报的展示标准。通过此次实训，学生能够深入理解并亲身实践从创意构思到利用 AIGC 工具完成图像创作及优化的完整流程，进而培养在实际商业场景中灵活运用 AIGC 技术的能力。

图 4-29 "高端月饼礼盒"商品海报

二、实训思路

（1）确定主题与风格

明确本实训为制作高端月饼礼盒商品海报，风格定位为高端、典雅、富有节日氛围，以契合月饼作为传统节日礼品的特性。

（2）使用即梦 AI 生成海报初稿

根据确定的主题和风格，设计详细的提示词。例如"一幅高端月饼礼盒海报，整体蓝金配色，标题'品味中秋，共享团圆'用金色书法字体，深蓝色渐变夜空背景，中央展示方形高端礼盒，礼盒深蓝色磨砂表面配烫金花纹，打开礼盒露出金色丝绸衬布，其中摆放着月饼，背景有圆月、金色桂花枝和古典楼阁剪影，突出金属光泽与丝绸质感，高清"，将提示词输入即梦 AI，生成月饼礼盒海报的初稿。

（3）使用百度 AI 图片助手修复海报

预览即梦 AI 生成的海报初稿，分析存在的问题，如可能存在的图像清晰度不足、有瑕疵、细节模糊等。将初稿上传至百度 AI 图片助手，利用其图像修复功能，如变清晰、涂抹消除、AI 去水印、AI 扩图等，对图像进行优化处理，提升海报的整体质量。

（4）效果评估与微调

对比修复前后的海报效果，从图像清晰度、色彩表现力、整体美感等方面进行评估。如果仍存在不满意的地方，可以再次使用百度 AI 图片助手进行微调，或者返回即梦 AI 调整提示词重新生成图像，直至达到满意的商品海报效果。

三、实训总结与反思

撰写实训报告，总结个人在实训过程中的学习收获、遇到的困难及解决策略，然后各组进行最终的总结汇报，包括项目成果展示、团队合作经验分享、实训反思等。

四、实训评估

（1）过程评估：教师评估学生对高端月饼礼盒商品海报主题和风格定位的准确性，能否紧密结合商品特性与节日氛围，体现出对目标受众和市场需求的理解；评估学生设计即梦 AI 提示词时，对主题、内容、风格和细节描述的精准度，以及根据初稿效果对提示词进行迭代优化的能力；考查学生在使用即梦 AI 生成海报初稿和使用百度 AI 图片助手修复、优化海报过程中的操作熟练程度，能否充分运用工具的核心功能，及时发现并解决操作中出现的问题。

（2）教师成果评估：教师从海报主题鲜明度、创意独特性、视觉效果、信息传达准确性和整体完成度等方面，评估最终海报是否达到商品海报的高质量展示标准，能否有效吸引目标受众；判断提示词是否精准引导即梦 AI 生成符合预期的海报；审视学生运用工具完成海报制作及优化的综合成果，评估工具应用是否为海报带来显著的质量提升，体现工具特色、优势。

（3）学生自我反思评估：学生梳理自身对即梦 AI 和百度 AI 图片助手使用方法的掌握情况，思考在创意构思、提示词设计及工具操作中获得的能力提升，总结在商业图像创作中的 AIGC 技术应用心得；整理实训中遇到的困难，如提示词设计难题、工具操作障碍、海报效果不理想等，分析所采取解决策略的有效性，总结经验教训；思考自己在团队中的角色和贡献，分析团队协作过程中的优势与不足，总结提升团队协作效率的方法。

项目五　智音新声：AIGC助力音频创作

知识目标

- 了解主流的音频创作类 AIGC 工具及其应用场景。
- 掌握音乐作品创作提示词设计要点，包括主题、风格、情感和细节。
- 掌握使用音频创作类 AIGC 工具进行音频创作的方法。

能力目标

- 能够运用提示词生成音乐作品。
- 能够使用音乐创作类 AIGC 工具生成音频。

素养目标

- 保持原创精神，独立思考解决方案，不能完全依赖 AIGC 工具。
- 尊重他人版权，避免使用未经授权的音乐素材。

项目框架 ▼

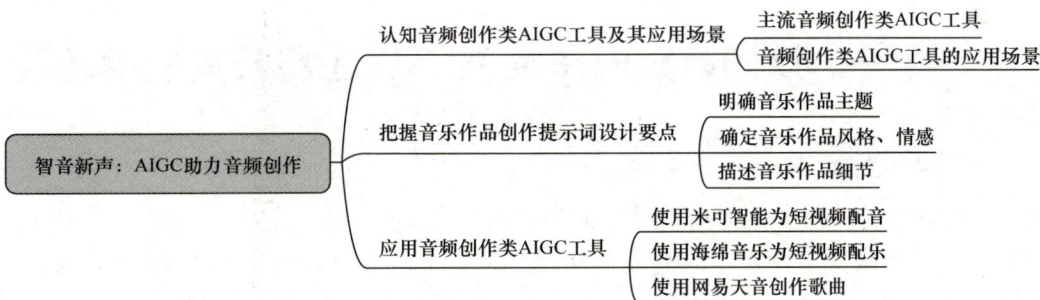

案例导入

网易天音——开启 AI 音乐创作新时代

2024 年 5 月 21 日，Suno 宣布成功完成 1.25 亿美元的 B 轮融资，估值达到 5 亿美元，其成功源于 Suno V3 的推出，用户只要在 Suno V3 上输入文字，就能获得一曲完整的、带人声的歌曲。很多业内人士认为 Suno V3 让音乐行业迎来了"ChatGPT 时刻"。自推出首款产品的 8 个月以来，Suno AI 的用户群体已迅速增长至超过 1 000 万。所有人都在期待 AI 音乐彻底引爆音乐产业变革。

如今，网易云音乐也加入了这个行列。

2024 年 5 月 20 日，网易天音平台正式对网易云音乐的全部用户开放使用权限，网易云音乐用户可以登录网易天音免费制作自己的专属 AI 歌曲。

网易天音首先在时长上突破天花板，一键轻松生成 4～5 分钟的歌曲。相较 Suno AI 的不可调整性，网易天音还可以辅助作词编曲——生成 AI 初稿后，支持词曲协同调整，在专业性、灵活性上要胜过 Suno AI。

当前，网易天音开放了 3 个工具，分别是 AI 编曲、AI 一键写歌和 AI 作词。基于网易天音，音乐爱好者或者专业制作人只需输入灵感，AI 便可以辅助完成词、曲、编、唱。用户可以自行创作或是选择熟悉的曲谱进行二次创作，还可以基于自行上传的 .midi 文件匹配生成可编辑的编曲。

在中低端音乐领域，网易天音的制作水准和速度显然超过人工。除了可以吸引新手入驻音乐平台，网易天音还能批量生成小样，例如，音乐人用 AI 快速生成多首歌让甲方挑选，这想必会极大加快生产流程。但是如果想进一步生产中高端音乐，网易天音等 AI 需要提高工具的专业度和上限。

网易云音乐的优势在于，作为我国最大的原创音乐社区之一，其本身就聚集着大量创作者。对网易云音乐来说，专注于为创作者服务，最大限度地释放平台上创作者的生产力，是一个更务实的思路。长期来看，这也能帮助网易云音乐构建更加良性的社区生态。

【启发思考】

1. 网易天音在音乐创作中可以起到什么作用？你觉得完全借助网易天音，可以制作出优秀的原创音乐吗？

2. 使用网易天音后，你觉得它生成的音乐有何特点？哪些地方有待改进？

任务一　认知音频创作类 AIGC 工具及其应用场景

知识储备

在数字经济时代，音频创作领域正经历着深刻的变革，AIGC 工具的出现为其注入了全新活力。从国内讯飞智作、网易天音等，到国外 Suno AI、Resemble AI 等，各类工具如雨后春笋般涌现。它们功能多元，涵盖文本转音频、语音克隆、生成音乐等功能，应用场景广泛，赋能有声内容制作、影视配音、音乐创作等诸多行业。

一、主流音频创作类 AIGC 工具

AIGC 工具可以快速生成多元、新颖的内容，满足市场多样化、个性化需求。这些工具能为创作者提供丰富的素材与灵感，精准、高效地处理素材，且能创造新的声音效果和角色，提升作品丰富度，让创作者以更低成本、更高效率创作出更具创意和个性化的音频作品。

1. 国内主流音频创作类 AIGC 工具

目前，国内主流音频创作类 AIGC 工具主要有以下几个。

（1）讯飞智作

讯飞智作是科大讯飞开发的 AIGC 创作平台，旨在用 AI 孵化每个创意，让每个内容创

作者拥有专属的 AI 创作助手。讯飞智作的 AI 音频功能具备 3 个亮点：一是双端支持，支持移动端和计算机端双端使用，用户可根据实际需求自由选择制作端；二是有多个语种，并具备有声阅读、新闻播报、纪录片、视频解说等多种风格；三是支持音量、语速、语调调节，并可通过插入换气、连续、停顿等标记调整合成韵律。

（2）网易天音

网易天音是网易推出的一站式 AI 音乐创作工具，用户无须具备音乐知识即可轻松创作，有 AI 智能快速编曲、AI 作词与创作等功能，适用于音乐创作、专业音乐制作等场景。

（3）海绵音乐

海绵音乐是字节跳动推出的 AI 音乐创作平台，用户可通过输入灵感或歌词快速生成音乐作品，能通过灵感创作和自定义创作两种方式生成音乐，支持上传封面和对生成的音乐进行修改，在音乐生成质量上表现出色，适用于音乐创作、短视频配乐等场景。

（4）米可智能

米可智能是由杭州光帆科技有限公司开发的一款 AI 驱动的一站式音视频服务产品。在音频处理方面，米可智能具备强大的声音克隆功能。通过 AI 技术，米可智能可以克隆用户的音色，用于个性化配音或语音合成。用户只需提供 5 秒的音视频样本，系统即可在 30 秒内完成克隆。克隆的音色可以在视频翻译、AI 配音等功能中使用。

（5）即梦 AI

即梦 AI 是一个 AI 创作平台，可以激发用户艺术创意、提升用户绘画和视频创作体验。用户可以利用 AI，将想象变为现实。即梦 AI 支持文字绘图、文字生成视频和图片生成视频，同时支持音乐生成，并提供创作灵感。

2. 国外主流音频创作类 AIGC 工具

目前，国外主流音频创作类 AIGC 工具主要有以下几个。

（1）Suno AI

Suno AI 是一个革命性的 AI 音乐创作平台，由 Anthropic 于 2023 年推出。它通过将先进的算法和数据模型相结合，能够把文本转化为高度逼真的音乐和语音，仅依靠文本提示就能生成高质量的音乐作品。

Suno AI 支持多种音乐风格，如流行、古典、电子、爵士等，用户可以根据项目需求选择合适的音乐类型。用户输入情感、场景描述或关键词，Suno AI 可以根据相应提示词生成符合要求的音乐作品。例如，输入"宇宙；宏大；史诗感；星际穿越"，Suno AI 就能生成一首具有史诗感的背景音乐。另外，Suno AI 提供丰富的选项，用户可以根据自己的喜好调整生成的音乐，如音调、节奏、乐器配置，使其更符合个人需求。

（2）Resemble AI

Resemble AI 是一个智能语音合成平台，支持生成逼真的人工语音并定制声音模型，适用于客服、广告等场景，按使用量收费。

（3）Speechmatics

Speechmatics 提供 AI 驱动的语音识别和转录服务，能够自动转录音频内容，其语音分析功能还能帮助用户深入挖掘音频数据价值，提升业务决策能力。

（4）Fugatto AI

Fugatto AI 是由英伟达推出的音乐生成 AI 模型，能够根据输入的文字描述或插入的音频生成音乐片段、音效，还能改变人声的口音和情感，或者创作包含特定元素的曲子，也可更改音频片段的声音特点，例如，将柔声细语变成愤怒的咆哮等。

二、音频创作类 AIGC 工具的应用场景

音频创作类 AIGC 工具主要具有文本转音频、语音克隆、生成音乐等功能，这些功能运用到各个行业领域，带动了各个行业领域的工作效率和产出质量提升，为广大用户带来了更加丰富的音频体验。

1. 文本转音频

文本转音频是指利用 AI 技术将文本内容转化为音频内容。该功能被广泛运用于以下场景。

（1）有声内容制作

有声书、新闻播报、教育课程等可以通过文本转音频技术快速生成语音内容，例如，喜马拉雅利用文本转音频功能重现相声演员的声音，制作历史类有声书，大幅降低人工录音成本。

在线教育平台可以将教材文本转化为多语种语音，适配不同学习者的需求，提升内容可及性。

（2）视频配音

文本转音频功能可以为自媒体视频制作旁白，适配剪映、快影等软件的本地导入功能，可以满足创作者的快速配音需求。

（3）智能语音助手

在智能手机、智能家居等设备中，文本转音频功能被广泛应用于语音助手功能。用户可以通过语音指令与设备进行交互，设备则通过文本转音频功能将指令结果反馈给用户。

2. 语音克隆

语音克隆是指通过少量语音样本复刻特定人物的音色。该功能被广泛运用于以下场景。

（1）个性化服务与 IP 保护

企业可以为品牌代言人创建声音 IP，用于广告、客服等场景，强化品牌辨识度。声音创作者可以通过平台授权克隆后的声音，实现商业化变现。

（2）影视配音

语音克隆功能可以克隆演员的声音，为角色配音，解决演员声音不合适或无法到场配音的问题，也可用于修复或替换影视中的音频素材。

（3）游戏角色语音

语音克隆功能能够根据游戏角色特点克隆独特的语音，增强角色的个性，提高游戏的沉浸感，为玩家带来更逼真的游戏体验。

（4）广播剧制作

语音克隆功能通过克隆不同风格的声音，可以塑造多样化的角色，增强广播剧的表现力，吸引听众。

3. 生成音乐

AIGC 工具可以辅助音乐制作，覆盖作曲、编曲、混音等环节。该功能被广泛运用于以下场景。

（1）音乐创作

音频创作类 AIGC 工具可以为音乐创作者提供灵感和基础旋律，帮助他们快速搭建音乐框架，拓展创作思路，加速创作进程。此类工具还可以根据用户的偏好和需求生成个性化的音乐作品，反映用户的个性、情感和风格，为用户带来独特的音乐体验。例如，AIGC 工具能够基于用户输入的风格类型、情感类型等参数，生成符合特定要求的旋律和节奏，为音乐创作者提供灵感。通过深度学习模型，AIGC 工具可以学习大量音乐作品，自动生成

新的旋律，甚至根据用户输入的歌词生成与歌词匹配的旋律。

AIGC工具还能为旋律生成适当的和声、节奏或其他伴奏，以及完成自动化混音环节，减少人工操作，极大地提高作曲效率和后期制作效率。

（2）背景音乐制作

短视频、影视剧、游戏、广告等行业需要实时生成适配场景情绪的音乐。例如，AIGC工具可以根据广告主题和风格快速生成适配的背景音乐，增强广告的吸引力和感染力，增强传播效果。短视频创作者也可利用AIGC工具生成与短视频内容契合的音乐，为短视频增添亮点，吸引更多的用户关注，提升短视频的传播力。

◀ **想一想** ▶

随着音频创作类AIGC工具在各个行业的深入应用，未来可能会改变整个音频产业的格局，从产业链角度分析，哪些环节可能会发生重大变革？从业者应如何提升自身竞争力以适应这种变化？

任务实施：体验音频创作类 AIGC 工具的功能

1. 任务目标

通过实际操作，学生亲身体验音频创作类AIGC工具的功能，了解其在文本转音频、语音克隆、生成音乐等方面的应用，提高对音频创作类AIGC工具的熟悉程度和使用能力。

2. 实施步骤

（1）选择工具

从前文介绍的主流音频创作类AIGC工具中，选择1～2款工具进行体验。在体验之前，先了解所选工具的特点和功能，以便更好地进行操作。

（2）登录后熟悉界面和功能

进入所选工具的官网，注册并登录，熟悉工具的界面布局和功能区域。通过阅读平台提供的教程或帮助文档，了解音频创作的基本流程、常用功能。例如，文本转音频功能通常需要输入文本，选择语音类型和语速等参数；语音克隆功能需要上传音频样本，进行语音训练；生成音乐功能需要输入音乐风格、节奏等参数。

（3）体验文本转音频功能

在文本转音频工具内输入一段文本，如一篇文章、一首诗歌等，选择合适的语音类型，如男声、女声、童声等，根据需要调整语速和语调，使生成的音频更符合预期。确认各项参数后单击"生成"按钮，工具会根据输入的文本和选择的参数生成音频，最后保存生成的音频文件，可将其分享到社交媒体或下载到本地。

（4）体验语音克隆功能

在语音克隆工具内上传一段音频样本，可以是自己的声音或其他人的声音。工具会对上传的音频样本进行语音训练，生成语音模型。输入一段文本，工具会根据生成的语音模型将文本转化为语音。单击"生成"按钮，工具会生成克隆语音的音频。试听满意后，保存生成的音频文件，可以将其分享到社交媒体或下载到本地。

（5）体验生成音乐功能

在生成音乐工具中选择喜欢的音乐风格，如流行、古典、电子等，输入音乐参数，如节奏、调式、乐器等，也可以选择让工具自动生成。单击"生成"按钮，工具会根据选择的参数生成音乐。可多次调整参数，生成不同版本，对比各版本音乐的特点，分析参数调整对音乐风格的影响。

（6）反馈与总结

在体验过程中，记录工具的优点和不足，如生成音频的质量、操作的便捷性、功能的丰富性等。根据体验结果，总结音频创作类 AIGC 工具的特点和应用价值，为后续的音频创作提供参考和借鉴。

任务小结

本任务全面介绍了音频创作类 AIGC 工具及其应用场景，首先从国内和国外两个维度介绍了主流的音频创作类 AIGC 工具，然后明确了这类工具的应用范畴，涵盖文本转音频、语音克隆、生成音乐等功能，进而深入剖析其丰富的应用场景，如在有声读物、影视配音、音乐创作等场景发挥的关键作用。通过对这些内容的学习，读者可对音频创作类 AIGC 工具的能力边界与应用价值具备清晰的认知。

任务二　把握音乐作品创作提示词设计要点

知识储备

在 AIGC 赋能音频创作的时代，要想让 AIGC 工具精准理解创作者的意图，产出理想的音乐作品，提示词的设计至关重要。音乐作品创作提示词是连接创作者与 AIGC 工具的桥梁。明确的主题是创作的航标，指引音乐的创作方向；恰当的风格与情感定位，赋予作品独特个性；而细腻的细节描述则为作品增添了多元化的要素。

一、明确音乐作品主题

在借助 AIGC 工具生成音乐时，提示词设计是核心创作环节，而明确主题是确保生成内容符合预期的关键。在明确音乐作品主题时，提示词的设计要点如下。

1. 使用简洁明了的主题关键词

创作者可以直接在提示词中指定音乐作品的主题，使用简洁明了的关键词。例如，如果希望创作一首关于"爱情"主题的歌曲，创作者可以直接在提示词中写入"爱情"或"浪漫的爱情故事"，这样的关键词能够直接引导 AIGC 工具生成与爱情相关的音乐内容。

2. 提供主题背景或情境

除了直接指定主题关键词，创作者还可以通过提供主题背景或情境来丰富提示词。例如，可以写入"描述一段发生在成都街头的浪漫邂逅"或"讲述一个关于青春和梦想的故事"，这样的背景或情境描述能够为 AIGC 工具提供更多的创作灵感，使其生成更加符合主题要求的音乐作品。

关于主题的背景或情境，创作者可以采用场景化描述，使 AIGC 工具对音乐作品的主题、氛围、情感有更深的理解和联想，例如"电影片尾曲，主角在雨中告别，钢琴为主旋律，缓慢的节奏，带有孤独感的弦乐衬托"。

3. 结合音乐元素与主题

在设计提示词时，创作者还可以将音乐元素与主题相结合。例如，可以指定"创作一首以钢琴为主旋律的古典爱情乐曲"或"生成一段带有电子元素的现代都市主题音乐"，这样的提示词既明确了音乐作品的主题，又限定了音乐元素的使用，有助于 AIGC 工具生成更加精准和个性化的音乐作品。

4. 关联具体故事

创作者可以为音乐设定一个故事，使音乐更具连贯性和表现力。创作者可以借助经典神话故事来设计提示词，如"以嫦娥奔月的神话为主题创作音乐，要体现出嫦娥飞升时的凄美、月宫中的孤独及嫦娥对人间的思念，通过音乐讲述这个动人的故事"，让 AIGC 工具围绕该故事的情节和情感来创作音乐；还可以借助个人的经历或故事来设计提示词，如"根据我和朋友在毕业时分别的场景创作音乐，要包含我们的欢声笑语、离别的泪水及对未来的期待，用音乐记录下这段难忘的经历"，让 AIGC 工具将个人故事转化为音乐语言。

二、确定音乐作品风格、情感

在借助 AIGC 工具制作音乐时，明确音乐作品的风格和情感是至关重要的。在设计相关的提示词时，要点如下。

1. 明确音乐作品风格

明确音乐作品风格的方法包括以下几种。

（1）选择音乐风格

创作者可以在提示词中直接指定想要的音乐风格或流派，如"流行""摇滚""爵士""电子"等。这将帮助 AIGC 工具理解创作者的期望，并生成符合特定风格的音乐。有些 AIGC 工具内置风格标签，直接选择即可，而有些 AIGC 工具属于开源模型，需要通过描述性语言强化风格特征。

当然，创作者也可在提示词中要求 AIGC 工具融合多种音乐风格，如"制作一首将古典音乐与电子音乐相融合的作品，以交响乐的宏大旋律为基础，加入电子音乐的节奏和特效，打造出既具有古典音乐的庄重，又带有电子音乐的时尚感的独特风格"。

（2）选择音乐元素

创作者在选择音乐风格后，可以进一步选择音乐元素，包括节奏、和弦、旋律等，例如"具有强烈节奏感的流行音乐，使用电子鼓和合成器"。

（3）参考示例音乐

创作者可以让 AIGC 工具参考著名的音乐家或乐队的风格，如"类似 The Beatles 风格的音乐，具有复古的旋律和和声"。

2. 明确音乐作品情感

明确音乐作品情感的方法有以下几种。

（1）使用情感词汇

创作者可以在提示词中加入描述情感的词汇，如"欢快的""忧郁的""宁静的""激昂的"等，这些词汇能够捕捉音乐的情绪色彩，使 AIGC 工具生成触动人心的旋律。

（2）使用元标签

创作者可以在歌词或提示词中使用元标签来指示情感的变化，如"[Verse: Melancholy]"（忧郁的诗节）、"[Chorus: Jubilant]"（喜庆的副歌）等，这将指导 AIGC 工具在音乐的不同部分表达不同的情感。

（3）结合场景或故事背景

创作者可以在提示词中提供一个具体的场景或故事背景，以帮助 AIGC 工具更深入地理解创作者想要的音乐情感和氛围，如"描述一个夏日海滩的宁静场景，带有轻松、愉悦的情感"。

（4）结合音乐元素

创作者可以通过对音乐元素的具体要求来体现情感，让 AIGC 工具根据这些要求选择合适的音符、和声、节奏等元素，以表达出特定的情感，例如"创作一首用小调音阶为主，以缓慢的节奏和低沉的音色为主的音乐，偶尔加入一些不和谐音来营造紧张感，最后以和谐的和弦结尾，表达出主角从痛苦和挣扎到最终释怀的情感变化"。

3. 结合风格和情感

创作者可以将音乐风格和情感结合起来，形成一个综合的描述，例如"创作一首流行风格的音乐，具有强烈节奏感，表达快乐和自由的情感，适合在派对上播放"。创作者还可以进一步具体化描述，例如"创作一首流行风格的音乐，使用电子鼓和合成器，节奏明快，旋律动感，表达快乐和自由的情感，适合在派对上播放"。

三、描述音乐作品细节

在明确音乐作品的主题、风格和情感后，通过设计提示词描述音乐作品细节，创作者可以实现更精确和个性化的音乐创作。在提示词中描述音乐作品细节可以从以下几个方面入手。

1. 乐器运用细节

乐器运用细节主要体现在主奏乐器特征、乐器组合搭配和特色乐器选用3个维度。

（1）主奏乐器特征

创作者要在提示词中详细说明主奏乐器的独特音效与演奏方式，例如"以小提琴为主奏乐器，开篇使用拨弦技巧，营造灵动氛围，随后切换至悠扬的拉弦，在高音区展现激昂情绪，其音色要明亮且富有穿透力，如同在空旷山谷中回响"。

（2）乐器组合搭配

创作者要在提示词中阐述不同乐器间的配合方式与层次，例如"长笛与钢琴相互呼应，长笛先吹出如潺潺溪流般的旋律，钢琴则以轻柔和弦作为铺垫，在副歌部分，加入大提琴浑厚的低音，使整体音乐在轻盈与厚重间达到平衡"。

（3）特色乐器选用

如果使用特色或小众乐器，创作者要在提示词中点明其独特质感，例如"引入尺八这一古老乐器，利用其空灵、略带哀伤的音色，在间奏部分吹出悠长的单音，给音乐增添神秘而悠远的东方韵味"。

2. 旋律与节奏细节

旋律与节奏细节主要体现在旋律走向起伏、节奏韵律特点和重复与变化设计3个维度。

（1）旋律走向起伏

创作者要在提示词中精确描绘旋律的高低变化趋势，例如"旋律从低音区缓缓升起，在主歌部分平稳过渡，至副歌时急剧攀升至高音，形成强烈的情感冲击，随后又逐步回落，营造出一种跌宕起伏的情感曲线"。

（2）节奏韵律特点

创作者要在提示词中明确节奏的快慢、节拍类型及特殊节奏类型，例如"采用4/4拍，以稳定的八分音符为基础节奏，在高潮部分加入切分节奏，打破常规韵律，增强音乐的紧张感与动感，营造出活力四射的氛围"。

（3）重复与变化设计

设计旋律片段的重复与变化也十分重要，例如"主歌的第一句旋律重复三次，每次重复时，在结尾处增加一个装饰音进行微小变奏，让听众既有熟悉感，又能感受到细微变化带来的新鲜感"。

3. 和声与音色细节

和声与音色细节主要体现在和声结构编排、音色融合处理和特殊音效运用 3 个维度。

（1）和声结构编排

和声结构编排是指描述和声的构成与进行逻辑，例如"以传统的 I-IV-V 和声进行为主，在桥段部分引入二级小调和弦，丰富和声层次，使音乐更具张力"。

（2）音色融合处理

创作者要在提示词中说明不同音色要如何融合，例如"将电子音色的清脆与真实弦乐的温暖相融合，电子音色作为前景突出旋律，弦乐在背景铺陈，两者在音量和频率上进行精细调节，达到自然融合，避免出现音色冲突"。

（3）特殊音效运用

创作者要在提示词中指出特殊音效出现的时机与作用，例如"在音乐的前奏与尾声，加入海浪拍打礁石的音效，音量由小渐大再渐小，模拟自然环境，为音乐增添令人身临其境之感，强化主题氛围"。

4. 曲式结构细节

曲式结构细节主要体现在各部分时长安排、段落衔接方式和高潮部分设计 3 个维度。

（1）各部分时长安排

创作者要在提示词中规定不同段落的大致时长，例如"前奏时长控制在 8 秒左右，迅速引入主题；主歌每段 16 秒，共两段；副歌时长 20 秒，重复 3 次，整体曲长在 3 分钟左右，确保结构紧凑且富有变化"。

（2）段落衔接方式

创作者还要在提示词中清楚描述段落之间的衔接方式，例如"主歌与副歌之间通过一个短暂的钢琴华彩过渡，从主歌的抒情风格自然切换至副歌的激昂风格，实现情绪上的递进"。

（3）高潮部分设计

创作者要在提示词中强调高潮部分的独特之处，例如"高潮部分将所有乐器全奏，旋律提高 8 度，节奏加密，同时加入强烈的鼓点和激昂的和声，持续 15 秒，作为整首音乐的情绪顶点，给听众带来强烈的听觉冲击"。

> **想一想**
>
> 　　如果你是一名音乐创作者，合作方想让你制作一首游戏配乐，要求有大气磅礴的厚重感，能让人身临其境，似乎处于古代战场。你打算用 AIGC 工具作为辅助，先制作出一首音乐作品的小样，后续再修改。那么，你要如何设计提示词呢？

德技并修

　　人具有主观能动性，是内容创作与解决问题的核心。AIGC 工具虽能基于算法和数据提供辅助，但缺乏人类独有的创造力、对复杂情境的理解及情感注入。我们应秉持正确的价值观，发挥主观能动性，从自身经历、社会认知中汲取灵感，跳出常规思维，不过度依赖 AIGC 工具，保持原创精神，以创作出贴合社会发展、具有人文关怀且独特的内容或作品。

任务实施：AIGC 工具生成音乐赏析

1. 任务目标

通过实际赏析 AIGC 工具生成的音乐作品，深入理解不同提示词对音乐风格、情感及细节呈现的影响；能够精准分析 AIGC 工具生成音乐在主题表达、风格契合度、情感传递及细节处理等方面的表现，提升对音乐作品的鉴赏能力。

2. 实施步骤

（1）素材准备

从知名音乐 AIGC 平台搜集至少 3 首不同主题、风格和情感的音乐作品。搜集时，记录下每首作品对应的创作提示词，如"激昂的战斗主题，重金属风格，充满力量感""宁静的田园主题，古典风格，带有舒缓惬意情感"等。

（2）主题表达赏析

单独聆听每一首音乐，分析其旋律、节奏、和声等元素是否与给定的主题相契合。例如，对于"激昂的战斗主题"的音乐，判断旋律是否具有强烈的推动力，节奏是否紧凑有力，是否能让人联想到战斗场景。将分析结果以文字形式记录下来，包括哪些元素很好地体现了主题，哪些方面还有所欠缺。

（3）风格与情感赏析

再次聆听音乐，着重感受作品所呈现的风格特点，对比是否与提示词中的风格一致。例如，考察古典风格作品是否遵循古典音乐的曲式结构，乐器使用是否符合古典音乐的习惯。同时，体会音乐传递出的情感是否与提示词中的情感描述相符。整理关于风格和情感方面的赏析结论。

（4）细节处理赏析

进行第三次聆听，仔细留意音乐中的细节，如乐器的演奏技巧、音效的运用、声部之间的配合等。例如，在一首带有自然音效的音乐中，判断鸟鸣声、流水声等音效与音乐旋律的融合度是否自然。记录下对细节处理的评价。

（5）总结与反馈

综合对 3 首音乐作品在主题、风格情感及细节方面的赏析，归纳出创作提示词与音乐呈现效果之间的关联规律。例如，明确主题的提示词越具体，AIGC 生成的音乐在主题表达上越清晰；风格和情感的描述越准确，音乐的风格和情感呈现越到位。

根据总结的规律，提出对音乐作品创作提示词设计的优化建议。

任务小结

本任务聚焦于音乐作品创作提示词的设计要点。明确音乐作品主题是创作的基石，需要精准设定以引导创作方向。确定音乐作品风格和情感，能够让 AIGC 工具生成与之契合的旋律氛围。而细致描述音乐作品细节，如乐器运用、旋律节奏等，可以提升作品的丰富度与质感。通过对这些要点的把握，读者可以掌握借助 AIGC 工具创作优质音乐作品的关键。

任务三　应用音频创作类 AIGC 工具

知识储备

在音频创作的广阔天地中，AIGC 工具正在成为不可或缺的创新工具。本任务将引领大家探索 3 款前沿的音频创作类 AIGC 工具，分别是米可智能、海绵音乐及网易天音。从为短视频配上生动人声，到生成精美的背景音乐，再到独立创作动人旋律，这些工具不仅简化了创作流程，还拓宽了艺术表达的边界。

一、使用米可智能为短视频配音

假设创作者想要拍摄一条口播视频，目的是宣传一家蛋糕店的新款蛋糕。首先，创作者要构思选题，创作口播文案，然后根据口播文案站在镜头前介绍蛋糕。有时创作者拍摄完毕后，可能觉得口音不标准，或者想要换一个音色，这时就可以使用 AIGC 工具来配音，既快速又高效，可以省去重新拍摄的时间成本。

下面介绍使用米可智能为短视频配音的方法。

1. 使用 DeepSeek 生成口播文案

打开 DeepSeek，在文本框中输入具体的指令："我是一名美食短视频创作者，最近一家蛋糕店新出了一款蛋糕，我要去探店并为这款蛋糕做宣传，这款蛋糕外观好看，采用了漫画主题，而且最近在做促销活动，门店销售十分火爆。请你为我生成一条口播文案，要以喜欢甜食的人为目标群体，语句通顺，添加吸引人的文案信息，同时要符合口语规范，不能过于书面语，另外，文案中要有现场感，适合创作者在蛋糕店门口拍视频时使用。"

图 5-1 所示为 DeepSeek 生成的口播文案（图片只截取部分内容）。

以下是为您量身打造的蛋糕店探店口播文案，结合蛋糕漫画主题的视觉冲击与店家促销信息，突出现场氛围感与美食诱惑，适合在店门口拍摄时使用。

（镜头对准橱窗内漫画蛋糕特写，背景音欢快）

"天呐'宝子'们！这家店新出的漫画蛋糕也太好看了吧！这哪里是甜品啊，根本是动漫手办啊！（镜头转向排队人群）怪不得工作日下午还爆单，我挤了半小时才抢到一份！"

（手持蛋糕 360 度旋转展示）

"你看这路飞草帽的纹理！（特写镜头）连战斗痕迹都还原了！店家说只是画这幅画就要调 20 种颜色奶油霜，耗时 7 小时制作——这是艺术品啊！"

（切开蛋糕露出芒果夹心）

"重点来了！（叉起蛋糕摇晃）三层香草戚风 + 现切芒果爆浆！蛋糕使用动物奶油，口感一点都不腻！（咬一口对着镜头）口感绵密得像咬'云朵'！甜度刚刚好！"

……

图 5-1 DeepSeek 生成的口播文案

2. 打开米可智能

进入米可智能官网，单击"免费试用"按钮（见图 5-2），进入创作界面。

图 5-2 单击"免费试用"按钮

113

3. 进行声音"克隆"

单击"声音管理"选项卡下的"声音克隆"按钮，如图 5-3 所示。

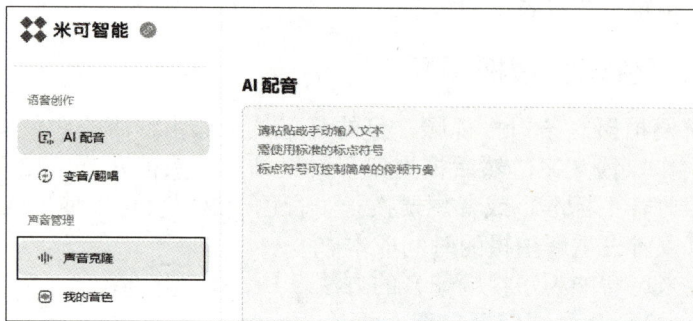

图 5-3　单击"声音克隆"按钮

4. 本地上传语音文件

在弹出"创建新的音色"界面中，克隆类型选择"即时克隆"，输入音色名称为"美食创作者"，单击"本地上传"按钮上传语音文件，如图 5-4 所示。

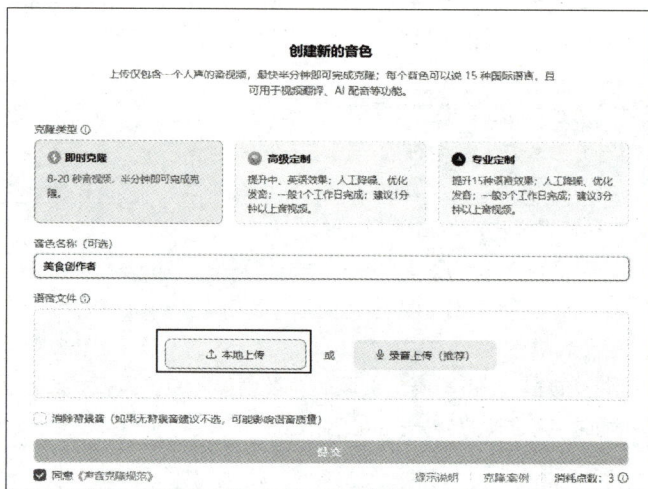

图 5-4　单击"本地上传"按钮

5. 选择语音文件

在弹出的对话框中选择想要克隆音色的语音文件，单击"打开"按钮，如图 5-5 所示。

6. 进行语音克隆

在"声音克隆"—"创建新的音色"界面选择源语言文件类型（普通话），单击"提交"按钮，等待片刻即可克隆成功，如图 5-6 所示，单击"AI 配音"超链接进入"AI 配音"界面。

7. 创建新的配音

在"AI 配音"界面中设置发音人、发音语言、模型、输出格式等，从 DeepSeek 中复制生成的口播文案，粘贴到文本框中，删除不需要生成音频的文字，单击"提交"按钮，如图 5-7 所示。

8. 配音完成

等待片刻，配音完成，试听效果，觉得满意后可以单击右侧的"下载结果"按钮，下载并保存配音文件，如图 5-8 所示。

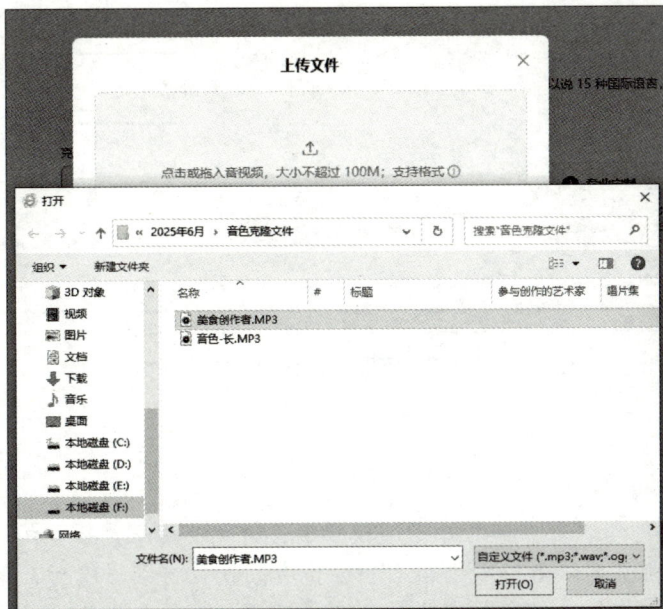

图 5-5　选择语音文件

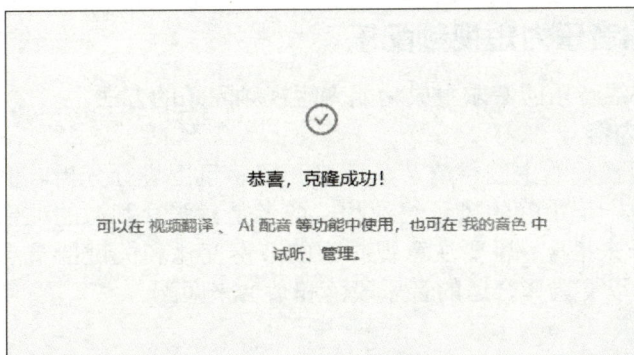

图 5-6　克隆成功

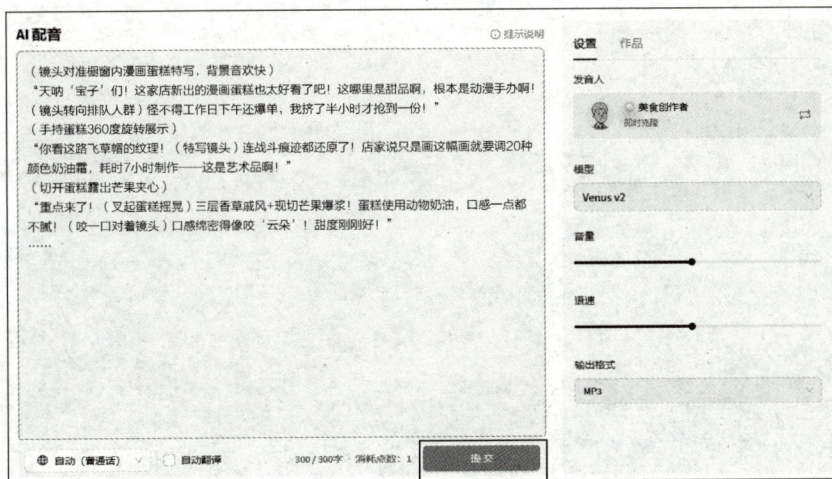

图 5-7　创建新的配音

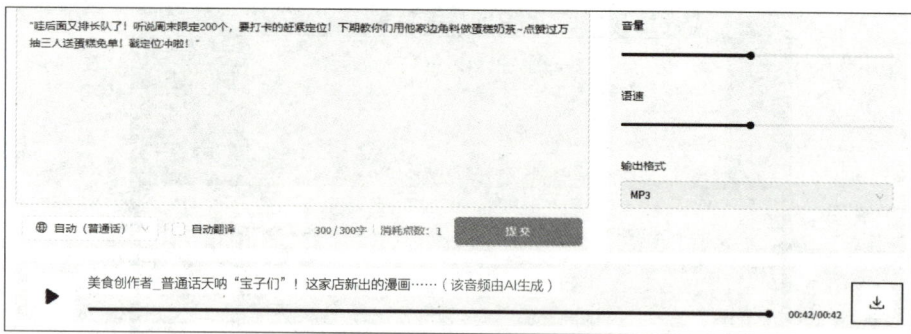

图 5-8　下载并保存配音文件

德技并修

　　在 AI 时代，创作者也要树立知识版权意识，避免使用未经授权的音乐素材。尊重知识版权，能够激励创作者持续创新。当创作者的权益得到保障时，他们才会有动力投入更多精力去创作优秀作品，丰富社会文化宝库，推动音乐艺术不断发展。若随意盗用音乐素材之风盛行，创作者的积极性会被严重打击，文化创新的活力也会随之枯竭。

二、使用海绵音乐为短视频配乐

下面介绍使用海绵音乐的音乐生成功能为短视频配乐的方法。

1. 分析短视频内容

创作者要先对短视频的主题、情节、风格和情感氛围进行分析。例如，是一个欢快的美食探店视频，还是一个宁静的风景纪录片，或者是紧张、刺激的动作短片，不同的内容需要不同风格的音乐来搭配；还要注意视频中的节奏变化和关键情节点，如视频中的高潮部分、转折部分等，以便选择合适的音乐段落和节奏来匹配。

2. 打开海绵音乐

进入海绵音乐官网，单击"创作"按钮，如图 5-9 所示。

图 5-9　单击"创作"按钮

3. 灵感创作

海绵音乐的"AI写歌"模块分为"灵感创作"和"自定义写词"。"灵感创作"只需输入音乐灵感（一般指主题）即可等待生成，而"自定义写词"则需要手动输入歌词，安排好歌曲结构，AI再根据歌词内容生成音乐。

选择"灵感创作"选项卡，在文本框中输入灵感提示词"歌曲主题为'迎接未来'，歌曲结构包括前奏－主歌－副歌－间奏－主歌－副歌－桥段－副歌－尾奏"。单击"AI写词"按钮，让AI生成具体的歌词，如图5-10所示。

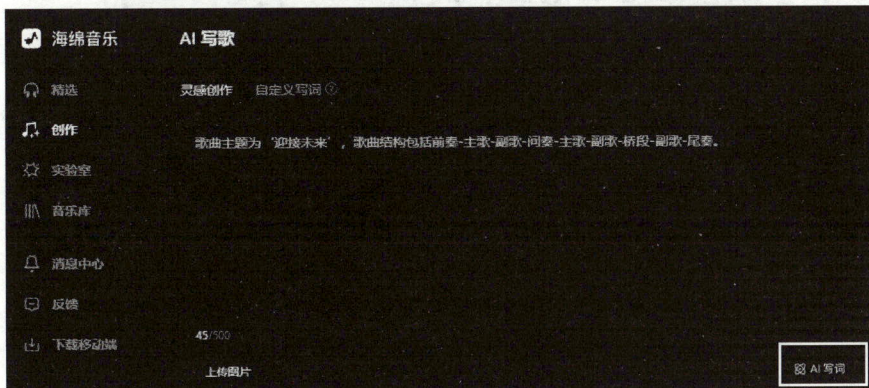

图5-10　单击"AI写词"按钮

4. 生成歌词

等待片刻，即可生成歌词，歌词界面如图5-11所示。

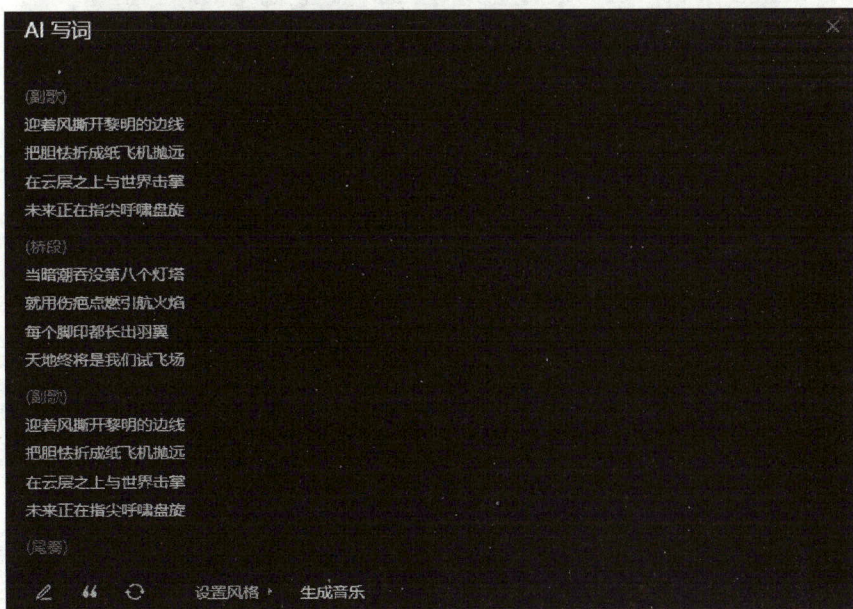

图5-11　生成歌词界面

5. 选择音乐风格

单击"设置风格"按钮，在弹出的界面中设置音乐风格，包括曲风、心情、类型、特征等。根据需要在此选择"曲风"为"摇滚"、"心情"为"鼓舞"、"类型"为"女声"、"特征"为

"明亮"，然后单击"完成"按钮，如图 5-12 所示。

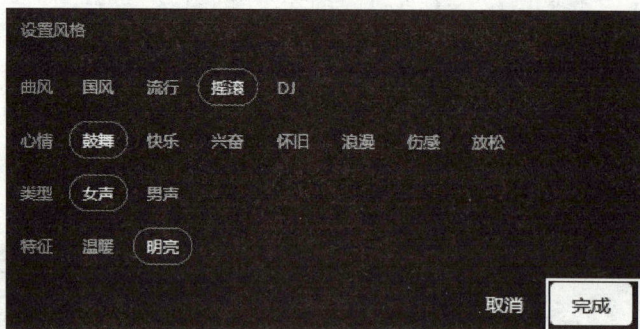

图 5-12　单击"完成"按钮

6．生成音乐

单击"生成音乐"按钮，等待片刻即可生成相关的音乐作品，系统会自动生成 3 首歌曲，可以单击播放按钮试听。将鼠标光标置于"分享"按钮 ⤳ 上，在弹出的界面中选择"下载音频"选项即可将音乐保存到本地，如图 5-13 所示。

图 5-13　将音乐保存到本地

三、使用网易天音创作歌曲

下面介绍如何使用网易天音创作歌曲。

1．选择创作工具

进入网易天音官网并登录账号，在左侧选择"快速开始"选项，选择要使用的创作工具，这里选择"AI 一键写歌"创作工具，单击"开始创作"按钮，如图 5-14 所示。

图 5-14　选择创作工具

2. 输入关键词和随笔内容

在弹出的"新建歌曲"对话框的"关键字灵感"选项卡中输入想要生成的歌词中的关键词，在"写随笔灵感"选项卡中输入随笔，AI 会根据关键词和随笔内容生成符合主题的歌词，如图 5-15 所示。

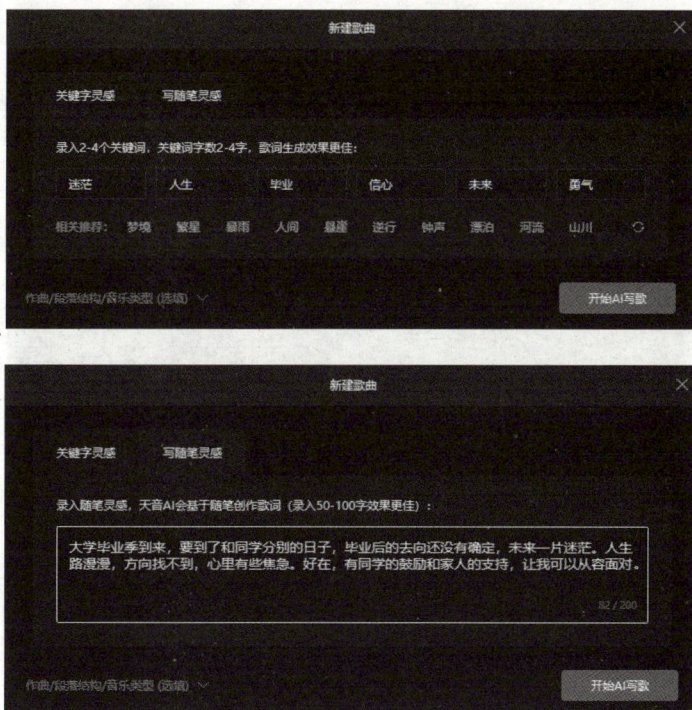

图 5-15　设置关键词和随笔内容

3. 设置段落结构和音乐类型

展开"作曲 / 段落结构 / 音乐类型（选填）"选项组，在"段落结构"选项中选择"自定义"选项，设置歌曲段落结构，在"选择音乐类型"选项中选择"摇滚"类型，单击"开始 AI 写歌"按钮，如图 5-16 所示。

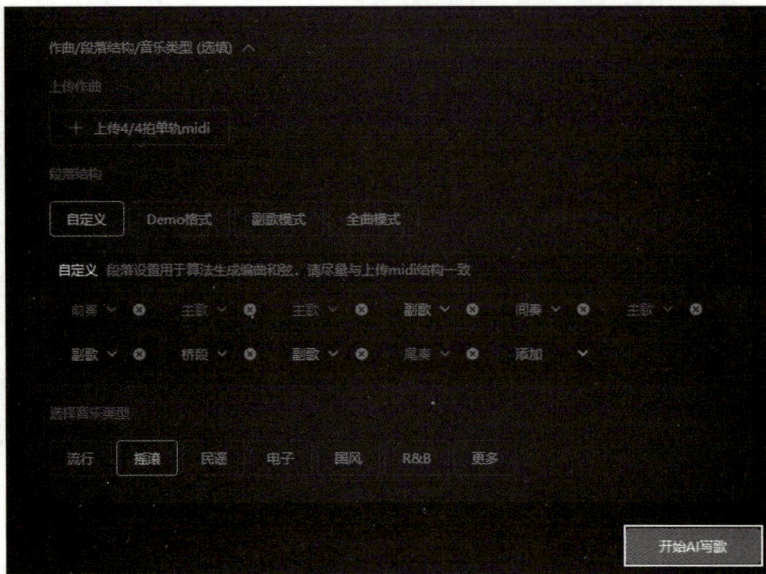

图 5-16　设置段落结构和音乐类型

4．选择歌手

歌曲内容生成后，进入编辑页面，音乐创作者可以在该页面中进行进一步编辑，如选择歌手、伴奏风格、修改歌词、调整歌曲拍速和调号等。在选择歌手时，音乐创作者可以在 "AI 人声" 选项中单击 "切换歌手" 按钮，在弹出的 "切换歌手" 对话框中选择歌手并试听，如图 5-17 所示，觉得合适之后单击 "确定" 按钮。

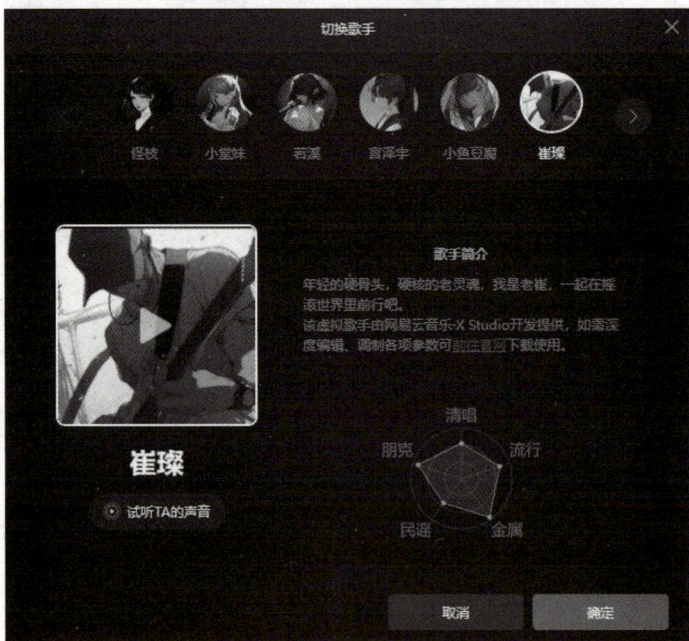

图 5-17　选择歌手

5．设置编曲风格

在 "AI 伴奏" 选项中单击 "切换风格" 按钮，弹出 "选择编曲风格" 对话框，在右侧设置 BPM（每分钟节拍数）范围、情绪类型、适配场景等，在左侧选择合适的编曲风格，如图 5-18 所示，单击"确定"按钮。

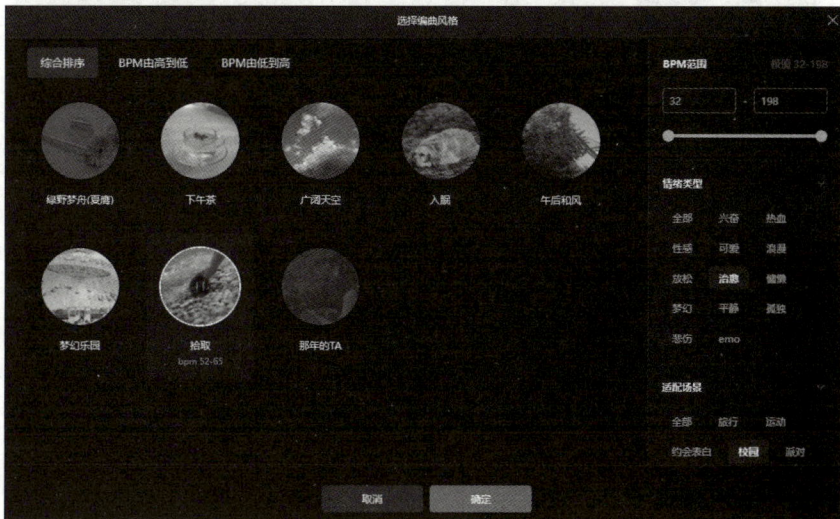

图 5-18　设置编曲风格

6. 试听并调整音乐

在编辑页面单击"试听"按钮，AI 会根据输入的信息和参数生成相应的歌曲。如果音乐创作者在试听之后发现与自己的预期有差异，可以调整拍速、调号，然后重新生成并试听，如图 5-19 所示。

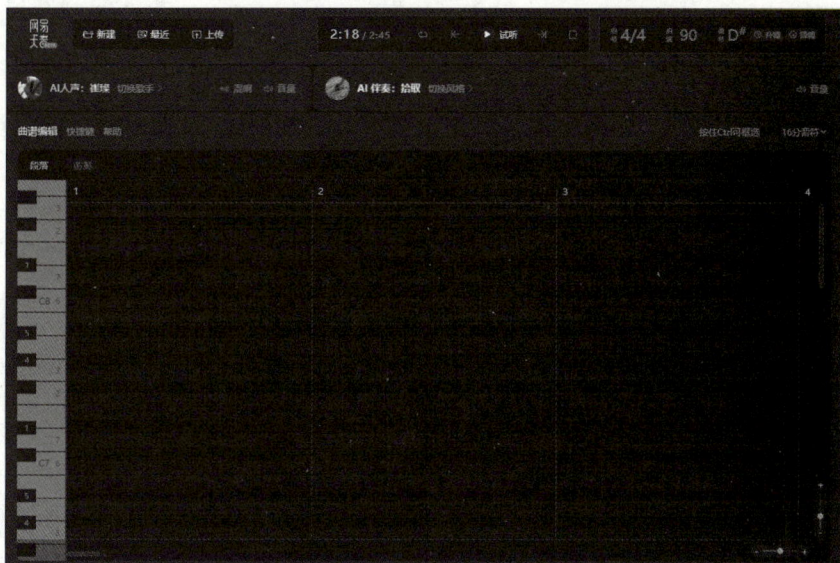

图 5-19　试听并调整音乐

7. 导出歌曲

确认生成的音乐符合自己的预期之后，单击页面右上角的"导出"按钮，在弹出的"导出歌曲"对话框中，输入导出文件名称，选择导出文件类型，单击"导出"按钮，如图 5-20 所示，即可将歌曲导出并保存到本地。

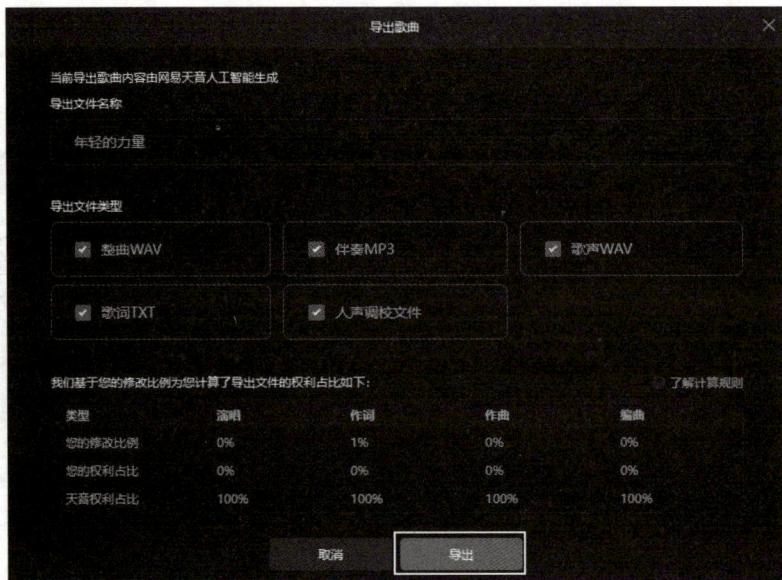

图 5-20　导出歌曲

任务实施：使用网易天音创作治愈风乐曲

1. 任务目标

本任务旨在帮助学生深入掌握网易天音在音乐生成方面的操作流程。通过实践创作，学生可以深刻理解如何运用 AIGC 工具将情感、氛围等元素融入音乐作品，提升音乐创作与审美能力，并且能够对创作完成的乐曲进行评估与优化，使其更贴合主题。

2. 实施步骤

（1）工具选择与准备

选择一款适合创作治愈风乐曲的 AIGC 工具，如网易天音，在其官网或应用平台完成注册并登录，熟悉界面布局，了解各个功能模块的位置与作用。

（2）明确创作思路

确定治愈风乐曲的主题方向，例如是关于心灵慰藉、自然宁静的，还是关于温暖回忆的等。围绕主题，构思乐曲大致的结构、音乐风格。

（3）旋律创作

在网易天音的旋律创作界面中，根据治愈风特点选择歌手音色、伴奏风格，然后生成乐曲。

（4）细节优化与完善

对创作好的乐曲进行整体试听，检查旋律、节奏、乐器搭配是否协调，是否准确传达出治愈的情感。若发现某些部分存在问题，如某个旋律片段不够流畅，或者某种乐器的声音过于突兀，可以利用工具的编辑功能进行调整，如微调音符的音高、BPM 范围等。

（5）导出与分享

确认乐曲达到预期效果后，在网易天音中选择合适的音频格式（如 MP3）进行导出。导出后，可将治愈风乐曲分享给同学和老师，收集反馈意见，进一步了解作品给他人的感受，为今后的创作提供参考。

任务小结

本任务聚焦于音频创作类 AIGC 工具的实际应用。通过使用米可智能，读者可以掌握为短视频精准配音的技巧，赋予短视频生动的旁白。借助海绵音乐，读者学会为短视频适配贴合情境的音乐，增强视频感染力。运用网易天音，读者实现从无到有的歌曲创作，体验音乐创作流程。这些实践可以切实提升读者利用 AIGC 工具进行音频创作的能力，为其今后在相关领域的深入学习和实践奠定坚实的基础。

综合实训：使用 AIGC 工具创作传统文化宣传歌曲

一、实训目标

熟练驾驭多种音频创作类 AIGC 工具，灵活运用其各项功能，实现从创意构思到音乐作品的完整转化；强化对传统文化的理解与传承意识，通过音乐创作挖掘传统文化的独特魅力，并以现代音乐形式进行创新表达。

二、实训思路

1. 确定传统文化主题

学生分组讨论，从传统节日（如春节、中秋节等）、传统技艺（如剪纸、刺绣等）、古典文学（如唐诗、宋词等）等方向选取一个具体的传统文化主题。例如，可以选择"端午节"作为主题。

各小组通过查阅资料等方式，深入了解所选主题的历史渊源、文化内涵、相关传说等，为后续创作提供丰富素材。对于"端午节"，需要掌握其纪念屈原等核心内涵，以及赛龙舟、吃粽子等传统习俗。

2. 设计提示词

根据选定的主题，明确音乐作品主题为"弘扬端午节文化，展现传统魅力"。确定音乐作品风格为融合民族音乐元素与现代流行风格，以吸引广泛听众。情感基调定位为庄重，展现文化底蕴。

描述音乐作品细节，例如，引入赛龙舟的鼓点节奏增强动感，使用民族乐器如古筝、竹笛营造传统氛围，在副歌部分加入童声合唱，增添纯真活力。

3. AIGC 工具选择与应用

（1）旋律创作

使用合适的 AIGC 工具，依据提示词，在其旋律创作界面中先设定以五声音阶为主的民族调式，选择舒缓且富有节奏感的旋律走向。利用智能推荐功能获取灵感，逐步构建主歌与副歌旋律，并通过调整音符音高、时长及节奏型，让旋律契合端午节的氛围。

（2）歌词创作

借助 AIGC 工具的 AI 作词功能，输入与端午节相关的关键词，如"屈原""龙舟""粽叶"等，生成基础歌词框架，再由小组成员结合对端午节文化的理解进行修改完善，确保歌词能够准确传达主题与情感。

（3）编曲制作

在 AIGC 工具中，挑选古筝、竹笛、二胡等民族乐器音色，以及现代流行音乐常用的鼓、吉他、贝斯等乐器音色。根据旋律的特点，合理安排各乐器的演奏段落与和声，设置不同乐器的音量、声像等参数，使整体编曲层次丰富、和谐统一。

（4）配音录制

选择 AIGC 工具进行配音，通过提供符合歌曲风格的样音，生成合适的音色进行配音，并对配音的语速、语调等进行精细调整。

（5）配乐合成

使用 AIGC 工具为歌曲添加一些环境音效，如赛龙舟时的呐喊声、水流声，营造身临其境之感。将配音、编曲及音效在音频编辑软件中进行混音处理，确保各元素音量平衡、融合自然，最终合成完整的歌曲。

（6）作品优化与发布

各小组对创作完成的歌曲进行内部试听，从旋律流畅性、歌词准确性、整体风格协调性等方面进行评估，提出修改意见并完善。组织小组间作品互评，邀请其他小组同学、老师作为评审，依据一定的评价标准（如主题契合度、音乐创新性、艺术感染力等）进行打分与点评，各小组根据反馈进一步优化作品。最后，将优化后的传统文化宣传歌曲发布到音乐平台、短视频平台，扩大作品传播范围，收集大众反馈。

三、实训总结与反思

撰写实训报告，总结个人在实训过程中的学习收获、遇到的困难及解决策略，然后各组进行最终的总结汇报，包括项目成果展示、团队合作经验分享、实训反思等。

四、实训评估

（1）过程评估：教师评估学生查阅资料了解主题内涵的深入程度，判断其是否为创作积累了充足素材；考察提示词对音乐作品主题、风格、情感基调及细节描述的精准度，是否能有效引导 AIGC 工具创作；评估在旋律创作、歌词创作、编曲制作、配音录制、配乐合成各环节中，学生对 AIGC 工具功能运用的熟练程度，以及解决操作问题的能力。

（2）教师成果评估：教师判断歌曲是否紧密围绕传统文化主题，核心内涵与价值传达是否准确；审视旋律、编曲、歌词等方面是否有创新，传统文化与现代音乐元素融合是否自然。

（3）学生自我反思评估：学生总结自身对 AIGC 工具使用及传统文化与音乐融合创作方面的知识技能提升情况；整理实训中遇到的困难，分析解决策略的有效性，积累经验教训；若涉及团队协作，需反思自身在团队中的角色与贡献，总结提升团队协作能力的方法。

项目六　动态视界：AIGC助力视频创作

学习目标 ▼

知识目标
- 了解主流的视频创作类 AIGC 工具及其应用场景。
- 掌握视频编辑提示词设计要点。
- 掌握使用各种视频创作类 AIGC 工具的方法。

能力目标
- 能够使用提示词来生成视频。
- 能够使用视频创作类 AIGC 工具生成视频。

素养目标
- 增强文化自信，在视频创作中积极弘扬中华优秀传统文化。
- 树立创新意识，通过培养创新思维提升 AI 时代的竞争力。

项目框架 ▼

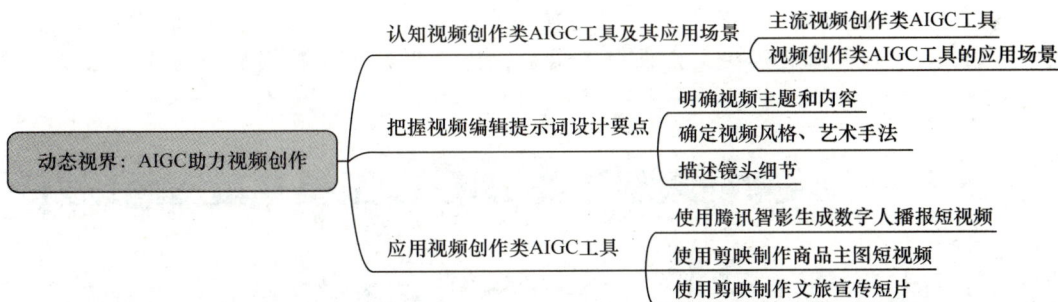

案例导入

AIGC 赋能杨国福，"麻辣烫大师"短视频创意出圈

　　2024 年，天娱数科子公司元圆科技运用 AIGC 技术，为杨国福打造了别具一格的营销方案。2024 年 5 月，元圆科技就已着手为杨国福量身定制系列短视频，其创作过程依托先进的 AIGC 技术，充分体现创意构思。从视频呈现效果看，画面极具视觉冲击力。

　　例如，在"寻找食材之旅"的视频中，描绘出"美味"的山川大河，"河流"由浓郁的麻辣烫汤汁汇聚而成，河面上漂浮着色泽诱人的食材，仿佛在向观众诉说着杨国福麻辣烫食材的丰富与优质；还有展现"果蔬星河"的奇幻风景，将各类新鲜果蔬巧妙排列，构建出星河般璀璨的画面，暗示杨国福麻辣烫食材的新鲜与多样性。

"用东方美味征服巴黎，走向伦敦"等创意故事呈现出杨国福麻辣烫与世界各地著名建筑"同处一碗"的场景。例如，一碗麻辣烫的背景是巴黎埃菲尔铁塔，麻辣烫食材巧妙组合成铁塔的形状；或是以伦敦大笨钟为背景，食材环绕大笨钟摆放。这些新奇画面，让观众在惊叹中对杨国福品牌留下深刻的印象。

这些短视频前期并未直接介绍产品，而是围绕麻辣烫元素，塑造"麻辣烫大师"这一虚拟 IP，讲述诙谐有趣的故事。跟随"麻辣烫大师"的脚步，消费者能够感受到杨国福对原料选材的严苛要求与高标准。例如，有故事展现"麻辣烫大师"在全球寻觅优质食材，历经艰难才找到最适合麻辣烫的辣椒、香料等，从而巧妙地传达杨国福的品牌理念。

2024 年 8 月 27 日，在由北京市发展和改革委员会等主办的"2024 北京人工智能生态大会"上，天娱数科子公司元圆科技的"杨国福 AI 短视频营销案例"从 300 多个申报案例中脱颖而出，成功入选北京首批"人工智能+"应用场景典型案例。12 月 12 日，在 2024 TMA（Top Mobile & AI）盛典中，"杨国福'麻辣烫大师'系列 AI 短视频"案例赢得业界和评审团的高度赞誉，荣获"AI 创意奖铜奖"。该系列短视频发布于杨国福新老门店后，在社交媒体上广泛传播，极大地提升了品牌影响力与用户互动体验。

【启发思考】

1. 对比传统视频营销，天娱数科利用 AIGC 为杨国福打造的短视频，在传达品牌理念方面有哪些独特优势？这反映出 AIGC 在视频内容创作与品牌营销融合上的哪些潜力？

2. 杨国福的 AI 短视频在社交媒体广泛传播，从 AIGC 生成视频的特点分析，其在内容、形式上有哪些元素吸引了用户，进而提升了品牌影响力与用户互动体验？

任务一　认知视频创作类 AIGC 工具及其应用场景

知识储备

在视频内容蓬勃发展的当下，传统创作模式已难以满足快速迭代的需求。AIGC 的横空出世，恰似一把"万能钥匙"，为视频创作领域开启了全新大门。从影视行业的宏大特效场面，到教育领域的生动课件，再到社交媒体上的爆款短视频，AIGC 正悄然重塑视频创作的格局。

一、主流视频创作类 AIGC 工具

截至 2025 年，国内视频创作类 AIGC 工具已形成多元技术生态，覆盖视频生成、智能剪辑、特效合成、数字人交互等全流程场景。

目前，国内主流的视频创作类 AIGC 工具主要有以下几个。

1. 剪映

剪映由抖音官方推出，支持移动端与 PC 端，是一款功能强大且操作简便的视频剪辑工具。它不仅有简洁、易懂的操作界面，还提供了营销成片、AI 扩展、图文成片、AI 切片、智能剪口播、AI 生成、识别字幕、智能抠图、文本朗读、文稿匹配等功能。无论是新手制作日常 Vlog，还是专业创作者进行商业视频创作，都能在剪映上轻松实现。剪映覆盖短视频创作、社交媒体视频制作等多个场景的应用，成为众多创作者的得力助手。

2. 腾讯智影

腾讯智影作为云端智能工具的代表，凭借腾讯的 AI 技术积累，提供数字人播报、智能配音、文章转视频等一站式服务，用户可在线完成视频剪辑、字幕识别及数字人直播，其模块化设计降低了专业视频制作门槛。例如，使用 AI 解说功能自动匹配分镜素材，适用于新闻播报、教育课件、企业宣传等场景。

3. 可灵 AI

可灵 AI 由快手公司研发，作为其 AI 视频生成模型的核心产品，它深度融合文本解析与图像处理技术，功能十分强大。可灵 AI 支持文生视频、图生视频及视频续写等多种功能。用户仅需输入提示词，或者上传图片，就能快速生成动态视频。它能生成 5 秒的基础视频片段，借助"视频续写"功能还可将视频时长延长至 3 分钟。

在细节表现方面，可灵 AI 尤其擅长模拟真实的物理动作和人物表情。以"对口型"功能为例，它能精准地匹配语音内容，使生成视频中人物的口型与语音完美契合。

4. 即梦 AI

即梦 AI 是字节跳动旗下的 AI 视频生成工具，提供从剧本构思到视频成片的一站式服务。用户只需输入故事梗概或关键描述，AI 就能自动生成连贯、视觉冲击力强的视频内容。即梦 AI 还支持"对口型"功能，主要针对偏真实风格化人物的口型及配音生成。其智能画布功能集成 AI 拼图生成能力，支持局部重绘、一键扩图、AI 消除去水印和 AI 抠图等多功能操作，特别优化对中文的理解，能够更好地满足中文用户的需求。

5. 海螺 AI

海螺 AI 是上海稀宇科技有限公司（MiniMax）打造的视频创作工具。它能将文本或图片转化为生动视频，支持多种风格与高清输出，擅长捕捉人物情感和表情，并内置内容审核系统。在生成效果上，视频的画面色彩、物理模拟、情绪表现俱佳，连贯性和稳定性出色。

> **想一想**
>
> 除了前文中提到的几个主流的视频创作类 AIGC 工具以外，你还知道哪些视频创作类 AIGC 工具？你觉得这些工具中，哪些工具使用起来更便利？哪些工具生成视频的效果更好？试着在 DeepSeek 中输入前文所提 AIGC 工具的名称，让 DeepSeek 对比分析工具的优劣势。

二、视频创作类 AIGC 工具的应用场景

在视频创作领域，AIGC 工具通过文生视频、图生视频、视频延展等功能，已深度渗透至内容生产的全生命周期，显著提升创作效率并拓宽艺术表达边界。表 6-1 所示为视频创作类 AIGC 工具的主要功能。

表 6-1　视频创作类 AIGC 工具的主要功能

主要功能	说明
文生视频	创作者只需通过文字描述，AIGC 工具便能依据其强大的算法调用丰富的图像和视频素材库，生成相应的视频内容。这种文生视频的创作方式显著缩短了从创意构思到视频产出的时间周期，特别是在动画制作、概念片创作等领域，优势尤为突出
图生视频	从静态图像出发，通过 AI 算法分析图像中的关键元素，预测并合成图像中对象的未来动作，最终生成高质量的视频内容
视频延展	在视频创作过程中，常常会遇到需要对已有视频片段进行内容扩充的情况，视频延展功能便应运而生。AIGC 工具能够分析已有视频的画面风格、色调、拍摄手法以及内容逻辑等，自动生成与之相匹配的后续片段
对口型	对口型是 AIGC 工具在视频创作中实现精准配音的关键应用场景。在动画制作、口播、表演以及一些需要后期配音的视频中，确保角色的口型与配音同步是非常重要的。AIGC 工具可以根据输入的音频内容，精确地调整角色的口型动作。通过对音频的分析，工具能够识别出每个音节的发音时长和口型变化，从而使角色的口型与音频完美契合
音乐生成	AIGC 工具可以根据视频的情节发展、情感基调等因素，生成与之适配的音乐

在视频创作的不同阶段，AIGC 工具展现出了多样化的应用场景，极大地提升了创作效率和作品质量。视频创作类 AIGC 工具的主要应用场景如下。

1. 影视制作

在影视项目的立项阶段，AIGC 工具可以通过角色模型库、气氛图生成等功能，帮助创作者快速实现场景及选角方案的可视化，提升项目决策和沟通效率。AIGC 还能辅助完成美术设计中的机械、重复的工作，如上色、丰富图片细节等，让创作者将更多的精力放在创意设计和审美把控上，提高作品的整体美术水平和制作效率。

另外，基于影视行业知识训练的 AI 视觉预演工具，能够帮助剧组迅速生成 3D 场景中的分镜预演，并进行便捷调整，解决分镜预演过程中的沟通成本问题，提升不同工种间的协作与沟通效率。

影视后期制作时，AIGC 工具在视频剪辑、特效制作、字幕生成等方面也能发挥重要作用，能够提高影视作品的制作效率和质量。

2. 广告营销

AIGC 工具可以根据不同用户的偏好、浏览历史、社交媒体行为等个性化数据，自动生成定制化的广告视频，提升广告的吸引力和转化率。例如，根据用户的年龄、性别、兴趣爱好等生成量身定制的广告视频。

电商平台可以利用 AIGC 工具生成商品的 3D 模型、虚拟试穿 / 试用视频等，提升用户体验和增强购买意愿。

3. 教育培训

教师可以利用 AIGC 工具制作教学视频、动画等教学资源，丰富教学手段和内容。通过 AIGC 技术可以生成虚拟教师形象，进行在线授课和辅导，提升教学效果和互动性。

4. 媒体传播

AIGC 工具可以快速生成高质量的新闻报道，提升新闻报道的时效性和准确性。AIGC 工具还可针对社交媒体平台的特点生成适合传播的短视频内容，以吸引更多用户关注与互动。

任务实施：体验视频创作类 AIGC 工具的功能

1. 任务目标

熟练掌握至少一款主流视频创作类 AIGC 工具的基本操作流程，包括熟悉界面、熟练调用功能模块等。通过实际操作，深入理解 AIGC 工具在文生视频、图生视频、视频延展等方面的功能，并能运用这些功能创作简单的视频作品。

2. 实施步骤

（1）工具选择与准备

选择一款工具，浏览所选工具的操作界面，详细了解各个功能区域的布局，对工具的整体架构有清晰的认识。

（2）文生视频体验

设定一个简单的文本描述主题，如"宁静的森林清晨"。根据这一主题，在 AIGC 工具中找到文生视频的功能模块。

了解文生视频功能的参数设置，包括视频风格（写实、卡通等）、画面细节程度、视频时长等。通过调整这些参数，观察生成视频的变化，选择最符合自己对主题的想象的视频版本。

（3）图生视频体验

自行选择一张或多张与主题相关的图片。例如，选择一张校园图书馆外观的图片，用于生成校园相关视频。

在 AIGC 工具中使用图生视频功能，将选好的图片导入工具，并设置相关参数，如图片转化为视频的时长、视频过渡效果等。通过调整参数，生成效果不同的视频，观察图片如何在 AIGC 工具的处理下动态化。

（4）视频延展体验

选择之前通过文生视频或图生视频生成的视频，或者导入已有的一段简短视频作为原始素材，例如，一段 20 秒的校园运动会视频。

在 AIGC 工具中对原始视频进行延展操作。例如，设定在原始视频的结尾处，根据已有画面内容自动生成接下来 10 秒的视频画面，展示运动会后续的场景。

（5）视频合成与导出

将通过文生视频、图生视频、视频延展等操作生成的不同视频片段，按照一定的逻辑顺序，在剪辑的时间轴上进行排列组合，完成视频的初步合成。注意素材之间的衔接、音频与视频的同步等问题。

了解视频导出的相关设置，如视频格式、分辨率、帧率等。根据实际需求选择合适的导出参数，将完成的视频作品导出并保存。

（6）作品展示与评价

学生依次展示自己创作的视频作品，分享创作过程中对 AIGC 工具文生视频、图生视频、视频延展等功能的使用心得与体会。

教师组织学生进行互评，从视频内容、创意表达、工具功能运用的合理性与熟练程度等方面进行评价。教师最后进行总结评价，肯定学生的优点，指出存在的不足，并提出改进建议。

任务小结

本任务系统介绍了视频创作类 AIGC 工具及其丰富的应用场景。首先介绍了剪映、腾讯智影、可灵 AI、即梦 AI 等主流工具，讲述其特点与适用场景。接着深入探究视频创作类 AIGC 工具的应用场景，从影视制作，到广告营销，再到教育培训等。通过对这些内容的学习，读者可以对 AIGC 工具在视频创作领域的强大功能与多元应用具有清晰的认知。

任务二　把握视频编辑提示词设计要点

知识储备

在 AIGC 助力视频创作的过程中，精准且有效的视频编辑提示词设计至关重要。提示词如同创作的蓝图，引导 AIGC 工具生成符合创作者预期的优质视频内容。设计提示词的核心在于让 AIGC 真正理解创作者的意图，这不是简单的"告诉 AI 做什么"，而是要通过清晰、具体的指令，把创意转化为 AI 能执行的任务。

一、明确视频主题和内容

在视频编辑类 AIGC 工具的提示词设计中，明确视频主题和内容是至关重要的第一步，具体的设计方法如下。

1. 提炼核心主题

首先，创作者需要明确视频的类型，如动画短片、纪录片片段、产品演示、教育视频等。不同类型的视频在内容呈现和风格上会有所差异，因此提示词的设计也应进行相应调整。

然后，直接写出视频要表达的核心主题，越具体越好，要给主题加上一定的限定条件，进一步缩小范围，使 AIGC 工具更清楚创作者的需求。例如，不要只说"自然风光"，而是具体到"黄山的日出云海景观"；不说"动物"，而是明确为"非洲草原上的狮子"。

创作者还可以将主题与特定的文化、时代相结合，让主题更具特色和辨识度。例如"唐朝时期的宫廷宴会""蒸汽朋克风格的未来城市"，这样的主题能引导 AIGC 工具生成具有特定文化氛围和时代风格的视频。

2. 详细描述内容

提示词应尽可能具体且详细，以便 AIGC 工具能够准确理解并生成符合预期的视频内容。创作者要在提示词中详细列出视频中需要包含的关键元素，包括人物、物体、场景等。例如，制作一个关于大学校园的视频，提示词可以写成"一座崭新的大学校园，教学楼和图书馆隔着一个广场，夹着书本的大学生在广场周围匆匆而过，广场上有正在打羽毛球的人"。

如果视频有情节或故事，要清晰地描述出来。例如"一个小女孩在森林中迷路了，她遇到了会说话的狐狸，狐狸帮助她找到了回家的路"，这样 AIGC 工具就能根据情节来生成连贯的视频内容。

创作者还可以指定视频的视角，如第一人称、第三人称，以及一些特定的镜头运用，如全景展示宏大场景、特写突出细节等，例如"以第一人称视角，通过跟拍的方式，展现主人公在拥挤的集市中穿梭，偶尔用特写镜头捕捉一些有趣的小物件"。

接下来使用可灵 AI 生成一条短视频。创作者可以在可灵 AI "文生视频"模块的"创意描述"文本框内，输入提示词"Vlog，一个中国小女孩拿着粉红色气球，在游乐场开心地微笑，她身后的滑梯上有一个小男孩在滑滑梯"，生成的视频如图 6-1 所示。

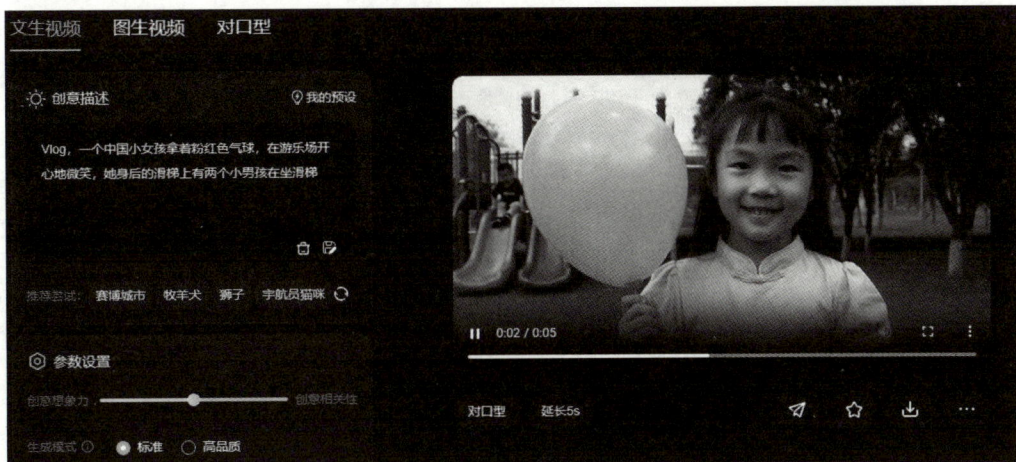

图 6-1　明确主题和内容生成的视频

二、确定视频风格、艺术手法

在创意无限的视频创作领域，精准地界定视频风格与艺术手法是打造引人入胜的作品的关键。每一种视频风格都承载着独特的视觉语言与情感表达，创作者要巧妙运用风格描述词，勾勒出视频的场景与氛围。而艺术手法的选择如同为视频注入了灵魂，每一种艺术手法都是讲述故事、触动心灵的重要工具。

在确定视频风格和艺术手法时，提示词设计技巧如下。

1. 确定视频风格

创作者要使用具体的风格描述词，如"赛博朋克""复古胶片""现代简约""梦幻童话""写实风格""卡通风格"等。例如，如果创作者想要一个"赛博朋克"风格的视频，提示词可以是"赛博朋克风格，未来城市夜景，霓虹灯闪烁，高科技建筑，动态光影效果"。

创作者可以描述视频的场景和氛围，帮助 AIGC 理解想要的风格。例如，对于一个复古胶片风格的视频，提示词可以是"复古胶片风格，老上海街头，黑白画面，柔和的光线，怀旧的氛围"。

2. 确定艺术手法

视频的艺术手法有很多种，如蒙太奇、慢动作与快动作、光影艺术、视觉隐喻与象征、转场与过渡、特效运用等。

- **蒙太奇**：通过镜头组接，创造独特的叙事与表意效果，包括平行蒙太奇、交叉蒙太奇、隐喻蒙太奇等。提示词例如"运用平行蒙太奇手法，同时展现一位上班族在城市中忙碌奔波的画面，以及远在乡村的父母等待孩子归来的场景，形成对比，体现亲情与生活的落差"。
- **慢动作与快动作**：改变正常的时间流速，强调或压缩动作过程。提示词例如"对花朵从含苞待放到盛开的过程采用快动作，将几天的生长过程压缩在 10 秒内呈现，加速展现花朵绽放的美丽过程"。
- **光影艺术**：利用光线的明暗、色彩、角度等塑造氛围与强调主体。提示词例如"采用侧逆光，照亮站在海边悬崖上的人物轮廓，背景是夕阳西下的橙色天空与波涛汹涌的大海，营造出孤独而壮阔的氛围"。
- **视觉隐喻与象征**：利用视觉元素传达深层含义。提示词例如"使用雨滴象征泪水，表达悲伤情感""火焰象征激情与变革"等。

- **转场与过渡**：描述转场与过渡的方式。提示词例如"无缝过渡，保持流畅观看体验""创意转场，如溶解、推拉等，增强视觉冲击力"。
- **特效运用**：如果需要特效，要明确指出类型。提示词例如"轻微颗粒感增加复古感""动态图形元素强调信息点""使用 3D 动画展示复杂概念"等。

接下来继续使用可灵 AI 生成视频。创作者可以在可灵 AI "文生视频"模块的"创意描述"文本框中输入提示词"复古胶片风格，城市中的人们行走在上班途中，远处的夕阳照耀，道路上映出人们的身影"，生成的视频如图 6-2 所示。

图 6-2　确定视频风格、艺术手法生成的视频

三、描述镜头细节

在使用视频编辑类 AIGC 工具时，设计描述镜头细节的提示词可以帮助创作者更精确地控制视频的拍摄和编辑效果，其关键在于清晰、准确且全面地向 AIGC 工具传达期望镜头呈现的各种元素与效果。

描述镜头细节的提示词设计技巧如下。

1．添加景别描述

视频的景别包括远景、全景、中景、近景、特写。提示词举例："近景镜头，对准一朵娇艳欲滴的玫瑰，花瓣上的晨露晶莹剔透，花瓣细腻的纹理与鲜艳的色泽清晰可见，微风习习，花朵微微抖动。"

2．添加运镜描述

视频运镜方式包括推镜头、拉镜头、摇镜头、移镜头等。提示词举例："移镜头，跟随骑行者的视角，镜头从林间小道入口平移进入，沿途展现郁郁葱葱的树木、阳光透过树叶缝隙洒下的光斑，以及路边盛开的野花，营造自然骑行的沉浸式体验。"

3．添加画面内容细节描述

视频画面中的细节包括人物细节、物体细节和环境细节。

- **人物细节**：涵盖人物外貌、动作、神态等。提示词例如"一位身着黑色风衣、头戴宽边礼帽的中年男子，脚步匆匆地走在雨中街道上，雨水顺着帽檐滴落，他眉头紧锁，眼神中透露出焦急，手中紧紧握着一只黑色公文包"。
- **物体细节**：描述物体形状、颜色、材质等。提示词例如"桌上摆放着一个古老的木质八音盒，盒身雕刻着精美的花卉图案，漆面斑驳，透出岁月痕迹，打开后，金色的齿轮开始转动，带动一个小小的芭蕾舞者模型优雅旋转"。

- **环境细节**：包括自然环境与人文环境。提示词例如"阳光透过茂密的树叶，在森林地面形成一片片光斑，周围是布满青苔的石头、倒下的枯木以及丛生的野花野草，偶尔有几只蝴蝶在花丛间飞舞"。

接下来继续使用可灵AI生成视频。创作者可以在可灵AI"文生视频"模块的"创意描述"文本框内输入提示词"环绕运镜，近景镜头，一个古装英俊少年，穿着白衣，坐在池塘边，闭目养神，微风习习，身后的池塘中荷叶在飘动"，生成的视频如图6-3所示。

图 6-3 描述镜头细节生成的视频

想一想

通过实际体验可灵AI生成视频的操作，和同学们讨论可灵AI生成视频的优点和缺点。你想对可灵AI提出哪些可行性的改进建议？

任务实施：AIGC 生成短视频赏析

1. 任务目标

通过赏析AIGC生成的短视频，深刻理解不同提示词对视频最终呈现效果的影响，包括主题与内容的精准传达、风格与艺术手法的展现以及镜头细节的刻画；培养敏锐捕捉视频关键元素和艺术表现的能力，从而提升对视频创作要素的感知和评价水平。

2. 实施步骤

（1）素材准备

选择市面上主流且具有代表性的AIGC视频生成工具，确保工具能够依据不同主题、风格、艺术手法和镜头细节的提示词生成视频。选定AIGC视频生成工具后，分别输入不同类型的提示词，生成多个短视频作为赏析素材。

（2）初步观看与记录

将学生分成小组，每组3～5人。为每组提供准备好的短视频素材，每组依次观看视频。在观看过程中，学生要保持专注，初步感受视频的整体氛围和内容，然后记录下每个视频给自己留下深刻印象的地方，可以是独特的画面、新颖的表现手法、吸引人的主题呈现等。同时，简单标注这些印象点与之前所学的提示词设计要点之间的关联。

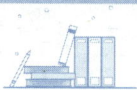

（3）深度分析与讨论

每个小组针对每个视频，详细讨论其主题是否明确，内容是否丰富且紧扣主题。对比不同视频在主题呈现上的优劣，思考提示词在引导主题精准表达方面的作用。

深入探讨视频所采用的风格和艺术手法。观察视频的色调、构图、角色造型等如何体现特定风格。分析艺术手法，如蒙太奇手法是否有效地推动了叙事，慢动作与快动作是否增强了情感表达。讨论提示词是如何促使 AIGC 工具生成相应风格和艺术手法的视频，以及实际效果与预期的差距。

仔细研究视频中的镜头运用和细节处理。判断不同景别是否合理地突出了主体和表达了情感，镜头的运动是否流畅自然且服务于内容。探讨提示词中的细节描述在实际视频中的还原程度和效果。

小组成员充分交流各自的分析观点，对每个视频从各个要点进行全面总结，形成小组讨论报告，包括对每个视频的优点和不足的评价，以及从提示词设计角度提出的改进建议。

（4）成果展示与分享

每个小组选派代表向全班进行汇报，展示小组对 AIGC 生成短视频的赏析成果。在汇报过程中，结合视频片段进行讲解，重点阐述对不同提示词生成效果的理解和评价。

其他小组的成员可以提问，发表不同看法，展开全班性的交流讨论。在讨论过程中，大家进一步思考如何优化提示词，以获得更理想的视频生成效果。

（5）总结与反思

教师对各小组的汇报和全班交流进行总结，梳理 AIGC 生成短视频在主题、风格、艺术手法和镜头细节方面的成功经验和常见问题。强调提示词设计的重要性和技巧，为学生后续使用 AIGC 进行视频创作提供指导。

学生根据本任务实施过程中的观察、分析、讨论和交流，对自己在 AIGC 视频创作提示词设计方面的知识和技能进行反思，总结自己的收获和不足之处，制订个人改进计划，以便在未来的学习和实践中不断提升利用 AIGC 创作优质视频的能力。

任务小结

本任务聚焦视频编辑提示词设计要点。明确视频主题和内容，需精准阐述核心主题、细化关键元素，确保主题鲜明、内容充实。确定视频风格和艺术手法，应清晰描述如写实、卡通等风格，以及蒙太奇、光影艺术等手法，赋予视频独特气质。描述镜头细节，从景别、运镜、画面内容细节等方面着手，让镜头呈现更生动。掌握这些要点，是运用 AIGC 高效创作优质视频的关键。

任务三　应用视频创作类 AIGC 工具

知识储备

想要创作出优质的视频作品，熟练运用合适的 AIGC 工具是关键。在视频创作中，不同的 AIGC 工具能发挥独特的作用。本任务将介绍应用视频创作类 AIGC 工具的具体方法，包括使用腾讯智影生成生动的数字人播报短视频，借助剪映"营销成片"功能打造吸睛的商品主图短视频，以及利用可灵 AI 和剪映创作出富有吸引力的文旅宣传短片，帮助读者在实际操作中更好地掌握这些工具，提升视频创作能力。

一、使用腾讯智影生成数字人播报短视频

数字人能以虚拟主播或主持人的身份，广泛应用于新闻播报、综艺节目、直播带货等各类视频场景中。它们具备独特优势，不受时间、空间约束，也不会因为身体状态不佳而影响工作，可以不知疲倦地持续作业。同时，其形象与风格能够依据不同的需求灵活定制，为观众带来新颖且独特的视听感受。

借助腾讯智影的"数字人播报"功能，创作者只需输入文本内容，挑选合适的数字人形象、背景与音色，就能轻松生成数字人播报短视频，具体操作方法如下。

（1）打开腾讯智影网页并登录账号，选择"数字人播报"选项，在打开的页面左侧选择合适的数字人形象，在画面中调整数字人的大小和位置，如图6-4所示。

图 6-4　选择数字人形象

（2）在页面左侧单击"背景"按钮 ，根据需要选择合适的图片背景，在页面右侧的文本框中输入旁白文案，单击"保存并生成播报"按钮，如图6-5所示。

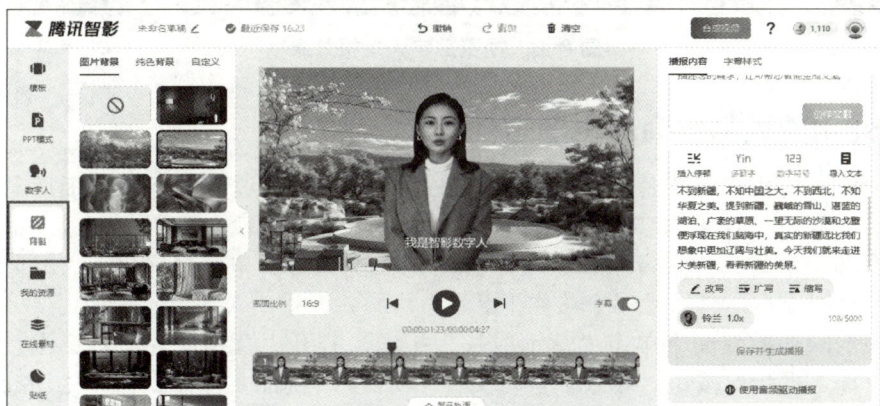

图 6-5　选择图片背景并输入旁白文案

（3）在页面右侧单击"字幕样式"选项卡，选中"阴影"复选框，设置"不透明度"为20%，单击"合成视频"按钮，如图6-6所示。

（4）在弹出的"合成设置"对话框中，设置"名称""导出设置""格式""码率"等，单击"确定"按钮，如图6-7所示。

（5）完成生成后，预览数字人播报效果，可以看到数字人的唇形与真人高度吻合，动作自然、流畅，如图6-8所示。

图 6-6　为字幕添加阴影效果

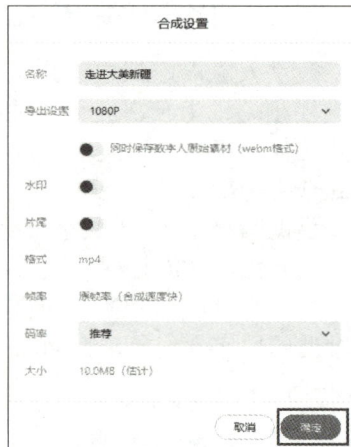

图 6-7　合成设置

图 6-8　预览数字人播报效果

二、使用剪映制作商品主图短视频

剪映专业版的"营销成片"功能专为商业场景打造，通过海量行业模板库与智能剪辑技术快速生成高质量视频内容。创作者只需上传视频素材，输入营销文案或产品信息，系统即可智能匹配素材、背景音乐和旁白，自动完成视频剪辑与节奏优化，大幅降低了视频创作门槛与时间成本，具体操作方法如下。

（1）在剪映初始界面中单击"营销成片"按钮，打开"营销成片"对话框。在对话框左侧单击"导入视频"按钮，导入"素材文件\项目六\商品主图短视频"中所有的视频素材。单击"手动输入"选项卡，在文本框中输入旁白文本，如图 6-9 所示。

（2）设置"视频尺寸"为 9∶16、"视频时长"为 15～30 秒，单击"确认文案"按钮，单击"生成视频"按钮，如图 6-10 所示。

（3）剪映根据内置视频文案对素材进行智能剪辑，并为视频添加字幕、音乐及效果等。生成结束后，创作者要根据需要选择合适的视频，单击"编辑"按钮，如图 6-11 所示。

（4）进入视频编辑界面，在"草稿参数"面板中单击"修改"按钮，在弹出的"草稿设置"对话框中设置"草稿名称""比例""分辨率""草稿帧率"等选项，单击"保存"按钮，如图 6-12 所示。

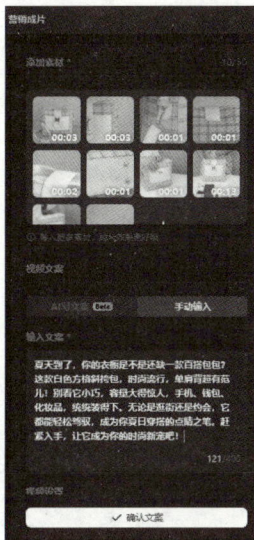

图 6-9　导入视频素材和旁白文本

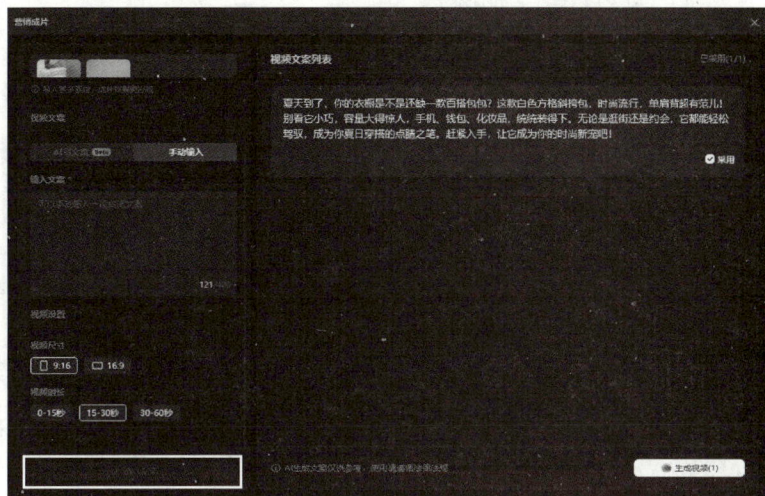

图 6-10　设置生成参数

图 6-11　单击"编辑"按钮

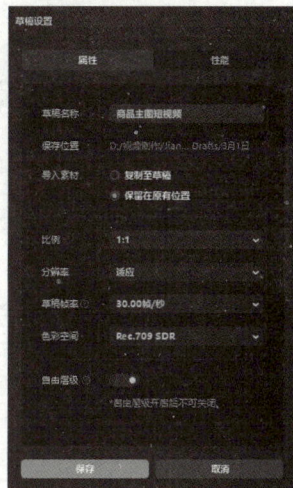

图 6-12　设置草稿

（5）根据需要导入视频素材，调整视频片段的顺序和播放速度，删除多余的视频片段和文本片段，如图 6-13 所示。

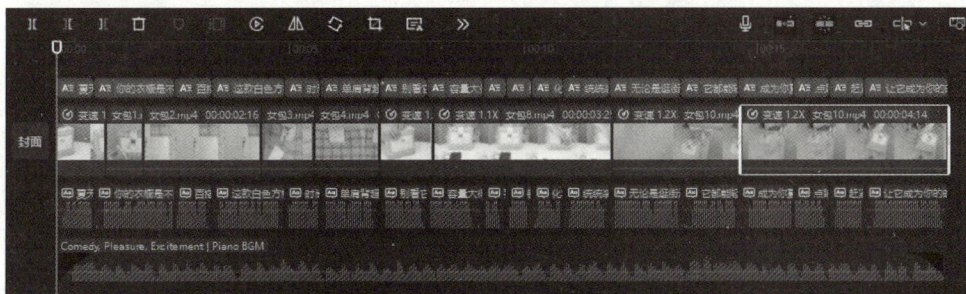

图 6-13　剪辑短视频

（6）选中文本，在"文本"面板中设置"字体"为"圆体"、"字号"为9，根据需要选择合适的预设样式，如图6-14所示。

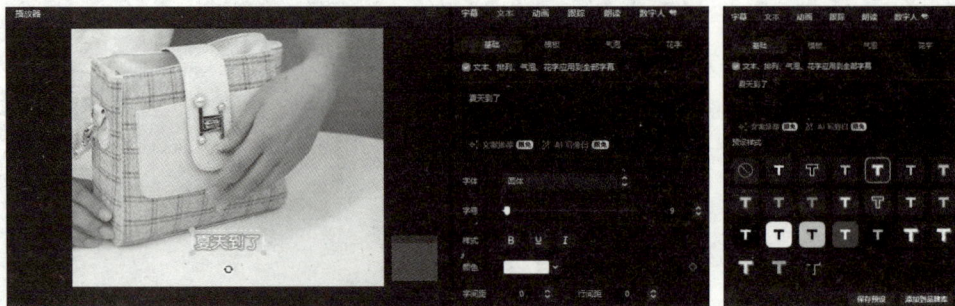

图6-14　设置文本格式

（7）在"播放器"面板中预览视频效果，部分镜头画面如图6-15所示。单击"导出"按钮，即可导出短视频。

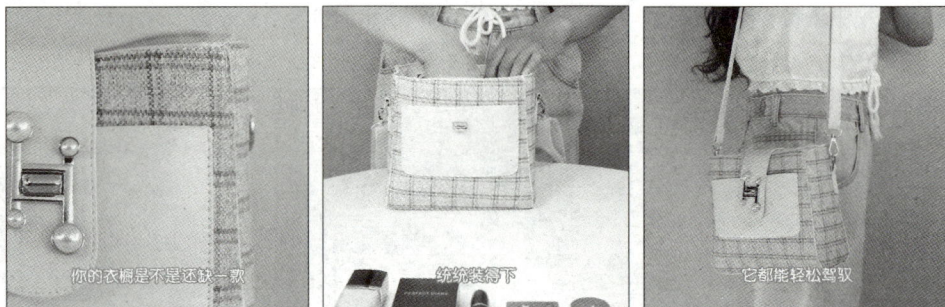

图6-15　预览视频效果

三、使用剪映制作文旅宣传短片

本案例将使用剪映专业版制作"成都世园会"文旅宣传短片。在剪辑过程中，以航拍视角开场，展现世园会的全景，突出其宏大布局与自然景观的融合。接着，通过中山桥、锦云楼、天府人居馆等标志性景点，配合自然音效与轻快的背景音乐，打造沉浸式体验。最后，以世园会的标志性建筑或夜景收尾，激发观众对世园会的向往与参与热情。

1. 使用可灵 AI 生成视频素材

在进行文旅宣传短片的剪辑工作时，如果整理素材后发现视频素材匮乏，仅存有一些图片，可以借助可灵 AI 的"图生视频"功能，将图片转化为所需的视频素材，以丰富短片内容，具体操作方法如下。

（1）进入可灵 AI 官网并登录账号，在页面左侧选择"视频生成"选项，如图6-16所示。

（2）进入"视频生成"页面。在上方下拉列表框中选择"可灵1.6"选项，在"图生视频"选项卡中单击"首尾帧"按钮，单击"上传"按钮，上传"素材文件\项目六\文旅宣传短片\摩天轮.jpg"图片素材，如图6-17所示。

（3）在"图片创意描述"文本框中输入提示词，在此输入"镜头前推，逐渐靠近摩天轮，摩天轮在镜头前推过程中逐渐清晰"，在"不希望呈现的内容"文本框中输入"扭曲、模糊、变形、低质量"，在页面下方设置"生成模式"为"标准模式"，"生成时长"为5s，单击"立即生成"按钮，如图6-18所示。

图 6-16　选择"视频生成"选项

图 6-17　上传图片素材

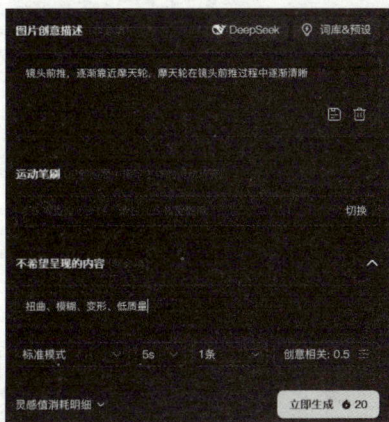

图 6-18　设置生成参数

（4）预览生成的视频效果，可以看到镜头在保持原色彩和构图的情况下，进行了平滑的前推运镜。单击"下载"按钮▣下载视频，如图 6-19 所示。

图 6-19　下载视频

2. 剪辑视频素材

下面将依据旁白音频素材中的人声内容来对视频素材进行修剪，同时还会对视频片段的画面比例及播放速度做相应的调整，具体操作方法如下。

（1）在剪映专业版中新建剪辑项目，在"素材"面板中单击"导入"按钮▣，导入"素材文件\项目六\文旅宣传短片"中的视频素材和音频素材，如图 6-20 所示。

（2）在功能区的"草稿参数"面板中单击"修改"按钮，在弹出的对话框中设置"草稿名称""比例""分辨率""草稿帧率"等，单击"保存"按钮，如图 6-21 所示。

图 6-20　导入素材

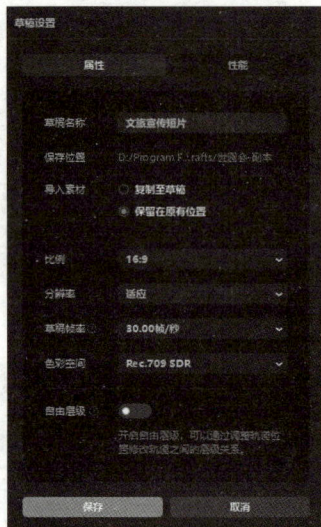

图 6-21　设置草稿

（3）将"旁白"音频素材添加到音频轨道中，依次将所有视频素材添加到时间线面板中，对视频素材进行修剪，在主轨道左侧单击"关闭原声"按钮，如图 6-22 所示。

图 6-22　修剪视频素材

（4）选中"视频 1"片段，在"画面"面板中设置"缩放"为 130%，在"播放器"面板中调整画面的位置，在"变速"面板中设置"倍数"为 3.6x，如图 6-23 所示。

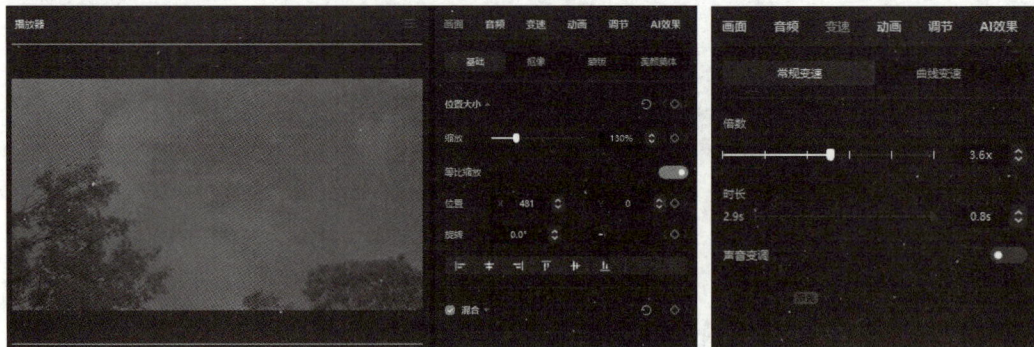

图 6-23　调整画面比例、位置和播放速度

（5）选中"视频3"片段，在"变速"面板中单击"曲线变速"选项卡，选择"闪进"曲线变速，如图6-24所示。

图6-24　选择"闪进"曲线变速

（6）选中"视频19"片段，在"画面"面板中选中"视频防抖"复选框，在"防抖等级"下拉列表框中选择"推荐"选项，如图6-25所示。

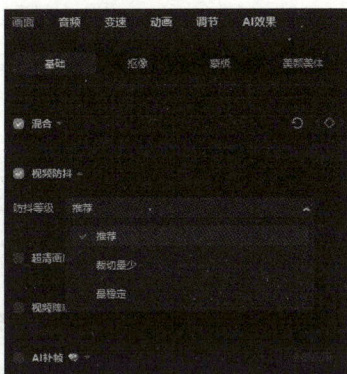

图6-25　选择"推荐"选项

（7）采用同样的方法，调整其他视频片段的画面比例、位置和播放速度，根据"旁白"音频素材中的人声对其进行修剪，如图6-26所示。

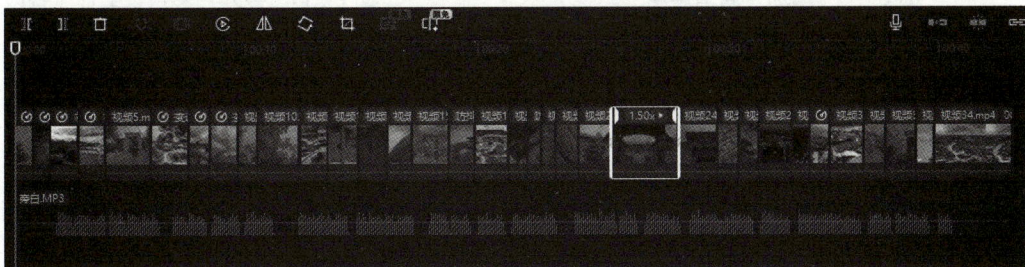

图6-26　修剪其他视频片段

3. 视频调色

为了让文旅宣传短片呈现出更生动且色彩丰富的画面效果，可以先添加"滤镜"对画面进行初步色调处理，赋予画面特定的风格与氛围，然后运用色彩预设文件快速调整灰片素材的色彩与对比度，增强画面的层次感与立体感，具体操作方法如下。

（1）在"素材"面板中单击"滤镜"按钮 ，选择"影视级"类别中的"青橙电影"滤镜，将其拖至"视频1"片段的上方，在"滤镜"面板中设置"强度"为30，如图6-27所示。

（2）选择"风景"类别中的"高清明亮"滤镜，将其拖至"视频1"片段的上方，在"滤镜"面板中设置"强度"为40，如图6-28所示。

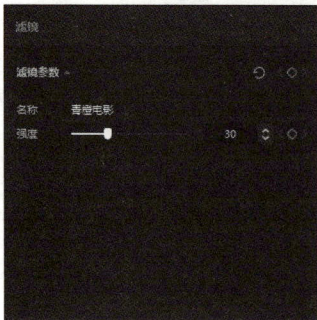

图6-27 添加"青橙电影"滤镜

图6-28 添加"高清明亮"滤镜

（3）选择"风景"类别中的"高清焕晴"滤镜，将其拖至"视频1"片段的上方，在"滤镜"面板中设置"强度"为34，如图6-29所示。采用同样的方法，为其他视频片段添加合适的滤镜。

（4）在"素材"面板中单击"调节"按钮 ，在左侧单击"LUT"按钮，单击"导入"按钮 导入色彩预设文件，如图6-30所示。

图6-29 添加"高清焕晴"滤镜

图6-30 导入色彩预设文件（视频1）

（5）选中"视频16"片段，在"调节"面板中选中"LUT"复选框，在"名称"下拉列表框中选择所需的色彩预设文件，设置"强度"为90，如图6-31所示。

（6）在"调节"面板中设置"饱和度"为8、"亮度"为14、"对比度"为9、"阴影"为-4，如图6-32所示。

（7）选中"视频10"片段，在"调节"面板中选中"LUT"复选框，在"名称"下拉列表框中选择所需的色彩预设文件，设置"强度"为80，在"调节"面板中设置"饱和度"为2、"亮度"为6、"对比度"为4，如图6-33所示。

（8）在"HSL"选项卡中单击"红色"按钮 ，设置"饱和度"为23，增加画面中红色的饱和度，如图6-34所示。

（9）采用同样的方法，根据需要对部分视频片段进行单独调色，并调整滤镜片段的长度，如图6-35所示。

图 6-31　选择色彩预设文件
（视频 16）

图 6-32　视频画面基础调色（视频 16）

图 6-33　视频画面基础调色（视频 10）

图 6-34　调整画面中的红色

图 6-35　调整滤镜片段长度

（10）在"播放器"面板中预览视频的调色效果，部分镜头画面如图 6-36 所示。

图 6-36　预览视频的调色效果

4．制作视频效果

在切换场景时，利用剪映专业版中的"转场"和"动画"功能可以添加自然、流畅的转场效果，如拉远、旋转、放射、渐隐等，以避免生硬切换，增强文旅宣传短片的连贯性和节奏感，使画面过渡更加平滑且富有视觉吸引力，具体操作方法如下。

（1）在"素材"面板中单击"转场"按钮，选择"运镜"类别中的"放射"转场，将其拖至"视频 1"和"视频 2"片段、"视频 2"和"视频 3"片段的组接位置，如图 6-37 所示。

（2）选择"运镜"类别中的"拉远"转场，将其拖至"视频 4"和"视频 5"片段的组接位置；选择"运镜"类别中的"顺时针旋转Ⅱ"转场，将其拖至"视频 5"和"视频 6"片段的组接位置，如图 6-38 所示。

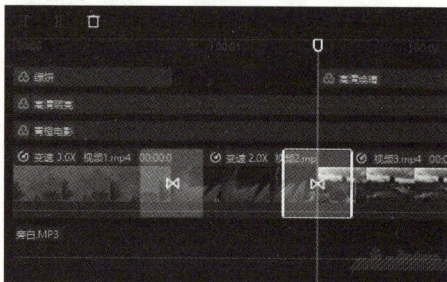

图 6-37　添加"放射"转场

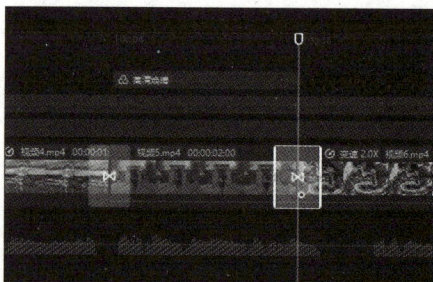

图 6-38　添加"拉远"和"顺时针旋转Ⅱ"转场

（3）选中"视频 34"片段，在"动画"面板中单击"出场"选项卡，选择"渐隐"动画，在下方设置"动画时长"为 1.0s，如图 6-39 所示。

图 6-39　选择"渐隐"动画

5. 编辑音频

结合短片中的画面，适当添加如鸟鸣、风铃、风声等音效，以此增强观众的沉浸感，使其仿佛身临其境，能够真切地感受当地的自然氛围，具体操作方法如下。

（1）选中"旁白"音频素材，在"基础"面板中设置"音量"为6.0dB，如图6-40所示。

（2）将"背景音乐"音频素材添加到音频轨道中，并调整其长度，在"基础"面板中设置"音量"为-11.0dB、"淡出时长"为10.0s，如图6-41所示。

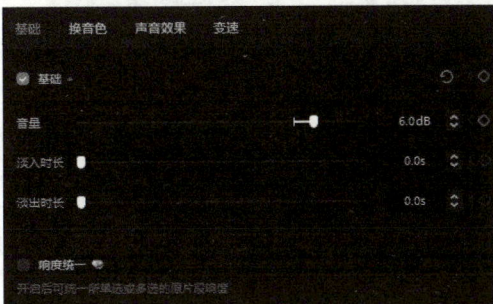

图6-40　设置音量

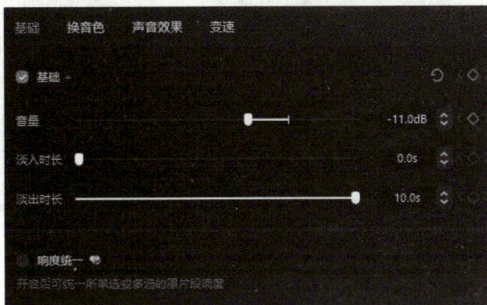

图6-41　设置音量和淡出时长（背景音乐）

（3）将时间线指针定位到视频的开始位置，在"素材"面板中单击"音频"按钮🎵，在左侧单击"音效库"按钮，在搜索框中搜索"风"音效，将搜索结果列表中的"风的氛围"拖至时间线上，并对其进行裁剪，如图6-42所示。

（4）在"基础"面板中设置"音量"为5.0dB、"淡出时长"为1.0s，如图6-43所示。

图6-42　添加音效

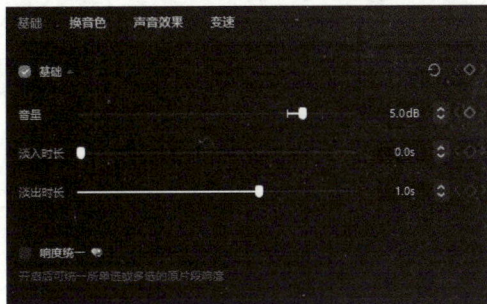

图6-43　设置音量和淡出时长

（5）将音效素材库中的"转场音 呼～"音效拖至"视频1"片段的下方，在"基础"面板中设置"音量"为-2.0dB，如图6-44所示。

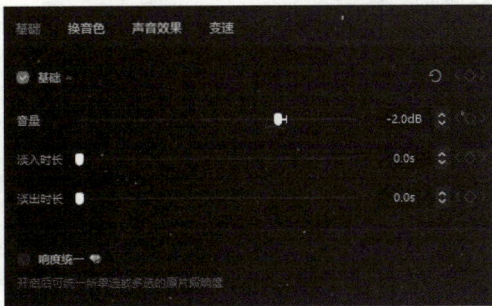

图6-44　添加音效并设置音量

（6）采用同样的方法，在其他需要音效的位置添加合适的音效，如"森林、白天的鸟、微风轻轻吹过树林""回忆 - 唰一下""嗖嗖""清脆的鸟叫声""风铃"等，并根据需要调整音效的音量、淡入时长和淡出时长，如图 6-45 所示。

图 6-45　添加其他音效

6．智能文稿匹配字幕

利用剪映专业版提供的"文稿匹配"功能，创作者可以快速地将文稿内容与视频或音频中的语音匹配，并生成相应的字幕。该功能不仅简化了字幕制作流程，还能确保文字与画面的节奏一致，具体操作方法如下。

（1）在"素材"面板中单击"文本"按钮，在左侧展开"智能文本"选项组，选择"文稿匹配"选项，在右侧单击"开始使用"按钮，如图 6-46 所示。

（2）在弹出的"输入文稿"对话框中输入旁白文案，单击"开始匹配"按钮，即可开始文稿匹配，如图 6-47 所示。

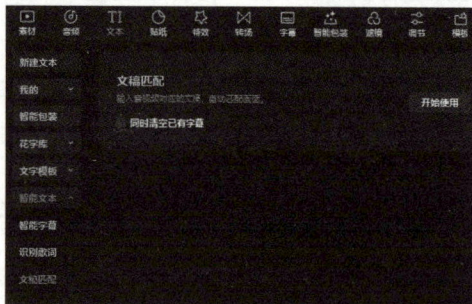

图 6-46　选择"文稿匹配"选项

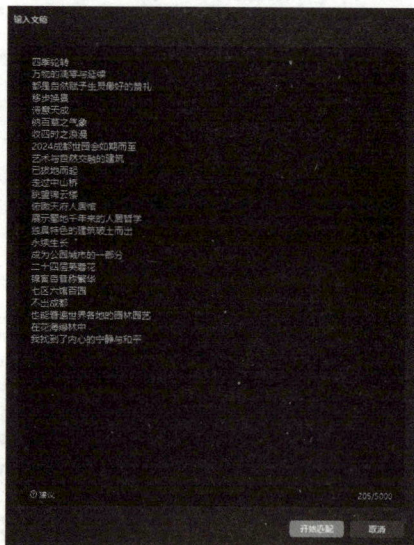

图 6-47　输入旁白文案

（3）文稿匹配完成后，剪映会自动生成相应的字幕，并将其添加到文本轨道上，使其与音频中的人声相对应，如图 6-48 所示。

（4）选中文本，在"字幕"面板中修改文本内容，将鼠标指针定位到要分割文本的位置，如图 6-49 所示，按 Enter 键将较长的文本分割为短句。

图 6-48 生成字幕并添加

图 6-49 分割文本

（5）在"文本"面板中设置"字体"为"思源黑体"、"字号"为5，"字间距"为1，如图6-50所示。

（6）在"文本"面板中选中"阴影"复选框，设置"不透明度"为35%、"模糊度"为2%，如图6-51所示。至此，文旅宣传短片制作完成。

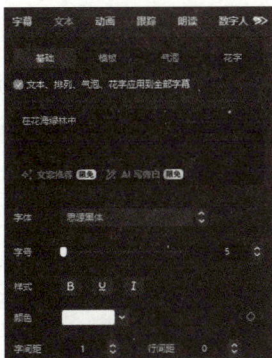

图 6-50 设置文本格式

图 6-51 设置阴影格式

德技并修

中华优秀传统文化是中华民族的精神命脉和文化根基。通过文旅宣传，人们可以更加深入地了解和认同自己的文化传统，认识到自己在文化传承和社会发展中的责任与使命。这有助于激发人们的社会责任感，同时树立文化自信，推动中华优秀传统文化的传承与发展。

147

任务实施：使用腾讯智影制作数字人直播预告短视频

1. 任务目标

熟练掌握腾讯智影中"数字人播报"功能的使用方法，能够根据数字人直播的主题和风格，制作一条"助农直播间"数字人直播预告短视频，参考效果如图 6-52 所示。在数字人的形象选择、语音播报以及整体画面的呈现上，要与直播内容的风格相契合。

图 6-52　数字人直播预告短视频

2. 实施步骤

（1）选择数字人形象

根据直播预告的主题和风格特点，挑选与之相匹配的模板和数字人形象。例如，若直播主题是时尚潮流类，可选择形象时尚、气质出众的数字人；若直播主题是知识科普类，则选择形象亲和、具有专业感的数字人。

（2）输入直播预告文本

完成数字人形象设置后，在文本框中输入直播预告文本。输入时要确保文本准确无误，无错别字和语句不通顺的情况。根据整体风格和数字人的形象特点选择合适的音色，让语音播报更贴合直播预告的氛围。

（3）预览短视频

在预览过程中，仔细检查各个方面的效果，包括短视频的画面是否清晰、流畅，数字人的动作和表情是否自然、协调，语音播报的声音是否清晰，以及文本内容是否能够完整、准确地呈现等。若发现存在任何问题，如画面模糊、声音卡顿、数字人动作不自然或文本内容有误等，要及时返回相应步骤进行调整和修改，直至达到满意的效果。

任务小结

本任务围绕"应用视频创作类 AIGC 工具进行视频创作"这一主题展开，主要介绍了腾讯智影的"数字人播报"，以及剪映的"营销成片""文稿匹配"等 AIGC 工具的功能。

在创作思路上，强调从明确视频创作需求出发，选择合适的 AIGC 工具，依据工具特点进行内容创作，再对作品进行评估与优化，以达到预期效果。通过对本任务的学习，读者可以全面掌握视频创作类 AIGC 工具的应用，在实际的视频创作中更高效、更具创意性地运用这些工具。

综合实训：使用可灵 AI 和剪映创作生活 Vlog

一、实训目标

根据"素材文件\项目六\综合实训"文件夹中的素材，制作一条"春日时光"生活 Vlog，参考效果如图 6-53 所示。通过本实训熟练掌握可灵 AI 的"图生视频"功能，能够精准地设计提示词，生成符合生活 Vlog 主题风格的视频内容片段。同时，还要学会运用剪映专业版进行视频的剪辑操作。

此外，深入理解并实践从创意构思到利用 AIGC 工具和专业剪辑软件实现视频创作及优化的完整流程，培养在实际生活场景中运用 AIGC 技术和视频编辑软件进行创意表达的能力。

图 6-53 "春日时光"生活 Vlog

二、实训思路

（1）确定 Vlog 主题与风格

明确本实训的生活 Vlog 主题，风格定位为温馨、有趣、富有生活气息。根据主题与风格，构思视频中想要呈现的主要场景和内容元素。

（2）可灵 AI 图生视频提示词设计

依据确定的主题和风格，设计详细的提示词，如"女孩慢慢抬起头看向远方，围绕主体运镜"。将提示词输入可灵 AI，利用"图生视频"功能，生成相关的视频片段素材。

（3）剪映专业版剪辑 Vlog

将可灵 AI 生成的视频片段和背景音乐导入剪映专业版中，根据背景音乐节拍点修剪视频片段，使画面节奏与音乐契合，实现内容流畅衔接；通过添加适配滤镜进行调色处理，营造贴合主题的氛围；为画面添加自然的转场效果，让场景过渡更加顺滑；再添加一些有趣的贴纸，为视频增添趣味性与视觉吸引力。

（4）审核与完善

对剪辑完成的 Vlog 进行全面审核，从内容、画面、音频等方面检查是否存在问题。例如，检查视频内容是否完整表达主题，画面是否清晰、色彩是否协调，音频是否有杂音、音量是否合适等。针对发现的问题，再次使用剪映专业版进行调整与完善，直至达到满意的效果。

三、实训总结与反思

撰写实训报告，总结个人在实训过程中的学习收获、遇到的困难，以及所采取的解决办法。各组开展最终总结汇报，进行视频效果展示、分享创作经验，同时深入探讨对视频创作类 AIGC 工具的使用心得。

四、实训评估

（1）过程评估：教师评估学生能否准确把握"春日时光"主题，定位温馨、有趣且富有生活气息的风格，构思场景与内容元素是否合理；是否熟练操作可灵 AI 和剪映专业版，判断各环节处理是否得当；在创作过程中能否及时察觉问题，如视频片段衔接、画面色彩、音频效果等方面的问题，并通过自主探索、查阅资料等方式解决。

（2）教师成果评估：教师判断 Vlog 主题是否鲜明突出，内容是否丰富，能否引发观众情感共鸣，情节发展是否符合逻辑，过渡是否自然流畅；审视生成视频的创意独特性，整体画面的效果，包括色彩搭配、构图等是否精美，是否展现出独特的艺术感；综合评估可灵 AI 生成视频片段的质量与剪映专业版剪辑视频的整体效果，判断是否充分发挥了两款工具的优势。

（3）学生自我反思评估：学生梳理对可灵 AI"图生视频"功能及剪映专业版操作方法的掌握情况，总结从创意构思到视频创作完成的经验与心得；整理实训中遇到的困难，如提示词设计难题、工具操作障碍、视频效果不理想等，分析解决策略的有效性，积累经验教训。

项目七　更多技能：AIGC助力学习成长

学习目标 ▼

知识目标
- 掌握使用 DeepSeek 生成与优化个人简历的技巧。
- 掌握使用 DeepSeek 辅助面试的技巧。
- 掌握使用 ChatExcel、办公小浣熊进行数据分析的技巧。
- 掌握使用讯飞智文、Kimi 制作 PPT 的技巧。

能力目标
- 能够使用 DeepSeek 生成和优化个性化个人简历。
- 能够使用 ChatExcel、办公小浣熊进行数据分析。
- 能够使用讯飞智文、Kimi 制作 PPT。

素养目标
- 注重数据隐私和安全，避免数据泄露和滥用。
- 培养创新思维与实践能力，勇于探索 AIGC 的更多应用方法。

项目框架 ▼

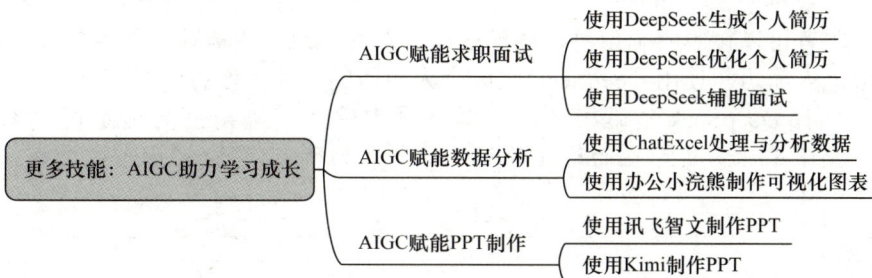

案例导入

AI 得贤招聘官：重塑招聘流程，探索未来智能招聘

在科技综艺节目《未来中国》AI 专题季中，上海近屿智能科技有限公司的创始人受邀登台，为观众揭秘了其公司推出的创新 AIGC 算法大模型——AI 得贤招聘官。

凭借创新的自研 AIGC 多模态算法大模型，AI 得贤招聘官成功解决了招聘行业的三大难题：简历筛选效率低下、面试过程烦琐导致面试官疲劳，以及面试官主观偏见影响面试结果公正性。该模型能够与面试者进行互动，根据面试者的回答生成个性化问题，实现"千人千问"。它能模拟人类面试官，准确理解面试者的回答并进行追问，能在 5 分钟内生成全息简历，对面试者的表现做出详细的评估，并为面试官提供下一步考察建议。此外，该模型还支持中文、英语、日语等多种语言。

目前，AI 得贤招聘官已在美团、腾讯、携程、西门子、太平保险等企业得到了广泛应用，覆盖约 11 个行业，解决了企业招聘中 95% 以上的初筛工作，显著提升了招聘效率。这一成果不仅证明了 AI 得贤招聘官的实用性，还为招聘行业提供了新的解决方案。

【启发思考】

如何看待智能招聘系统在招聘行业的应用？在应用智能招聘系统时，如何在确保招聘效率的同时保障求职者的体验与感受？

任务一　AIGC 赋能求职面试

知识储备

AIGC 工具通过运用先进的 AI 技术，不仅能根据求职者的个人特点和目标职位，自动生成专业且吸引人的个人简历，还能通过智能分析，帮助求职者发现个人简历中的不足，并提供优化建议。此外，AIGC 工具还能帮助求职者预测面试问题，并提供参考答案，帮助求职者提高竞争力。

一、使用 DeepSeek 生成个人简历

在求职过程中，一份优秀的个人简历能快速吸引面试官的注意，给面试官留下深刻的印象。求职者可以按照明确角色、搭建框架、补充信息、生成简历模板的步骤，使用 AIGC 工具生成个人简历。使用 DeepSeek 生成个人简历的具体操作方法如下。

（1）选择 DeepSeek 基础模式，在对话框中输入明确角色的提示词："你是一位资深面试官，接下来你需要站在面试官的视角回复我的所有问题。"单击生成按钮 ↑，如图 7-1 所示。

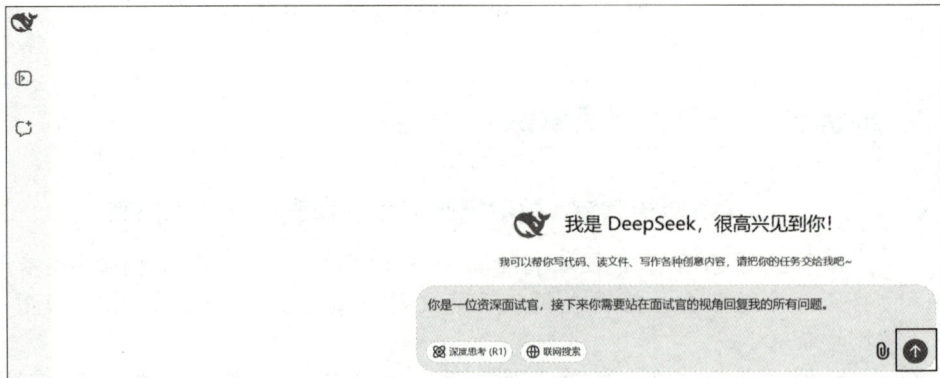

我是 DeepSeek，很高兴见到你！

我可以帮你写代码、读文件、写作各种创意内容，请把你的任务交给我吧~

你是一位资深面试官，接下来你需要站在面试官的视角回复我的所有问题。

深度思考 (R1)　　联网搜索

图 7-1　输入提示词 1

（2）要求 DeepSeek 生成个人简历框架，在对话框中输入提示词："请告诉我一份优秀的个人简历需要包含哪些板块。"单击生成按钮↑，如图 7-2 所示。DeepSeek 生成个人简历基本框架，如图 7-3 所示。

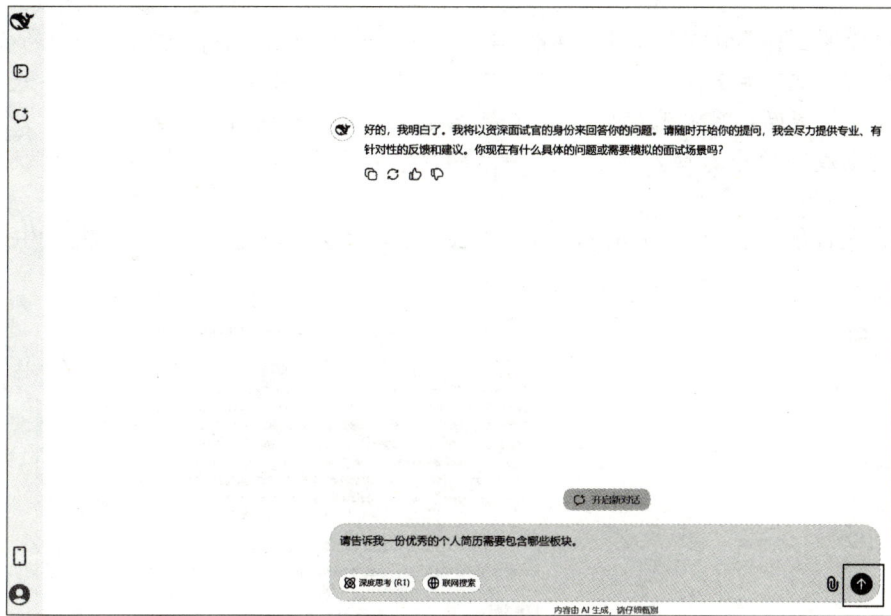

图 7-2　输入提示词 2

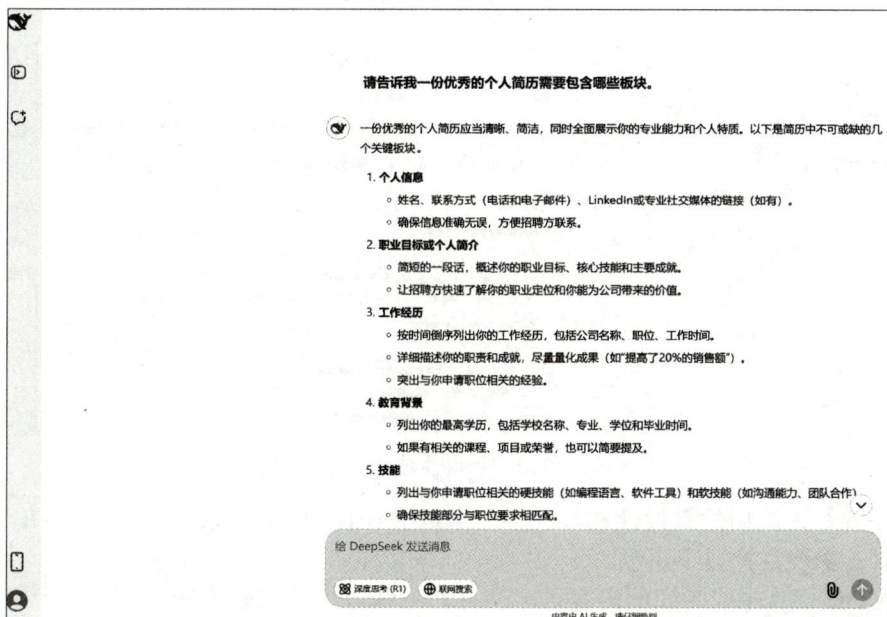

图 7-3　个人简历基本框架

（3）根据 DeepSeek 提供的框架补充个人信息，并让 DeepSeek 生成个人简历模板。在这个步骤中，求职者输入的提示词要有具体的要求。例如，输入以下提示词：

"很好，以下是我的相关信息：

2021年9月至2025年6月本科就读于中国传媒大学，新闻专业，在校期间主修课程有移动媒体概论、新媒体广告研究、新媒体服务与系统、网络视频、媒体融合、社会化媒体与舆论传播、人工智能与智能媒体、移动互联网应用产品研究、新媒体技术基础等，2023年9月至2025年6月在校电视台担任访谈节目编导，负责节目选题、嘉宾联络、跟进拍摄、推荐节目制作等工作。2022年9月至2023年9月担任校刊记者，经常做校园活动的宣传推广。2022年9月至2023年9月和同学一起运营了关于关注校园附近流浪动物的公众号，发布流浪动物日常，帮助很多流浪动物找到了新家庭，账号拥有约8万粉丝。

请帮我生成一份个人简历。要求：简洁明了、易于阅读、有吸引力，能让我在面试中脱颖而出。"

（4）输入提示词后单击生成按钮⊕，DeepSeek就会生成个人简历模板，生成内容如图7-4所示。

图 7-4　DeepSeek 生成个人简历模板

为了提升个人简历的有效性和专业性，求职者在使用 DeepSeek 或其他 AIGC 工具撰写个人简历时，需要注意以下事项。

（1）AIGC 工具生成的简历内容可能会存在一些夸大、虚假信息，求职者一定要仔细检查简历的内容，避免出现简历造假的情况。对于一些关键性的数据，例如"互动率提升了5%""商品转化率为80%"等，求职者一定要自己核实，确保数据的准确性。

（2）求职者使用 AIGC 工具生成文字版的个人简历后，可以使用 Word、PowerPoint、Photoshop 等软件对简历进行排版及美化，提升简历的美观性。

（3）求职者要注意个人简历中的板块顺序和排版，确保简历版面简洁明了、易于阅读。同时，根据申请岗位的不同，求职者需要调整和突出与岗位要求相契合的内容，让简历更具针对性和吸引力。

二、使用 DeepSeek 优化个人简历

在很多情况下，DeepSeek 生成的个人简历中的相关描述可能不完全符合求职者的具体情况，此时求职者可以向 DeepSeek 提供自己写好的个人简历，要求 DeepSeek 进行优化，从而创作出更加符合个人实际情况的个人简历。

使用 DeepSeek 优化个人简历的具体操作方法如下。

（1）在招聘网站上寻找符合自己意向的职位，将其职位描述保存到文档中。在 DeepSeek 基础模式下，单击回形针按钮❿，将保存的意向职位描述文档和自己写作的个人简历上传给 DeepSeek，如图 7-5 所示。

图 7-5　上传文档

（2）在对话框中输入提示词："我正在求职新媒体运营岗位，请你以资深面试官的视角，分析我的简历，并给出具体的修改建议。附件上传的是我的目标职位描述和我的个人简历内容。"如图 7-6 所示，单击生成按钮❿。求职者在上传个人简历时，可以先将名字、联系方式、住址等信息删掉，以保护个人隐私。

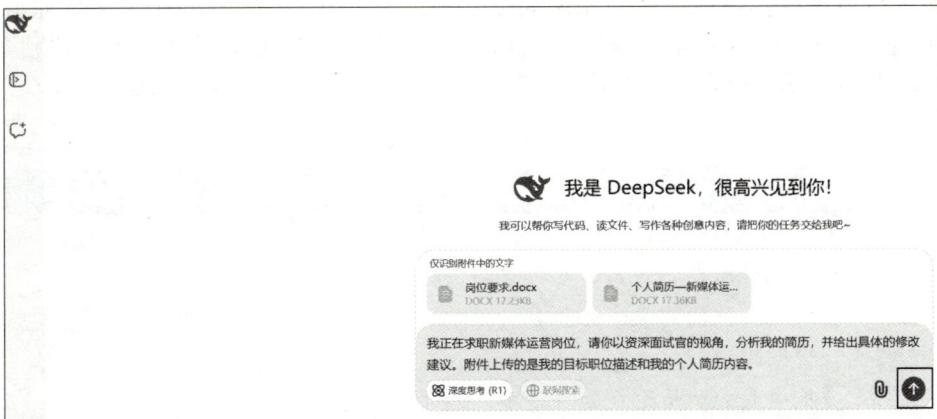

图 7-6　输入提示词

（3）DeepSeek 会对求职者提供的个人简历进行分析，并给出相应的修改建议，如图 7-7 所示。之后，求职者可以要求 DeepSeek 根据修改建议重新生成个人简历，可以输入提示词"按照你的建议帮我改好简历。" DeepSeek 重新生成简历后，求职者一定要仔细检查简历的内容，以确保简历中各种信息的准确性。

图 7-7　生成修改建议

求职者可以根据具体情况输入相应的提示词，要求 AIGC 工具对个人简历原稿进行优化，提示词示例如表 7-1 所示。求职者只需将自己写作的个人简历原稿复制粘贴至 AIGC 工具的对话框中（或将个人简历上传至 AIGC 工具），再在对话框中输入提示词即可。

表 7-1　优化个人简历提示词示例

优化角度	提示词示例
内容审核	你是 ×× 公司招聘 ×× 岗位的面试官，请你深度分析我的简历，根据目标岗位对能力的要求，分析我的简历中还有哪些不足，该怎么优化
	对照岗位的要求，分析我的简历的优势，请指出我需要在简历中重点强调哪些经历
	检查我的简历用语是否清晰、连贯和简洁，并着眼于[行业/领域]的应用。识别并纠正拼写错误或格式不一致的地方，以更好地匹配[职位]的申请，特别要注意技能和经验部分与行业标准的一致性

续表

优化角度	提示词示例
优化简历语言	请帮我优化以下简历内容，使其更加简洁、专业，并突出我的成就
	审查和编辑我当前的简历，重点是提高我在［行业／领域］的经验的清晰度和影响力。重新组织语言以更好地展示我的能力与成就，特别是在［特定角色或项目］方面，要调整技能部分更好地体现我符合［职位名称］的要求
	将我现有的简历转变为更具活力和吸引力的文档。特别注意重新表述经验部分，以突出我对［公司／项目］的贡献以及我在［技能］方面的技能。确保语言活跃且成果量化，与［职位名称］的职位要求保持一致
量化成就	用 STAR 法则改写工作经历，突出数据成果（如转化率提升 40%）
优化自我评价	请帮我优化自我评价，使其突出我的核心技能和职业目标，更具个性化
生成简历亮点	请帮我提取简历中的亮点，并生成一个"核心成就"部分
突出自身优势	我在［具体行业／领域］工作了 [X] 年，专攻［专业化］。使用这些信息，优化我的简历，展示我的专业知识、对［特定项目或计划］的贡献，以及我从［入门级职位］到［当前职位］的成长。强调技能，例如［技能列表］，并包括任何相关认证
	优化我的简历，强调我在［专业领域］的专业知识和［技术／方法］的经验。强调我在［项目／角色］中取得的成就，以及它们如何为业务成果做出贡献，使用行业特定术语

三、使用 DeepSeek辅助面试

在面试过程中，面试官通常会要求求职者做自我介绍，并提出一些与岗位相关的问题要求求职者回答。在参加面试之前，求职者需要做好充足的准备，可以借助 AIGC 工具提前准备好自我介绍，并让 AIGC 工具针对申请岗位预测可能会被提出的问题，之后根据预测的问题进行有针对性的准备，增强求职者的自信心。

1. 生成自我介绍

向 DeepSeek 提供个人简历的内容，在对话框中输入提示词："基于我的简历，帮我写一个时长 2 分钟的自我介绍，自我介绍的内容要紧扣所应聘岗位的要求，要能体现出我能胜任该岗位。"单击生成按钮 ⊙，DeepSeek 就会生成自我介绍，如图 7-8 所示。

2. 预测面试问题

在 DeepSeek 对话框中输入提示词："作为一位经验丰富的面试官，请列出面试中最可能出现的 20 个问题。"单击生成按钮 ⊙，DeepSeek 就会生成预测的问题和考察点，如图 7-9 所示。

求职者可以要求 DeepSeek 生成答案。例如，输入提示词"基于我的简历内容，请帮我完成第 2 个面试问题的回答。"单击生成按钮 ⊙，DeepSeek 就会生成参考答案，如图 7-10 所示。

基于我的简历，帮我写一个时长2分钟的自我介绍，自我介绍的内容要紧扣所应聘岗位的要求，要能体现出我能胜任该岗位。

以下是一份紧扣新媒体运营岗位要求的2分钟自我介绍，结合了你的简历内容，突出你的相关技能和经验：

自我介绍

尊敬的面试官，您好！

我是你的姓名，毕业于中国传媒大学新闻专业，应聘的是贵公司的新媒体运营岗位。我对新媒体行业充满热情，并且在内容策划、文案撰写、用户增长等方面积累了丰富的实践经验。

在校期间，我负责运营了一个关注校园附近流浪动物的公众号，从0开始策划内容、撰写文章，并通过线上线下活动成功将粉丝量提升至8万，文章平均阅读量达到1.5万。这段经历让我深刻理解了如何通过优质内容和活动策划来提升用户黏性和品牌影响力。同时，我还帮助50多只流浪动物找到了新家，这让我意识到新媒体不仅是传播信息的工具，更是连接用户、传递价值的桥梁。

此外，我曾在校电视台担任访谈节目编导，负责节目选题策划和后期剪辑，使用Premiere进行视频制作，提升了节目的视觉效果和传播效果。这段经历让我掌握了视频剪辑和热点话题捕捉的能力，能够结合行业趋势策划出有传播性的内容。

我还担任过校刊记者，撰写过50多篇新闻稿件和宣传文案，并使用Canva设计宣传海报，提升了校园活动的参与度。这些经历让我具备了出色的文字功底和创意思维，能够独立完成从内容策划到发布的整个流程。

我熟练掌握微信公众号、抖音、小红书、知乎等平台的运营工作，能够通过数据分析优化内容策略，提升用户互动率。我相信，凭借我的内容创作能力、数据分析能力和对新媒体行业的敏锐度，我能够为贵公司的新媒体运营工作带来积极的贡献。

给 DeepSeek 发送消息

深度思考 (R1)　　联网搜索

内容由 AI 生成，请仔细甄别

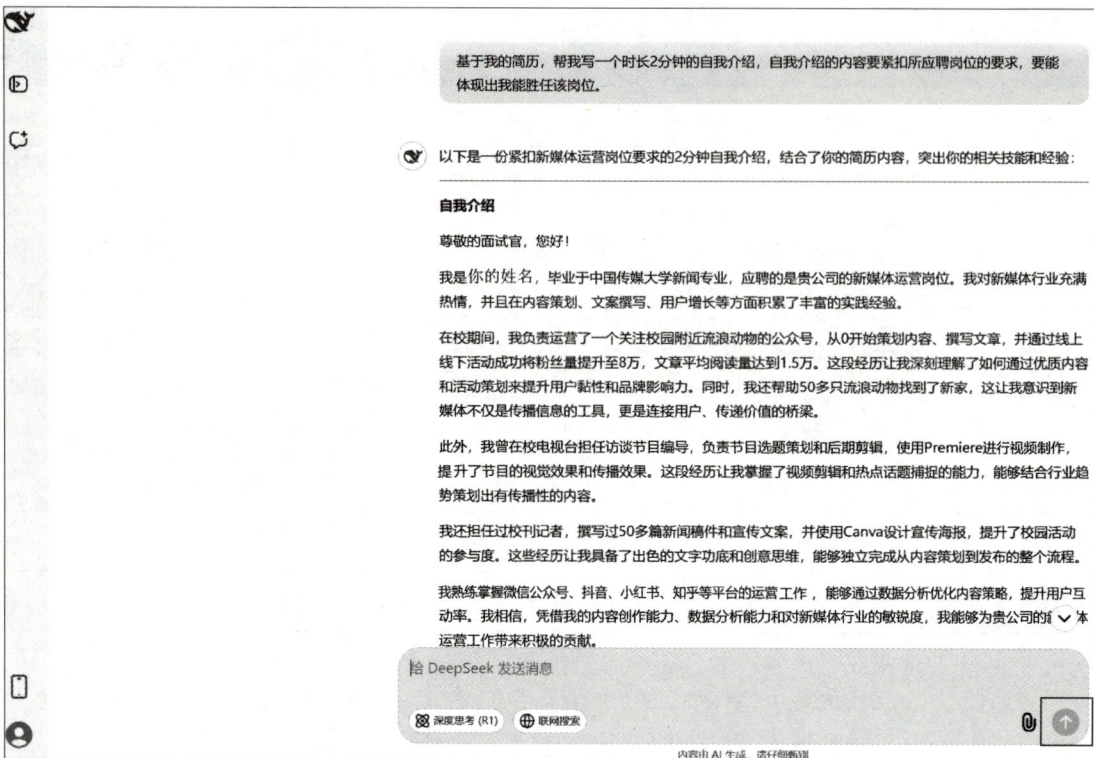

图 7-8　生成自我介绍

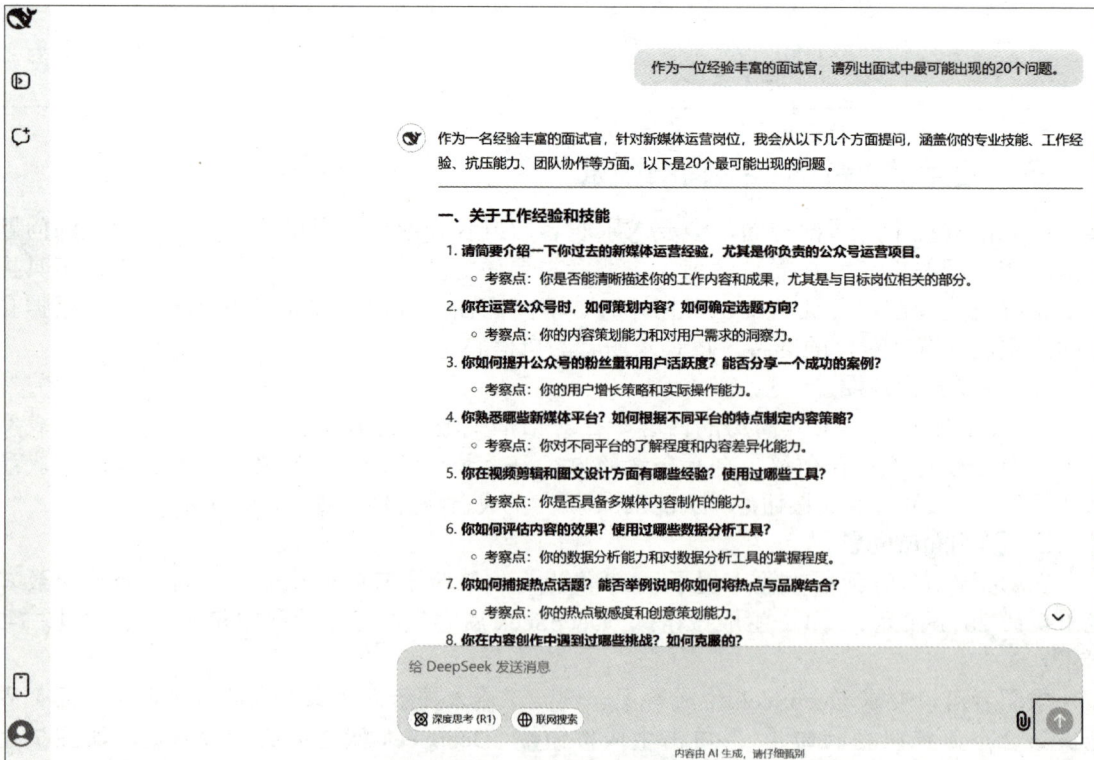

作为一位经验丰富的面试官，请列出面试中最可能出现的20个问题。

作为一名经验丰富的面试官，针对新媒体运营岗位，我会从以下几个方面提问，涵盖你的专业技能、工作经验、抗压能力、团队协作等方面。以下是20个最可能出现的问题。

一、关于工作经验和技能

1. 请简要介绍一下你过去的新媒体运营经验，尤其是你负责的公众号运营项目。
　◦ 考察点：你是否能清晰描述你的工作内容和成果，尤其是与目标岗位相关的部分。

2. 你在运营公众号时，如何策划内容？如何确定选题方向？
　◦ 考察点：你的内容策划能力和对用户需求的洞察力。

3. 你如何提升公众号的粉丝量和用户活跃度？能否分享一个成功的案例？
　◦ 考察点：你的用户增长策略和实际操作能力。

4. 你熟悉哪些新媒体平台？如何根据不同平台的特点制定内容策略？
　◦ 考察点：你对不同平台的了解程度和内容差异化能力。

5. 你在视频剪辑和图文设计方面有哪些经验？使用过哪些工具？
　◦ 考察点：你是否具备多媒体内容制作的能力。

6. 你如何评估内容的效果？使用过哪些数据分析工具？
　◦ 考察点：你的数据分析能力和对数据分析工具的掌握程度。

7. 你如何捕捉热点话题？能否举例说明你如何将热点与品牌结合？
　◦ 考察点：你的热点敏感度和创意策划能力。

8. 你在内容创作中遇到过哪些挑战？如何克服的？

给 DeepSeek 发送消息

深度思考 (R1)　　联网搜索

内容由 AI 生成，请仔细甄别

图 7-9　生成预测的问题和考察点

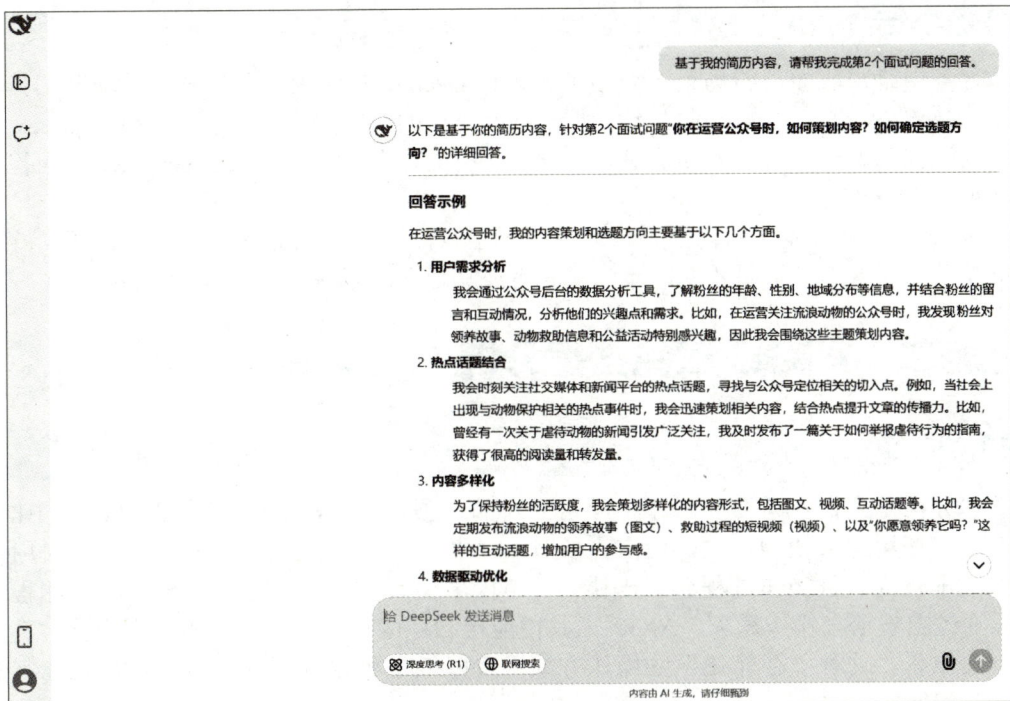

图 7-10　生成参考答案

在要求 DeepSeek 预测面试问题时，求职者还可以使用下列提示词。

（1）针对这份简历，面试官一般会提出哪些问题，以及如何回答这些问题？

（2）针对简历的业务部分的内容，面试官可能会问哪些问题？

（3）根据［目标公司、目标岗位］近3年的面试经验，总结高频考点。

任务实施：使用 DeepSeek 模拟面试

1. 任务目标

本任务旨在帮助学生学会使用 DeepSeek 生成并优化个人简历，利用 DeepSeek 预测面试过程中可能会被提出的问题，提高面试准备效率。

2. 实施步骤

（1）生成与优化个人简历

根据个人经历与技能设计提示词，使用 DeepSeek 生成简历，并设计提示词对简历进行优化，根据 DeepSeek 的建议调整简历内容，如优化语言表述、调整格式布局等，确保简历内容准确、格式专业、吸引力强。

（2）生成自我介绍

根据个人简历，使用 DeepSeek 生成具有吸引力的自我介绍。

（3）预测与准备面试问题

利用 DeepSeek 预测面试过程中可能会被提出的问题，将预测到的问题按类型分类（如自我介绍、专业技能、行为面试题等），并使用 DeepSeek 为每个问题生成参考答案。

（4）模拟面试

3～5人一组，小组内成员轮流扮演面试官与求职者，进行模拟回答练习，并相互给予反馈。

任务小结

本任务围绕求职面试的场景，介绍了如何让 DeepSeek 成为求职者强大的辅助工具，如何使用 DeepSeek 快速生成一份结构清晰、内容详尽的个人简历，如何使用 DeepSeek 识别简历中的潜在问题，并对个人简历进行优化，还介绍了如何使用 DeepSeek 预测和回答面试中可能被提出的问题。

DeepSeek 通过智能化的功能为求职者提供了从简历生成到面试准备的全链条支持，这不仅能帮助求职者提高求职效率，还为求职者成功迈入职场提供了强有力的帮助。

任务二　AIGC 赋能数据分析

知识储备

数据分析是人们在学习和工作中经常面对的一项任务，Excel、FineBI、Power BI 等数据分析工具使用起来较为烦琐，用户需要具备函数公式、数据建模等专业知识，对用户来说学习成本较高，且操作过程容易出错。而 AIGC 工具极大地简化了数据分析的流程，用户只需通过自然语言输入需求，AIGC 工具便能自动完成数据清洗、分析和可视化，甚至生成详细的报告。这种"智能化"的操作方式不仅降低了数据分析的技术门槛，还让其变得更加高效和便捷。

一、使用 ChatExcel 处理与分析数据

ChatExcel 是北京大学推出的在线 AI Excel 工具和数据分析工具，用户通过聊天的方式输入自身需求，ChatExcel 就能自动完成数据的处理和分析，用户在进行数据分析时无须与 Excel 进行交互，无须使用复杂的公式和函数。此外，ChatExcel 还支持 PDF 转 Excel、图片转 Excel，有效降低了 Excel 的使用门槛，让用户更加专注于数据本身。

使用 ChatExcel 处理与分析数据时，用户设计提示词需要注意以下事项。

（1）直接使用自然语言输入能体现自身需求的提示词，无须使用函数。

（2）复杂的任务要拆分成简单的子任务，分步骤写提示词，提示词的字数不要超过 50 个字。

（3）写提示词无须使用"赋予角色＋背景／现状＋目标／需求＋补充需求"的公式，直接描述自身需求即可。

（4）连续处理 Excel 时要指明文件的名称，如提示词"基于完成求和的数据"。

（5）提示词的内容要清晰、明确，例如计算花费金额最多的项目，不要使用提示词"哪类花费得最多"，而要使用提示词"哪项类别出现的次数最多"。

（6）当指定某个字段时，要将该字段加上双引号，如提示词"对'销售订单明细表'进行操作，补全商品名称和单价两个字段"。

（7）提示词中指定行、列时不要使用"A 列""B 列"这种描述，要具体到表头内容，如"商品名称"列、"单价"列。

（8）使用英文格式的括号，不要使用中文格式的括号。

使用 ChatExcel 处理与分析数据，具体操作方法如下。

（1）登录 ChatExcel 官网，在页面右侧单击"点击此处或拖拽文件到此处上传文件"按钮，如图 7-11 所示，上传所需的文件。

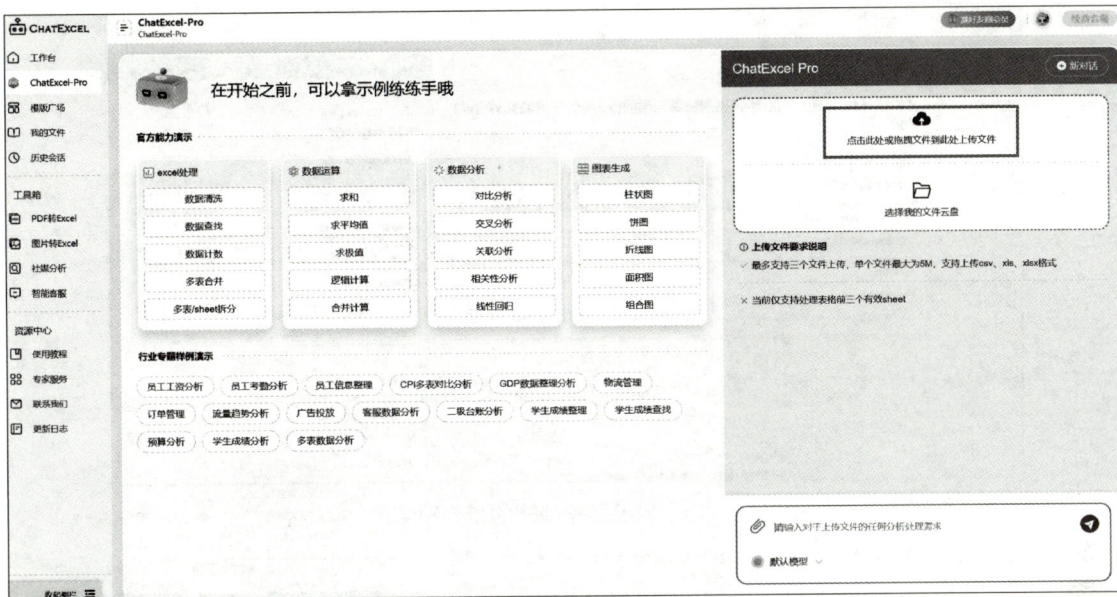

图 7-11　单击"点击此处或拖拽文件到此处上传文件"按钮

（2）上传所需的文件，在对话框中输入提示词："删除空白单元格：删除所有有空白单元格的行，将处理好的文件下载给我。"如图 7-12 所示，单击生成按钮🔘。ChatExcel 展示数据处理的步骤和结果，如图 7-13 所示。用户可以预览、下载、转存数据结果。

（3）单击"新对话"按钮，返回 ChatExcel 操作台首页，上传数据文件，在对话框中输入提示词："分析店铺每日销售额与广告花费是否存在相关性。"如图 7-14 所示，单击生成按钮🔘。ChatExcel 展示数据分析的步骤和结论，如图 7-15 所示。

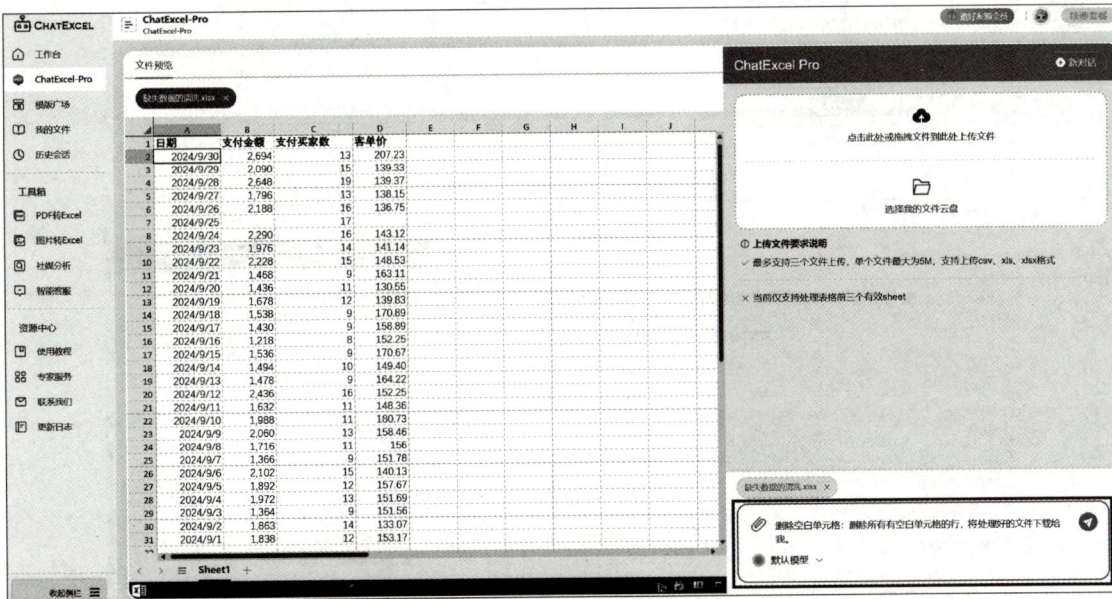

图 7-12　输入提示词 1

图 7-13　展示数据处理的步骤和结果

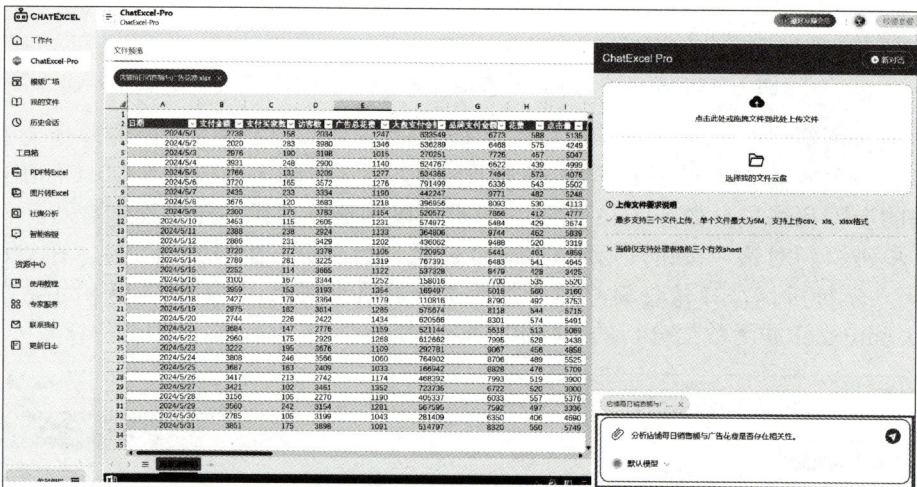

图 7-14　输入提示词 2

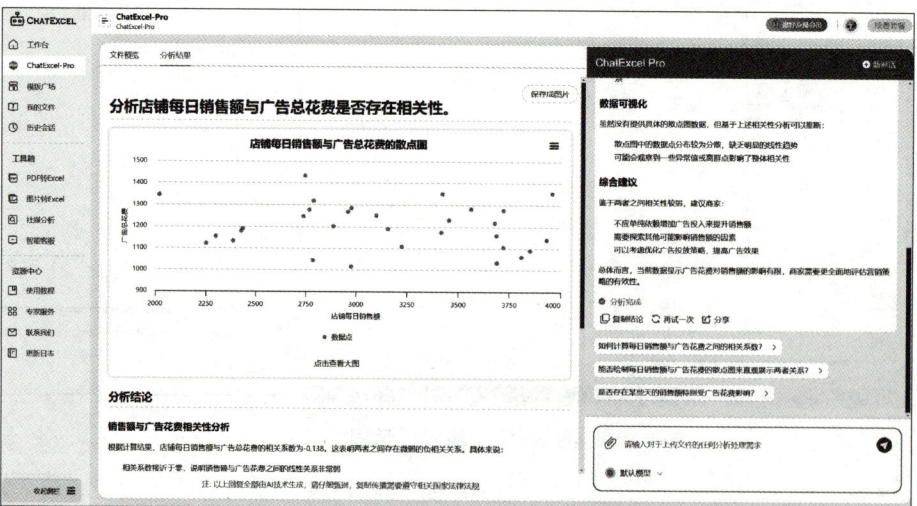

图 7-15　展示数据分析的步骤和结论

德技并修

在数据分析过程中，数据隐私和安全至关重要。从数据的搜集、存储到处理和应用，每一环节都应设置严格的访问权限，并采用加密技术防止数据遭受内外威胁。同时，应定期对数据进行审计和监控，及时发现并处理异常访问，确保数据使用合规，保障数据安全。

二、使用办公小浣熊制作可视化图表

办公小浣熊是北京市商汤科技开发有限公司推出的一款 AI 办公助手，办公小浣熊 1.0 版本是一款专注于数据分析的工具，具备数据归纳、推理和分析，数据清洗、运算，以及图表生成等功能。

办公小浣熊 2.0 版本从单一的数据分析工具升级为具备"文理双大脑"的一站式创作平台，它具备分解任务、制订计划、数据分析、文档解析、内容生成、智能校对、创意辅助、个人知识库生成与管理等功能。其中，在数据分析方面，2.0 版本在 1.0 版本原有能力基础上，增强了对图片、PDF 等文件的解析能力，支持从数据和文档中提取关键信息，生成直观的摘要和见解。

使用办公小浣熊制作可视化图表的操作方法如下。

（1）进入"小浣熊家族"网站，在页面上方选择"办公小浣熊"选项卡，登录后进入"办公小浣熊 2.0"版本主页，在页面左侧选择"数据分析"选项，如图 7-16 所示。

图 7-16　选择"数据分析"选项

（2）单击对话框上方的"数据可视化"按钮，单击回形针按钮⌀上传数据文件，在对话框中按照引导填写提示词，如图 7-17 所示，单击生成按钮⬆。用户也可以在上传数据文件后，根据需求自行设计提示词。办公小浣熊开始进行数据分析，并生成分析结论，如图 7-18 所示。

图 7-17　上传文件，填写提示词

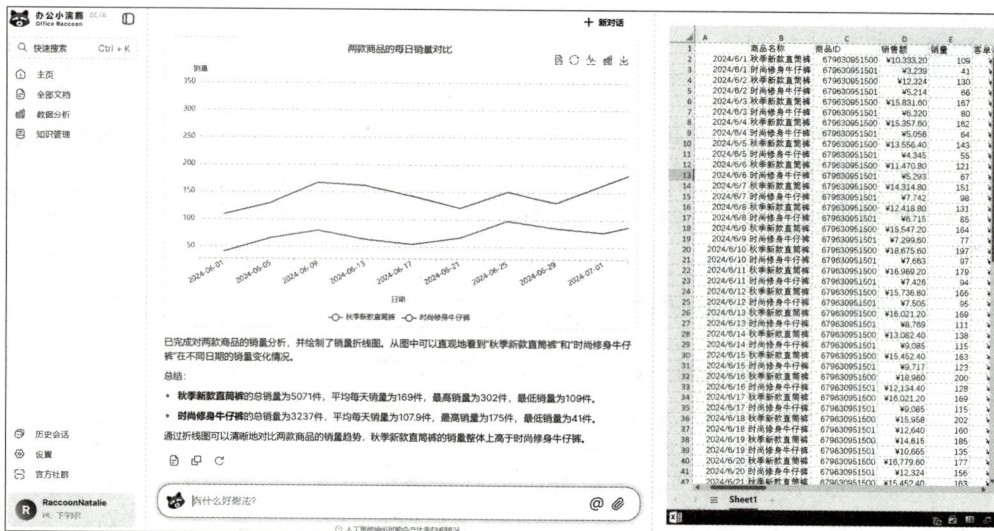

图 7-18　生成折线图和结论

在数据分析应用场景中，AIGC 工具的分析结果依赖于输入数据的质量和完整性，数据偏差会导致分析结果失真。为了提升 AIGC 工具分析结果的准确性，你认为在搜集数据时需注意哪些问题？

任务实施：使用办公小浣熊分析 2024 年 AIGC 产业规模

1. 任务目标

熟练掌握办公小浣熊的基本操作，包括数据上传、指令输入和图表设置，学会用其处理特定的数据。强化数据处理与分析思维，能够根据需求运用办公小浣熊提取有价值的信息，为未来数据分析学习实践打下基础。

2. 实施步骤

（1）数据搜集

通过多种渠道搜集 AIGC 产业相关数据，如艾瑞咨询、易观分析等机构发布的 AIGC 产业相关报告，36 氪、钛媒体、亿欧网等科技媒体发布的 AIGC 产业相关新闻，百度、腾讯等 AIGC 相关企业的官网信息等。

（2）数据处理

使用办公小浣熊将搜集到的数据整理到表格中，并对数据进行清洗，如删除重复数据、处理缺失值、统一数据格式等。

（3）数据分析与可视化

使用办公小浣熊对 AIGC 产业规模、增长率、应用领域等数据进行分析，并将分析结果制作成可视化图表，如柱状图、折线图、饼图等。

（4）报告撰写

根据分析结果，撰写一份关于 2024 年 AIGC 产业规模的分析报告，报告内容包括 AIGC 产业概述、数据分析过程、分析结果、结论与建议等。

任务小结

本任务旨在探索 AIGC 工具如何赋能数据分析，提高数据处理的效率和准确性，并优化数据可视化的呈现效果。通过实际使用 ChatExcel 和办公小浣熊这两款 AIGC 工具，我们深入体验了 AIGC 工具在数据处理和分析、可视化图表制作方面的强大功能，拓展了 AIGC 工具在数据分析领域的应用场景。

任务三　AIGC 赋能 PPT 制作

知识储备

使用传统工具制作 PPT 往往比较耗时费力，从内容策划到设计排版，再到动画效果与交互功能的设置，每一个环节都考验着用户的耐心与创意。而 AIGC 工具不仅能根据用户输入的关键词或主题，自动生成结构清晰、内容丰富的 PPT 框架，还能智能匹配符合场景的图片、图表与动画效果，在极大地提高用户工作效率的同时，保持 PPT 内容的专业性和美观性。

一、使用讯飞智文制作 PPT

讯飞智文是科大讯飞推出的一款智能生成 PPT、Word 文档的工具，其主要功能包括智能生成 PPT、智能生成 Word 文档、智能续写等，它还提供了多种 PPT 模板供用户选择使用。此外，讯飞智文接入了 DeepSeek 官方应用程序接口（Application Programming Interface，API），支持使用 DeepSeek 的深度思考模式和联网搜索模式。

讯飞智文为用户提供了 4 种创建 PPT 的方式。

• 一句话创建，即用户输入一句话主题，讯飞智文快速根据主题生成 PPT 大纲和内容，用户可以根据自身需求再对生成的 PPT 进行编辑。

• 文本创建，即用户输入长文本，讯飞智文对长文本进行总结、拆分与提炼，最终完成 PPT 标题、大纲和内容的编写。

• 文档创建，即用户上传 DOC、PDF、TXT 等格式的文档，讯飞智文从文档中提取关键信息，生成贴合文档材料内容和符合要求的 PPT 文档。

• 高级创建，即全要素智能创建模式，讯飞智文能通过多模型混合策略、多项参数配置，更加高效地生成 PPT。

使用讯飞智文生成 PPT 的操作方法如下。

（1）登录讯飞智文官网，单击"免费使用"按钮，如图 7-19 所示。

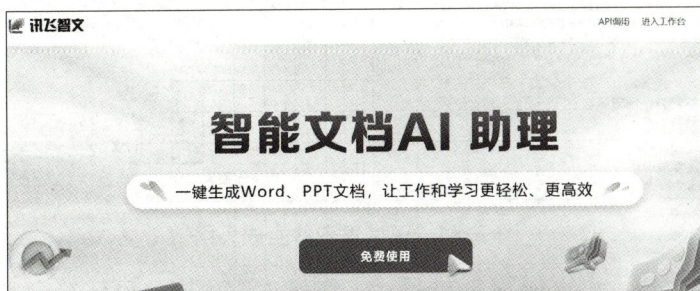

图 7-19　单击"免费使用"按钮

（2）进入讯飞智文首页，登录账号，在 AI PPT 下方选择"一句话创建"选项，如图 7-20 所示。

图 7-20　选择"一句话创建"选项

（3）进入"一句话创建"页面，开启"深度思考"模式，设置参数为"中文""普通 AI 图片模型""无演讲备注"，在文本框中输入 PPT 的主题，单击生成按钮，讯飞智文进行深度思考并生成 PPT 内容大纲，如图 7-21 所示。浏览大纲，确认符合自己的要求后，单击"参考生成大纲"按钮。如果感觉大纲不符合自己的要求，可以单击"重新思考"按钮，要求讯飞智文重新思考并生成大纲。

图 7-21　深度思考并生成大纲

（4）讯飞智文生成大纲，如图 7-22 所示，浏览大纲内容，确认符合自身要求后，单击"下一步"按钮。也可根据自身需求重新编辑大纲的内容，调整大纲层级关系。

图 7-22　讯飞智文生成大纲

（5）进入模板选择页面，设置相关条件，从中选择契合 PPT 主题风格的模板，如图 7-23 所示，单击"开始生成"按钮。

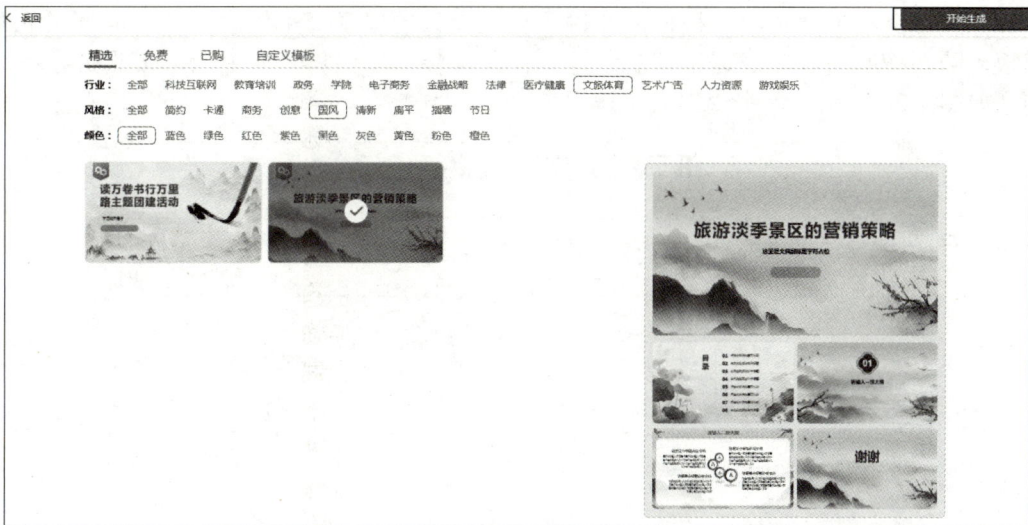

图 7-23　选择 PPT 模板

（6）讯飞智文自动生成 PPT 内容并配图，如图 7-24 所示。用户可以根据具体需要对 PPT 的内容进行调整，也可单击"下载"按钮下载 PPT。

（7）返回讯飞智文首页，选择"高级创建"选项，如图 7-25 所示。

图 7-24 生成 PPT

图 7-25 选择"高级创建"选项

（8）进入高级创建页面，根据需要输入自己设计的提示词来生成 PPT，也可在下方选择模板，随后按照引导完成提示词的设计。在此选择"知识科普"主题，按照引导填写提示词，如图 7-26 所示，单击"生成"按钮➡。

图 7-26 填写提示词

（9）讯飞智文自动生成 PPT 大纲，如图 7-27 所示。用户可以对大纲进行编辑，在页面右侧可以进行正文内容生成设置，"默认生成"即由讯飞智文默认生成正文内容，"引用文档"即用户上传文档，讯飞智文在用户上传的文档的基础上生成正文内容。如果选择"默认生成"，还可以选择"AI 模型生成"，或者"AI 搜索生成"。

图 7-27　自动生成 PPT 大纲

（10）单击"引用文档"按钮，上传文档，可以选择使用文档原文生成 PPT，也可以要求讯飞智文在文档原文的基础上进行扩写后再生成 PPT，如图 7-28 所示。完成正文内容生成设置后，进行文本设置和配图设置，单击"下一步"按钮。

图 7-28　正文内容生成设置

（11）进入模板选择页面，设置相关条件，从中选择契合 PPT 主题风格的模板，如图 7-29 所示，单击"开始生成"按钮，讯飞智文就会自动生成 PPT。

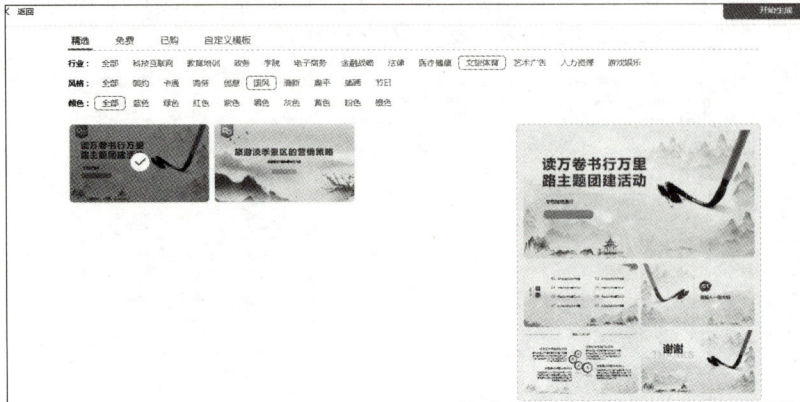

图 7-29　选择模板

二、使用 Kimi 制作 PPT

Kimi 是北京月之暗面科技有限公司推出的一款智能助手，它能根据用户输入的提示词快速生成 PPT。使用 Kimi 生成 PPT 的具体操作方法如下。

（1）登录 Kimi 官网，单击"Kimi ＋"按钮，如图 7-30 所示。

图 7-30　单击"Kimi ＋"按钮

（2）进入"KIMI ＋"页面，选择"PPT 助手"选项，如图 7-31 所示。

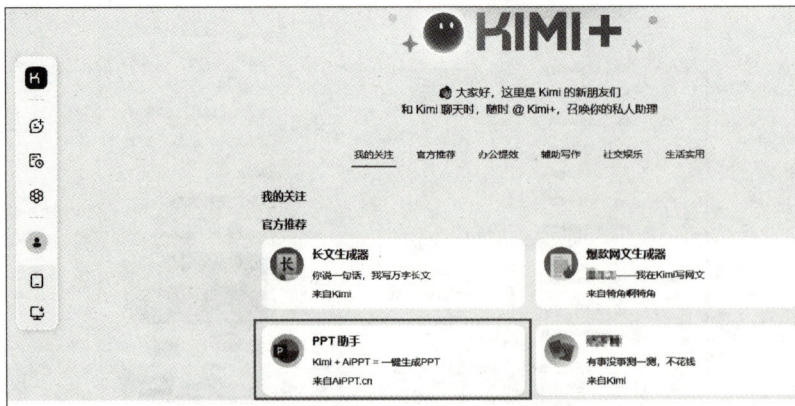

图 7-31　选择"PPT 助手"选项

（3）在对话框中输入 PPT 的提示词，如图 7-32 所示，单击生成按钮 。

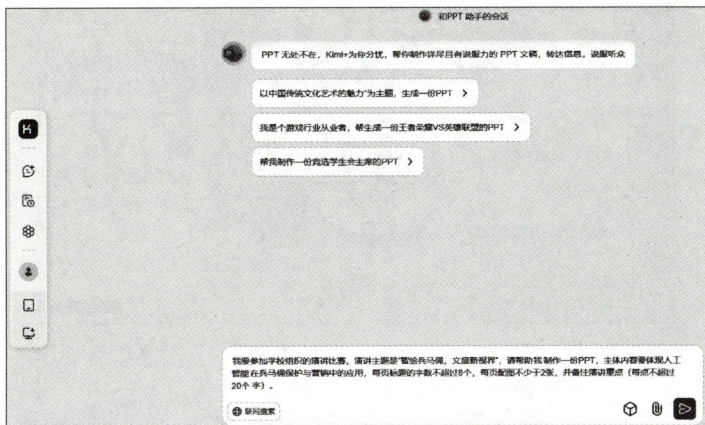

图 7-32　输入提示词

（4）Kimi 自动生成 PPT 大纲。浏览大纲内容是否符合自己的要求，如果不符合，可以要求 Kimi 重新生成，确认后单击"一键生成 PPT"按钮，如图 7-33 所示。

图 7-33　生成 PPT 大纲

（5）进入选择模板页面，选择与 PPT 主题风格相契合的模板，如图 7-34 所示，单击"生成 PPT"按钮。

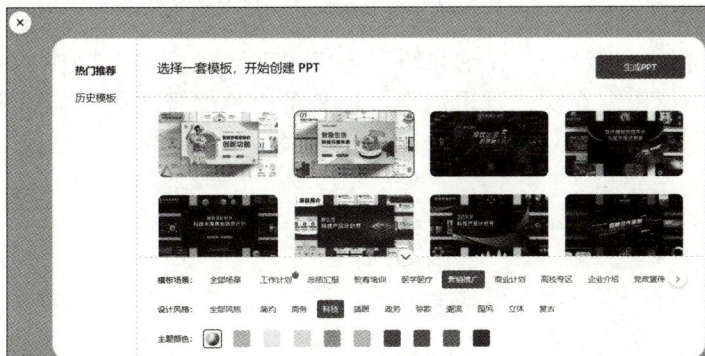

图 7-34　选择模板

（6）Kimi 自动生成 PPT，如图 7-35 所示。可以选择继续编辑 PPT，也可直接下载 PPT。

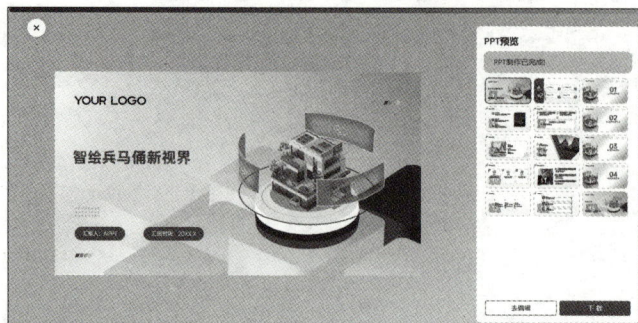

图 7-35　生成 PPT

任务实施：使用讯飞智文制作"6·18"大促直播营销策划方案 PPT

1. 任务目标

掌握讯飞智文的基本功能和使用方法，结合"6·18"大促直播营销策划方案，能够运用讯飞智文完成一份逻辑清晰、内容完整的 PPT，提高 PPT 制作效率和视觉呈现效果。

2. 实施步骤

（1）生成 PPT 初稿

登录讯飞智文，从一句话创建、文本创建、文档创建、高级创建等方式中选择适合自身情况的创建 PPT 的方式，生成 PPT 初稿，包括文字内容、排版设计和图片素材。

（2）修改和完善 PPT 内容

对讯飞智文生成的 PPT 内容进行修改和完善，确保内容准确、逻辑清晰、语言流畅。根据实际需求添加或删除相关内容，如案例分析、数据图表等。对 PPT 的排版设计进行调整，如字体、颜色、图片等，以提升视觉效果。

（3）添加动画和交互效果

为 PPT 添加合适的动画和交互效果，增强演示的吸引力和互动性。注意动画效果的使用要适度，以免喧宾夺主。

（4）分享与讨论

将制作完成的 PPT 分享给同学和老师，其他同学从内容、逻辑、设计、可行性等方面进行提问和评价，教师总结，学生依据反馈修改完善。

任务小结

本任务围绕 PPT 制作场景，详细介绍了使用讯飞智文、Kimi 制作 PPT 的方法。AIGC 工具制作的 PPT 不仅内容充实、逻辑清晰，还具备出色的视觉效果与用户体验。在 AIGC 工具的辅助下，用户不仅能有效提高自身的工作效率，还能激发其产生更多的创作灵感。

德技并修

我们应勇于挑战传统的工作流程，敢于尝试新的工具组合和使用方法，以寻找更高效、更智能的解决方案。在 AIGC 工具的应用过程中，我们要不断反思和优化工具的使用方式，不断拓宽 AIGC 工具的应用边界，提升应用 AIGC 工具的能力。

综合实训：探索更多 AIGC 工具应用场景

一、实训目标

拓展对 AIGC 技术应用边界的认知，培养针对不同应用场景，分析并选择合适的 AIGC 工具的能力，提升对工具特性与场景需求适配性的判断水平。通过实际操作，在选定的应用场景中利用 AIGC 工具解决具体问题，锻炼实践动手能力和创新思维，为未来职业发展中灵活运用 AIGC 技术奠定基础。

二、实训思路

（1）分组选题

学生自由分组，每组 3 ～ 5 人，选择感兴趣的 AIGC 应用场景进行深入探索，示例场景如下。

① 学习提升：利用 AIGC 工具生成个性化学习材料、开发智能教学助手、写作演讲稿、做知识点总结等。

② 日常生活：利用 AIGC 工具写作旅游攻略、制作菜谱等。

③ 工作提效：利用 AIGC 工具写作新闻稿、整理会议纪要、写作工作总结、写作工作邮件等。

④ 其他场景：例如金融、法律、设计等，发挥创意，探索 AIGC 的更多可能性。

（2）AIGC 工具应用实践

各小组根据选题，学习并使用相关的 AIGC 工具，完成工具的基本操作和功能测试，并利用 AIGC 工具完成一个具体的项目实践，如写作一篇演讲稿、一份旅游攻略，开发一个简单的 AI 应用，如智能客服、聊天机器人等。

（3）成果展示

各小组以 PPT、视频等形式展示项目成果，并分享实践过程中的经验和教训。

三、实训总结与反思

回顾实训过程，梳理 AIGC 工具在不同场景的应用模式与效果。分享对工具功能的深度理解，总结 AIGC 工具跨场景应用的成功经验。积极进行反思，如因对工具功能了解不足导致生成内容不符合需求，跨场景项目衔接不畅影响效果。通过反思，认识自身在工具认知、场景分析、团队协作等方面的不足。

四、实训评估

（1）过程评估：教师根据学生在实训过程中的参与度、团队合作、创新思维等方面进行评价。

（2）教师成果评估：教师依据项目策划的合理性、实践成果的创新性与实用性、伦理讨论的深度与广度进行综合评分。

（3）学生自我反思评估：学生自我评价，反思个人在实训中的成长与不足（将自我反思评价作为评估最终成绩的重要依据）。

项目八　行业应用：AIGC赋能千行百业

▼ 学习目标

知识目标

- 了解智慧物流、智慧金融中 AI 的关键技术和创新应用。
- 了解 AIGC 在智慧教育中的课程内容制作、个性化教学、教学组织形式创新和自主学习辅助等应用。
- 了解智慧农业、智能制造中的 AI 应用模式。
- 了解 AI 技术在各行业应用中面临的挑战和未来发展趋势。

能力目标

- 能够分析不同行业中 AI 技术的应用现状和潜在价值。
- 能够运用 AIGC 工具生成和优化教学内容、金融报告。
- 能够从行业需求出发，提出创新性的 AI 应用思路和改进建议。

素养目标

- 培养对 AI 技术的敏锐洞察力和跨行业应用的创新思维。
- 树立终身学习理念，持续关注 AI 技术的发展和应用。

▼ 项目框架

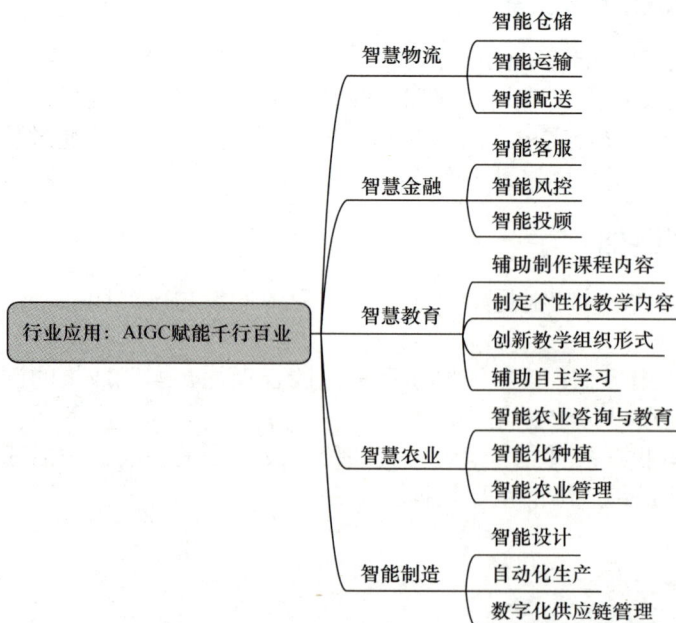

案例导入

AIGC 重塑行业运营模式，国产品牌案例全解析

如今，AI 已成为推动各行业变革的关键力量，从物流配送，到金融服务，再到教育、农业、制造等领域的突破，AI 正助力国货品牌创造令人惊叹的新成绩，为各行业发展带来了前所未有的活力。

（1）物流行业：快递 100 的智能寄递革新

快递 100 作为我国快递物流信息云服务的佼佼者，于 2024 年 4 月推出融合百度智能云千帆大模型平台的"AI 寄快递"，这是快递物流行业首个大模型 AI 原生商业化应用。用户只需对邮寄物品进行拍照，AI 便能理解寄件意图，判断物品能否邮寄及收费方式；对已收录地址库的收件人，用户将寄件意图完整表述，AI 即可自动生成寄件单，实现"一句话寄快递"。快递寄出后，90% 的问题 AI 能秒级智能处理。该应用上线后，显著提升和丰富了用户寄件效率与体验，引领快递物流行业智能化转型。

（2）金融行业：蚂蚁集团支小宝的专业服务升级

蚂蚁集团的"AI 金融助理"支小宝 2.0 版本，专注于理财和保险专业知识问答。它能基于用户的理财、保险产品持有情况，提供持仓分析、行情解读、智能核保与理赔等服务。

（3）教育行业：知学云与外研在线的创新实践

知学云依托自研的 AI Agent 平台，将生成式 AI 与客户私域知识和业务场景融合，打造了 AI 专家、AI 教练等智能应用，为学员提供个性化知识服务与高效学习体验。外研在线自主研发的 iTEST 智能测评云平台，基于 AIGC 技术实现多题型智能命题，通过制定专业提示词，赋能命题全流程。

（4）农业行业：凯盛浩丰与智绘农品的探索

凯盛浩丰农业集团联合复旦大学等推进 AI 番茄植株生长模型研发，实现种植自动化、无人化。智绘农品则利用 AIGC 技术，为农户提供农产品品牌形象一站式设计方案，涵盖品牌命名、Logo 设计、包装设计、海报设计等功能，农户通过输入提示词，即可快速生成设计成果，为农产品品牌建设注入了新活力。

（5）制造行业：海尔的智能制造升级

海尔依托自身研发的 COSMO-GPT 工业大模型，在智能制造领域取得显著成果。通过对生产线数据的深度分析，海尔实现生产线的数字孪生建模，真实、实时地同步物理生产线状态。基于此，模型能够精准预测设备故障，提前安排维护，减少设备停机时间。同时，面对多样化的市场需求，数字孪生模型助力快速调整生产流程，使柔性生产能力得到大幅度提升，可以高效切换不同产品的生产模式，能够满足市场个性化、定制化需求。

【启发思考】

1. 从以上案例中可以看出，在不同行业应用 AI 时，其核心的赋能点主要体现在哪些方面？

2. 结合案例，思考 AI 技术的引入对传统行业的业务流程和人员角色分别产生了怎样的影响。

任务一　智慧物流

知识储备

智慧物流是指通过物联网、大数据、云计算、AI 等先进技术，对物流活动进行智能化管理和优化，以提高物流效率、降低成本、丰富客户体验。

智慧物流作为现代物流业的核心发展方向，正在通过智能仓储、智能运输和智能配送等关键环节的创新，重塑整个物流体系。它不仅提升了效率，降低了成本，还为行业带来了前所未有的智能化体验，成为推动现代物流高质量发展的重要力量。

一、智能仓储

在物流行业加速变革的浪潮中，仓储环节正在发生深刻的变化。从自动化分拣到智能库存管理，智能仓储的崛起为物流行业带来了全新的机遇，开启了新的发展阶段。

1. 应用场景

智能仓储是现代物流行业的重要发展方向，通过自动化、数字化与智能化技术，实现仓储环节的高效管理和优化，涵盖货物分拣、库存管理、仓库机器人协同等多个方面。

例如，截至 2025 年 3 月（本书完稿时），京东物流的"亚洲一号"智能仓是华东地区规模最大、自动化程度最高的物流枢纽，通过智能分拣、无人仓储和 AI 调度等技术，实现了全链路的数字化管理，如图 8-1 所示。这些技术不仅提升了分拣效率，还推动了绿色低碳的发展。

图 8-1　京东物流的"亚洲一号"智能仓

2. 关键技术

在智能仓储的高效运作中，关键技术的创新应用是推动智能仓储发展的核心动力，其为仓储管理带来了更高的效率和精准度。

（1）计算机视觉

计算机视觉即利用 AI 技术识别商品条码和形状，指导自动导引车（Automated Guided Vehicle，AGV）机器人进行精准搬运。例如，极智嘉 Geek+ 的 P 系列拣选机器人通过计算机视觉技术，减少了 50% ～ 70% 的人工操作，同时将拣选准确率提升至 99.99%。

（2）需求预测模型

需求预测模型能够基于历史数据生成库存预测报告，帮助物流企业提前做好准备。例如，菜鸟网络的 AI 预测系统能够精准预测"双 11"期间的备货量，从而优化库存管理。

（3）数字孪生

数字孪生是指通过模拟仓库布局和操作流程，降低人工试错成本。例如，数字孪生可以帮助企业在虚拟环境中测试搬运路程和拣货效率，从而进行更精准的规划。

3. AIGC 创新应用

AIGC 在智能仓储中的应用越来越广泛。例如，顺丰 DHL 供应链的 AI 质检系统利用 AIGC 自动生成仓库巡检报告，并标注异常设备点位，大大提高了巡检效率。这种技术不仅节省了人力，还提高了设备维护的精准度。

4. 挑战与趋势

智能仓储的发展面临着一些挑战，如数据安全风险和初期投资成本高，然而其未来的发展趋势令人期待。一方面，无人化仓库将成为主流，通过高度自动化的设备和系统，减少人工干预；另一方面，柔性仓储技术将使仓库能够灵活应对市场需求的变化，提高仓储的适应性和效率。

二、智能运输

智能运输作为现代物流的关键环节，正在通过技术创新和智能化手段，不断提高运输效率和安全性，为物流行业带来新的发展机遇。

1. 应用场景

智能运输是现代物流与交通领域的重要发展方向，涵盖运输路径规划、车辆调度、实时路况响应及自动驾驶技术的应用。通过先进的技术手段，智能运输能够大幅提升运输效率、降低成本，并优化整体物流体验。例如，满帮集团利用 AI 算法实现全国范围内的车货匹配，成功将空驶率降低了约 20%。

2. 关键技术

物流行业借助 AI 实现物流运输的智能化升级，背后离不开关键技术的支撑。

（1）动态路径优化

动态路径优化即利用 AIGC 技术生成实时最优路线，帮助车辆避开拥堵路段和限高区域。例如，高德地图推出的"货车导航"功能能够精准识别并避开限高、限宽路段，为货车司机提供安全、高效的导航服务。

（2）自动驾驶

自动驾驶技术在物流运输中的应用逐渐成熟。例如，图森未来开发的 L4 级自动驾驶卡车已在港口集装箱运输中投入使用，通过先进的传感器和算法，实现高精度的自动驾驶，显著提升了运输效率和安全性。

（3）IoT 传感器与智能维保

在车辆上安装物联网（Internet of Things，IoT）传感器，实时监测轮胎压力、油耗等关键数据，并通过 AI 生成维保建议，可以帮助物流企业提前预防设备故障，降低运营成本。

3. AIGC 创新应用

AIGC 技术在智能运输中的应用不断拓展。例如，中通快递利用 AI 预测暴雨天气对干线运输的影响，并生成运输风险报告，帮助物流企业提前做好应对措施，确保运输安全。

4. 挑战与趋势

尽管智能运输展现出巨大的潜力，但仍面临一些挑战。自动驾驶法规的不完善，以及长距离运输的可靠性验证仍是亟待解决的问题。面向未来，结合 5G 和车路协同技术，智能运输有望实现全链路无人化操作，推动物流行业向更高效率、更安全的方向发展。

三、智能配送

智能配送正通过技术创新优化"最后一公里"服务，从无人机配送到客户需求动态响应，为物流末端带来高效与便捷的变革。

1. 应用场景

智能配送主要聚焦于解决物流配送的"最后一公里"难题，这是整个物流过程中最贴近消费者的环节，直接影响着消费者体验。在这一环节，传统配送方式面临诸多挑战，如交通拥堵、配送效率低等。为了应对这些挑战，无人机/无人车配送等新型技术手段应运而生，这些技术支持对消费者需求的动态响应。

例如，在城市中，传统配送方式在高峰时段常常面临配送延迟的问题。而无人机配送可以避开地面交通拥堵，快速将货物送达用户手中。以美团无人机在深圳的试点为例，如图 8-2 所示，借助 AIGC 技术规划航线，能够有效避开高压线等障碍物，将配送时间大幅缩短至 15 分钟左右。这一创新举措不仅提升了配送效率，还为消费者带来了全新的配送体验。

图 8-2　美团无人机配送

2. 关键技术

在智能配送的实践中，关键技术的突破是提升效率和服务质量的核心。

（1）实时动态调度

AIGC 技术根据订单密度、交通状况、配送员位置等多维度数据，可以为骑手生成最优路径。例如，饿了么利用 AI 实时动态调度系统，能够在短时间内对大量订单进行智能分配和路径规划；当某个区域订单量突然增加时，系统会迅速调整周边骑手的配送路线，确保订单能够及时送达，提高了配送效率和骑手的工作效率。

（2）用户画像匹配

通过对用户历史订单数据、浏览行为、配送时间偏好等信息的分析，AI 能够构建精准的用户画像，预测用户偏好的配送时段。例如，京东物流在配送过程中，运用这一技术，根据不同用户的特点合理安排配送时间，有效提升了首次配送成功率。

（3）多模态交互

随着 AIGC 技术的发展，多模态交互在智能配送中得到应用。例如，丰巢快递柜配备的 AI 语音助手，能够为取件的老年人提供语音指导，老年人只需说出取件码或相关指令，语音助手就能快速响应，引导老年人完成取件操作，解决了部分老年人不熟悉智能设备操作的问题。

3. AIGC 创新应用

生成式 AI 在智能配送中可以通过模拟配送异常场景，如交通堵塞、恶劣天气、车辆故障等，对骑手进行应急响应能力的训练。例如，菜鸟网络利用生成式 AI 创建各种复杂的配送场景，让骑手在虚拟环境中进行模拟演练。当遇到交通堵塞时，骑手可以在模拟场景中学习如何快速规划新的路线，如何与客户沟通解释延迟原因等，从而提高骑手在实际配送中应对突发情况的能力。

4. 挑战与趋势

目前，智能配送虽然取得了一定进展，但仍面临一些挑战。无人机空域管理限制是一大难题，由于无人机飞行涉及空域安全等问题，限制了无人机配送的大规模应用。同时，末端配送成本仍然较高，无论是无人机，还是无人车的研发、维护及运营成本，都相对较高。

然而，智能配送的发展趋势也十分明显，未来有望向"社区共享配送站＋无人车集群"模式演进。例如，一些城市已经开始试点社区共享配送站，将多个快递和外卖订单集中到一个配送站，再由无人车集群进行"最后一公里"的配送。这种模式可以整合资源，降低配送成本，提高配送效率，为智能配送的发展开辟新的道路。

德技并修

在 AI 时代，从业者应秉持正确的价值观，关注数据安全与隐私保护，避免过度依赖技术。面对 AIGC 等创新应用，要保持谨慎态度，确保技术应用的可靠性和可持续性。同时，要注重环保和可持续发展，推动智慧物流朝着绿色、高效的方向发展。

任务实施：探讨 AIGC 在智慧物流中的应用价值

1. 任务目标

深入挖掘 AIGC 技术在智慧物流领域，涵盖智能仓储、智能运输、智能配送等环节的应用价值。通过分析其应用场景、带来的效益及潜在影响，全面掌握 AIGC 如何为智慧物流赋能，为物流行业从业者合理引入和利用 AIGC 技术提供理论支撑与实践指导。

2. 实施步骤

（1）资料搜集

通过学术数据库、行业报告、新闻资讯等渠道，搜集 AIGC 技术在智慧物流领域的应用案例和研究成果。关注物流企业的实际应用案例，如京东物流等企业如何利用 AIGC 技术优化物流流程。搜集 AIGC 在智能仓储、智能运输和智能配送中的技术细节和应用效果数据。

（2）案例分析

挑选具有代表性的智慧物流案例进行分析，如京东物流通过 AIGC 技术实现精准定位、地址解析和货车路线规划；分析 AIGC 在智能仓储中的应用，研究 AIGC 在智能运输中的路线优化、交通预测和运输调度，探讨 AIGC 在智能配送中的"最后一公里"优化、智能调度和客户体验提升。

（3）价值归纳

根据搜集的资料和案例分析结果，归纳 AIGC 在智慧物流中的应用价值；分析 AIGC 技术如何通过数据驱动实现设施管理、运输服务效率和治理能力的全链条协同。

（4）挑战分析

探讨 AIGC 技术在智慧物流应用中可能面临的挑战，包括数据安全、技术可靠性、成本投入等方面；分析在智能仓储中，AIGC 技术如何应对复杂货物管理、设备调度等问题。

（5）讨论应对策略

以小组讨论的形式，针对 AIGC 技术在智慧物流中的优势和挑战，提出相应的应对策略。例如，通过优化数据管理、加强技术研发和合作等方式，提升 AIGC 在智慧物流中的应用效果。各小组分享讨论结果，共同总结出具有可行性的应对方案。

任务小结

本任务聚焦智慧物流领域，深入探讨了 AIGC 技术在智能仓储、运输、配送环节的应用，如仓储货物存储、车辆运输调度等。同时，明确了关键技术，并探究了创新应用，如优化库存管理、规划运输路线等。此外，还分析了当前面临的挑战与未来发展趋势。通过学习这些内容，读者对 AIGC 如何赋能智慧物流有了全面的认识，为后续应用实践筑牢基础。

任务二 智慧金融

知识储备

智慧金融是依托大数据、AI、云计算、区块链等先进技术手段，对传统金融业务进行深度整合与创新，实现金融服务的智能化、个性化、高效化和普惠化的新型金融模式。

智慧金融正通过智能客服、智能风控和智能投顾等创新应用，重塑金融服务的模式和效率。它以科技为支撑，优化客户体验，强化风险防控，提升投资决策的精准度，为金融行业带来更高效、更安全、更智能的服务变革，推动金融业务迈向高质量发展的新阶段。

一、智能客服

随着客户对服务效率和体验的要求不断提高，智能客服凭借 AIGC 技术的深度应用，正在成为提升服务质量和效率的重要手段，为金融、电商等行业带来全新的变革。

1. 自然语言交互能力升级

AIGC 技术通过深度学习实现更精准的意图识别，支持语音、文本等多模态交互，解决了传统客服机械化应答的问题，提升了沟通的自然度。例如，工商银行的"工小智"和招商银行的"小招客服"已广泛应用 AIGC 技术，能够处理产品咨询、账户操作等场景的智能化服务。

2. 多语种与全球化服务

AIGC 技术能够生成多语言对话内容，满足跨境金融业务的需求，降低全球化服务成本。例如，一些大型金融机构通过 AIGC 技术实现了多语种智能客服系统，支持 24 小时不间断服务，显著提升了为跨国客户服务的效率。

3. 用户画像与预测式服务

AI 通过记录用户行为数据，构建多维用户画像，预判需求并提供主动服务。例如，京东金融通过收集和分析用户的行为数据，构建全面的用户画像，然后根据用户画像的细分结果，制定个性化的营销策略。

4. 7×24 小时服务与效率提升

AI 客服能够无间断运作，替代人工处理 80% 以上的标准化问题，如账户查询和业务办理，释放人力处理复杂投诉或风控问题。例如，薇诺娜的智能客服系统通过自然语言处理和深度学习技术，实现了 7×24 小时不间断服务，快速响应客户咨询，显著提升了服务效率。

二、智能风控

在金融风险管理中，智能风控正借助 AIGC 技术整合多渠道信息、优化风险评估和降低成本，为金融机构筑牢安全防线，提升运营效率。

1. 全渠道风险信息整合

AIGC 技术能实时抓取互联网公开数据，如社交媒体帖子、企业公告等，并将这些非结构化数据进行结构化处理，呈现潜在风险信号。例如，在跨境供应链金融风控中，通过搜索引擎和大模型技术，实现实时监控供应商和买方的舆情，评估其还款能力是否受到关键事件的影响。

2. 文档自动化分析与预警

AIGC 技术可以处理海量的合同、财报等非结构化文档，提炼其中的风险点，如异常交易模式或信用评分异常，辅助风控人员做出决策。例如，DeepSeek 能够对供应商的库存数据进行分析，预测潜在的积压风险，并生成改进建议。

3. 动态风险评估模型

结合机器学习与知识图谱技术，构建了 AI 动态信用评估体系，显著提升了反欺诈和贷后监控效率。例如，中关村科金的"风控 2.0 数据决策平台"运用 AIGC 技术在信用风险、反欺诈、反洗钱等领域，融合内外部数据，建立了复杂的线上风控模型。该模型能够在排名前 500 的可疑交易中检测出 410 笔，准确率达 82%，将已有规则系统的准确度提高 75% 以上，并且能够在 1 秒内对 99.99% 的交易事件进行响应，帮助银行进行准确的可疑交易检测和拦截，及时发现和阻挡可疑交易。

4. 合规与成本优化

AIGC 技术可以自动化生成合规报告，降低人工审核错误率，同时通过替代重复性工作，将风控成本减少 30% ～ 50%。例如，传统风控报告的撰写需要数天甚至数周，而利用 AIGC 技术只需数分钟即可完成，显著提高了风控效率。

三、智能投顾

智能投顾借助 AIGC 技术，通过自动化投研、个性化配置、实时监测和投教创新，正在重塑投资服务模式，为投资者带来更高效、更精准的理财体验。

1. 投研报告自动化生成

AIGC 技术能够基于市场数据快速生成投资策略报告和市场分析摘要，显著缩短投研周期。例如，国泰海通证券利用大模型结合投顾知识库，打造了具备研报资讯核心观点生成和交互式研报筛选等功能的平台，通过自动化生成初稿并由投顾人员审核，确保内容的专业性和时效性。

2. 个性化资产配置建议

通过分析用户的风险偏好和财务目标，AI 能够生成定制化的投资组合方案，降低投顾服务门槛。例如，九方智投的数字人"九哥"和"九方灵犀"接入 DeepSeek-R1 后，能够根据用户需求提供个性化的投资建议。这种服务不仅提升了用户体验，还让更多的投资者能够享受到专业的投顾服务。

3. 实时市场监测与决策支持

利用自然语言处理技术，AI 可以实时解读新闻和财报，预警市场波动，辅助投资者调整策略。在智能投顾领域，国泰君安证券通过大模型技术的应用，为投资者提供了智能化的投资服务。例如，国泰君安证券打造了千亿参数级多模态垂类大模型——君弘灵犀大模型，结合君弘智投服务体系，实现了综合诊断、热点资讯等功能。该模型通过自然语言处理技术实时解读市场动态，为投资者提供精准的市场波动预警和投资策略调整建议。

4. 投资者教育与内容创新

AIGC 能够自动生成投教短视频、互动问答等富媒体内容，提升客户的金融素养。例如，国泰君安证券通过大模型生成投顾资讯，结合数字人技术实现短视频一键生成，为用户提供广谱式、伴随式的智能化服务。这种创新内容形式不仅降低了投资者的学习成本，还提升了教育效果。

5. 未来挑战

尽管 AIGC 在智能投顾领域展现出巨大潜力，但仍面临一些挑战。例如，AIGC 决策逻辑的透明性问题和法律责任归属问题亟待解决。只有通过技术优化和法规完善，智能投顾才能实现全流程的人工替代，为投资者提供更高效、更透明的服务。

> **想一想**
>
> 在智能投顾领域，AIGC 技术能够自动化生成投研报告，为投资者提供个性化资产配置建议。你认为这种自动化投研报告生成技术有哪些优势和局限性？

任务实施：分析 AIGC 在金融领域的其他应用场景

1. 任务目标

深入挖掘 AIGC 在金融领域除智能客服、智能风控、智能投顾外的其他应用场景，如智能营销、自动化交易、数字人服务等，旨在为金融机构提供创新思路，助力其借助 AIGC 技术拓宽业务边界、提升服务质量、提高运营效率，在竞争激烈的金融市场中占据优势。

2. 实施步骤

（1）资料搜集

利用金融专业数据库，如 Wind、彭博终端，检索关于 AIGC 在金融领域前沿应用的研究报告与学术论文。关注知名金融科技企业官网发布的技术动态、行业峰会演讲资料，搜集专家对 AIGC 新应用的观点。同时，在金融科技论坛、社交媒体群组中，筛选从业者分享的 AIGC 应用经验与讨论话题。

（2）案例分析

挑选国内外金融机构运用 AIGC 开拓新业务场景的典型案例，例如某银行利用 AIGC 生成个性化理财产品推荐文案，精准触达客户；探讨数字人技术在金融服务中的应用，如虚拟员工与真人员工协同服务的模式；详细剖析这些案例中 AIGC 技术的具体应用方式、解决的业务痛点及带来的实际效益，如客户转化率提升、风险评估准确性提高等。

（3）场景梳理与分类

根据搜集的资料与案例分析结果，梳理 AIGC 在金融领域的其他应用场景，并进行合理分类。例如，在金融营销方面，可用于个性化内容创作、客户画像细分；在合规管理上，辅助政策解读、风险预警；在金融产品设计领域，助力产品创新、定价策略优化等。

（4）可行性评估

从技术可行性、成本效益、合规性等角度，对梳理出的应用场景进行评估；分析每个场景实施过程中可能面临的技术难题，如数据安全、模型适配；测算投入成本与预期收益，研究是否符合金融监管政策。例如，评估 AIGC 在跨境金融业务场景中的合规性，分析其在不同国家监管政策下的可行性。

（5）总结与分享

汇总分析成果，形成详细报告，总结 AIGC 在金融领域的创新应用场景、可行性结论及发展建议。组织小组讨论，各成员分享对不同场景的见解，共同探讨 AI 在金融领域未来应用的拓展方向。

任务小结

本任务聚焦智慧金融，深入探讨 AIGC 在智能客服、智能风控和智能投顾中的应用。在智能客服领域，AIGC 升级自然语言交互能力，实现多语种、7×24 小时服务，并基于用户画像提供预测式服务，提升效率与体验。在智能风控方面，AIGC 整合全渠道风险信息，实现文档自动化分析与预警，构建动态风险评估模型，助力金融机构优化合规与成本管理。在智能投顾领域，AIGC 可以自动生成投研报告，提供个性化资产配置建议，并实时监测市场动态，支持投资者投资决策。

任务三　智慧教育

知识储备

智慧教育是指依托现代信息技术，如 AI、大数据、云计算、物联网、5G 等先进技术，构建智能化、个性化、高效化的教育生态系统。

智慧教育通过辅助制作课程内容、制定个性化教学内容、创新教学组织形式和辅助自主学习，借助 AI 和大数据技术，为教育领域带来了高效、精准和个性化的变革，推动教学模式从传统向智能化、个性化方向发展，助力教育质量的全面提升。

一、辅助制作课程内容

AIGC 技术在辅助制作课程内容上的应用主要体现在以下 3 个方面。

1. 智能生成教学资源

AIGC 技术能够自动生成课件、教案、视频等教学素材，覆盖教学目标与主题。例如，科大讯飞的 AI 学习机利用大模型技术生成英语听说课程内容，通过自然语言处理技术生成教学视频、练习题和解析文档。

2. 自动化出题与题库建设

AIGC 可以根据知识点自动生成选择题、填空题等试题，并动态调整难度。例如，江西软云科技股份有限公司于 2024 年 12 月申请了一项名为"一种题库建设方法、系统、存储介质以及电子设备"的专利。该专利通过自动化手段，利用智能算法对题库中的"母题"进行拆分和衍生，生成多样化的题目，显著提升了题库建设的效率，减少了人工命题的时间和降低了劳动成本。

3. 教师端效率提升

AIGC 技术能够显著节省教师的备课时间，提供个性化教案推荐。例如，光明日报 2025 年 2 月 25 日的一篇报道中提到，新学期伊始，江苏省南京市某小学科学教师已利用 AI 帮自己做好了课程准备。借助 AIGC 技术辅助备课，不仅能够快速、精准地锚定新课标要求完善课件，完成备课与二次备课，还能针对学生差异设计个性化教学方案。

二、制定个性化教学内容

AIGC 技术可以为学生量身定制个性化教学内容，具体内容如下。

1. 动态难度适配与学习路径规划

通过分析学生的能力水平，AIGC 技术能够帮助教师动态调整练习题的难度，平衡挑战性与完成度，还可利用知识图谱和机器学习技术设计"千人千面"的学习路径，帮助学生更高效地掌握知识。例如，成都首批 35 所中小学开展"人工智能＋教学"试点，通过精准识别学生的学习特点与需求，提供个性化的学习路径与学习资源。

2. 精准推荐与反馈闭环

基于学生的学习数据，智慧教育系统可以精准推荐个性化的学习资源，如错题强化练习和知识点解析。例如，佳发教育利用大模型技术实现了对英语听说的精准训练，帮助学生提升语言能力。

3. 职业规划与兴趣匹配

AIGC 技术能够通过分析学生的兴趣和能力，推荐职业选择与培训方案，并结合市场需求生成职业发展建议。例如，一些教育平台利用 AIGC 技术提供升学指导和职业规划服务，帮助学生更好地规划未来。

三、创新教学组织形式

创新教学组织形式即借助 AIGC 技术通过自动评阅与考试管理、听说考试与语言学习、理化生实验和体育测评等，打破传统教学模式，为学生带来更高效、更灵活、更沉浸的学习体验。

1. 自动评阅与考试管理

自动评阅与考试管理，就是借助 AIGC 技术实现作业和试卷的智能批改及口语考试的自动评分。

（1）智能批改作业与试卷，分析知识点掌握情况

在智能批改系统中，教师只需将学生的作答拍照上传，系统便能迅速识别题目与答案，自动批改并给出分数。同时，借助大数据分析，系统还能精准定位学生对各个知识点的掌握情况。例如，在数学作业批改中，系统能详细统计出学生在函数、几何等不同版块的错误率，帮助教师明确学生的学习薄弱点，以便开展针对性辅导。

（2）口语考试自动评分

在英语听说考试中，可以借助 AIGC 技术进行语音识别、自然语言处理等，从发音的准确性、流利度、词汇运用等多个维度对考生的口语表达进行客观评估。与传统人工评分相比，自动评分不仅大大提升了评分效率，还确保了评分的公正性和客观性，有效减少了人为因素的干扰。

例如，科大讯飞的听说 AI 解决方案可以对考生的口语表达进行多维度评估，并且能够确保评分的公正性和客观性。

2. 听说考试与语言学习

在听说考试与语言学习中，AIGC 技术的作用主要体现在以下两个方面。

（1）AI 语音识别与合成技术辅助发音纠正和对话练习

在语言学习中，当学习者进行跟读练习时，AI 语音识别技术能够精准识别发音错误，并提供详细的纠正建议。例如，学习者读单词"difficult"发音不准时，AI 语音识别技术会迅速指出问题，并给出标准发音示范。同时，AI 对话功能可以利用语音合成技术模拟真实

对话场景，与学习者进行互动交流，有效提升学习者的口语表达能力。

（2）多语言教学内容生成，支持虚拟角色互动

小猿搜题推出的多语言学习模块，利用 AIGC 技术为学习者提供丰富的多语言教学内容。学习者可以与模块中的虚拟角色进行对话，虚拟角色能根据学习者的输入，生成自然、流畅的回复，帮助学习者进行语言实践。

3. 理化生实验

在理化生实验教学中，不少学校引入了 VR/AR 实验教学平台，如图 8-3 所示。例如，在进行电磁感应实验时，学生戴上 VR 设备，就像身处真实实验室一样，能够亲手操作各种实验仪器，进行实验操作。AI 会实时监测学生的操作步骤，一旦发现错误，便及时给予指导和纠正。在化学实验中，对一些具有危险性的操作，如酸碱中和反应，AI 会提前进行安全预警，告知学生潜在风险和正确操作方法，保障实验安全。

图 8-3　学生在 VR 教室上课

4. 体育测评

在体育测评中，AI 可以进行动作识别和运动数据分析。例如，在跑步测试时，运用 AI 动作识别技术能准确识别学生的跑步姿势，分析步频和步幅等数据，并给出专业的运动建议，帮助学生提高体育成绩。

四、辅助自主学习

AIGC 技术在辅助自主学习方面的主要应用如下。

1. 口语学习与智能问答

语音识别技术可以为口语学习提供实时发音反馈，支持多语种对话练习。例如，科大讯飞推出的讯飞听见 App 能够精准识别学习者的语音内容，标注发音错误并提供纠正建议，还可模拟多语种对话场景，帮助用户进行口语练习。百度旗下的文心一言大模型也融入语言学习类应用，用户可通过与 AI 对话进行口语训练，系统会从语音语调、用词准确性等维度给予即时反馈，帮助学习者提升口语水平。此外，科大讯飞的讯飞星火认知大模型通过其强大的自然语言处理能力，为用户提供智能问答服务，帮助学生更好地理解和掌握知识。

2. 拍照搜题与错题分析

图像识别技术能够快速解析题目，推荐同类题型与解题思路。例如，夸克搜题通过先进的 OCR 技术和智能匹配算法，支持拍照搜题功能，为学生提供详细的解题步骤，覆盖从小学到高中的各个学科。此外，小猿搜题作为一款知名的拍照搜题工具，拥有海量题库和精准的搜索能力，能够帮助学生快速找到答案并提供视频讲解。

3. 自主学习闭环与情感互动

AIGC 技术可以生成学习报告与思维导图，提炼复习重点，帮助学生系统总结知识。例如，

北极星 AI 的智能错题本通过错题整理和错因分析，为学生提供"举一反三"的练习，助力学生精准提分。同时，线上线下融合的活动（如研讨会）增强了师生之间的情感联系，避免学生过度依赖技术，确保学习过程既有技术辅助，又不失人际互动。

> **想一想**
>
> 你认为未来 AIGC 工具应如何结合语音情绪识别、微表情分析等技术，构建更具共情力的自主学习环境？

任务实施：探讨如何应对 AIGC 为教育创新带来的挑战

1. 任务目标

全面剖析 AIGC 在教育创新过程中引发的各种挑战，包括数据质量、技术可靠性、教师角色转变等方面。通过深入探讨，提出切实可行的应对策略，帮助教育从业者、教育机构及相关政策制定者有效应对挑战，充分发挥 AIGC 在辅助制作课程内容、制定个性化教学内容、创新教学组织形式和辅助自主学习等方面的积极作用，推动教育创新朝着健康、可持续的方向发展。

2. 实施步骤

（1）资料搜集

搜集 AIGC 在教育领域的各类应用案例，着重关注辅助制作课程内容、制定个性化教学内容、创新教学组织形式和辅助自主学习等关键方面的实际表现。同时，深入分析 AIGC 技术在推动教育创新进程中的优势与挑战，参考相关专业研究报告及丰富的实践案例，为后续研究奠定坚实的基础。

（2）挑战分析

分析 AIGC 在教育应用中面临的数据质量不足、幻觉问题，以及技术可靠性挑战等；研究 AIGC 技术对教师角色的影响，以及教师在技术应用中的适应性问题。

（3）应对策略探讨

提出通过改进算法、强化数据质量管控、提升多模态数据处理能力等策略，通过专业培训、跨学科合作、搭建学习交流平台等方式，帮助教师适应技术变革。

（4）实践探索与总结

结合实际案例，分析 AIGC 在教育创新中的成功经验和不足之处。总结应对策略的可行性，提出未来教育创新的发展方向，如多模态融合、个性化学习等。

（5）成果输出

撰写任务报告，总结 AIGC 在智慧教育中的应用挑战与对应的应对策略。该报告将为教育机构的决策制定，以及教育者的教学实践提供具有重要参考价值的信息。

任务小结

本任务聚焦智慧教育领域，探讨了 AIGC 技术在教育中的应用。AIGC 不仅能够辅助制作课程内容，快速生成高质量教学资料，减轻教师负担，还能根据学生特点制定个性化教学内容，满足不同学习需求。

此外，AIGC 创新了教学组织模式，支持线上线下融合、虚拟课堂等新形式。同时，通过智能辅导和学习路径规划，AIGC 为学生提供自主学习辅助，提升学生学习效率。这些应用展现了 AIGC 在教育创新中的巨大潜力，为未来教育发展提供了新思路和新方向。

任务四　智慧农业

知识储备

智慧农业是指在数字化、网络化、智能化技术的支持下，对农业生产全过程进行感知、传输、存储、处理和控制，从而实现农业生产过程的可视化、决策的智能化、操作的精准化，以及管理的信息化。

智慧农业通过智能农业咨询与教育、智能化种植和智能农业管理，借助大数据、物联网和 AI 等技术，为农业生产提供精准指导、高效管理和个性化服务，推动农业向高效、绿色、可持续的方向发展，助力乡村振兴和农业现代化进程。

一、智能农业咨询与教育

在农业现代化进程中，智能农业咨询与教育借助先进的信息技术，深度融合农业生产的各个环节，从数据驱动的农技指导，到线上培训与知识共享，再到专家系统与远程诊断，全方位为农业生产赋能。

1. 数据驱动的农技指导

在现代农业生产中，精准的农技指导是提升农业生产效率和降低风险的关键。借助 AIGC 技术对土壤质地、土壤肥力、气象条件等多维度数据的深度分析，能够为农户提供科学、精准的施肥和灌溉建议。这种数据驱动的决策方式，不仅能够提高资源利用效率，还能减少因盲目操作导致的生产损失。例如，托普云农的智慧农业解决方案通过传感器实时监测土壤湿度、温度等数据，并结合气象信息，为农户提供精准的灌溉和施肥建议，有效提升资源利用效率。

2. 线上培训与知识共享

数字化技术的快速发展为农业知识的传播提供了全新的途径。搭建数字化教育平台，以直播、云课堂等形式将先进的种植技术、管理经验和市场信息快速传递给广大农户。这种线上培训模式打破了时间和空间的限制，使农户能够随时随地获取最新的农业知识，从而提升自身的生产技能和管理水平。例如，布瑞克的农业大数据平台通过线上课程和直播培训，为农户提供种植技术、病虫害防治等知识，帮助农户提升生产技能。

3. 专家系统与远程诊断

随着 AIGC 技术的不断进步，农业领域的智能化服务也在逐步升级。结合 AIGC 技术构建的专家系统，能够为农户生成个性化的解决方案，并实时解答他们在生产过程中遇到的各种疑难问题。这种远程诊断服务不仅提高了问题解决的效率，还降低了农户寻求专业帮助的成本。例如，国源科技的智慧农业平台利用 AIGC 技术，为农户提供远程诊断服务，通过分析上传的作物图像和数据，生成个性化的病虫害防治方案。

二、智能化种植

随着科技的飞速发展，智能化种植逐渐走进人们的视野，它借助先进的技术手段，让农业生产变得更高效、更精准，给传统农业带来了前所未有的变革。

1. AI 种植模型优化

在智能化种植中，AI 种植模型优化是提升农业生产效率的关键手段之一。通过机器学习技术，AI 模型能够对海量的农业数据进行分析，精准预测作物的生长周期，并优化种植密度、水肥配比等关键参数。

例如，商汤科技发布的"稷睿"种植决策大模型，基于多模态数据智能分析能力，可对卫星遥感、气象气候、土壤墒情肥力等多领域数据进行分析，为农场提供长势监测、气象预报、灾害预警等服务。此外，该模型还能根据全年产量目标，自动生成作物种植全过程生产计划，指导耕地播种、水肥植保和收割等工作。

2. 设施农业数字化

设施农业数字化是现代农业发展的重要方向。通过物联网设备，农业生产者可以实时监控温室内的温度、湿度、光照强度、土壤水分等环境参数，并结合区块链技术实现全流程溯源，确保农产品的质量。

例如，极客新农的智慧环控软件通过集成物联网技术和 AI 算法，动态调整温室内的温度、光照、水分等关键参数，为作物创造最佳生长环境。

3. 机器人技术应用

机器人技术在农业中的应用，正在逐步改变传统农业的生产方式。通过部署授粉、采摘等农业机器人，农业生产可以减少对人工的依赖，同时提升作业效率和精准度。例如，中科原动力的"智牛号"无人作业智能农机，配备了 360°融合感知系统和北斗全无人驾驶系统，能够实现全自主无人驾驶和精准作业，如图 8-4 所示。

图 8-4　中科原动力无人作业智能农机

三、智能农业管理

在现代农业发展中，智能农业管理正借助先进的技术手段，从生产到销售、从机械调度到生态监控，全方位提升农业效率和可持续性，为农业现代化注入强大的动力。

1. 全产业链数字化

智能农业管理的一个重要方向是实现农业全产业链的数字化改造。通过整合企业资源计划（Enterprise Resource Planning，ERP）系统和区块链溯源平台，农业生产从种植、加工到销售的各个环节都能实现数据化管理，从而提升供应链的透明度和效率。

例如，江苏省南京市浦口区的"透明农场"模式，通过物联网技术和信息化平台，实现了从田间到餐桌的全流程数字化管理，不仅提高了生产效率，还提升了农产品的品质和市场竞争力。

2. 智能农机协同调度

智能农机技术的应用是农业现代化的重要标志之一。利用北斗导航与自动驾驶技术，农机的作业路径和效率得到显著优化。例如，司南导航的精准农业系统利用北斗高精度定位技术，为农机提供自动驾驶解决方案，不仅提高了作业精度，还减少了人工成本。

3. 生态效益监控

在推动农业高效生产的同时，智能农业管理也要注重生态效益的提升。通过大数据分析，农业生产中的水、肥、药使用量能得到有效监控，从而减少资源浪费，推动绿色农业发展。例如，捷佳润的水肥一体化智能灌溉系统，通过精准控制灌溉和施肥，不仅提高了资源利用效率，还减轻了对环境的污染。

> **想一想**
>
> 你觉得未来智能农业咨询与教育要如何发展能更好地服务农民？结合自己对农业的了解想出一些可以改进的地方，可以通过询问 AIGC 工具扩展更多的思考维度。

任务实施：探讨 AIGC 在农业领域的应用价值

1. 任务目标

本任务旨在全面且深入地探讨 AIGC 技术在农业领域的应用价值，涵盖智能农业咨询与教育、智能化种植和智能农业管理等方面。分析其在智能农业咨询与教育、智能化种植和智能农业管理等方面的实际应用和潜在优势，同时识别当前应用中的挑战，为农业领域的数字化转型提供参考。

2. 实施步骤

（1）资料搜集

搜集 AIGC 在智慧农业中的应用案例，重点关注其在智能农业咨询与教育、智能化种植和智能农业管理中的具体实践；分析 AIGC 技术在农业领域的前沿应用，如精准种植优化、农业气象预测和农业供应链管理等。

（2）应用场景分析

探讨 AIGC 如何通过生成高质量的教育内容和在线咨询支持，提升农业从业者的技术水平；分析 AIGC 在作物生长监测、病虫害预警、精准灌溉和施肥等方面的应用，如通过生成对抗网络预测作物生长状况；研究 AIGC 在农业供应链管理、资源优化配置、智能决策支持等方面的应用。

（3）价值评估

评估 AIGC 技术在提升农业生产效率、降低成本、优化资源管理、提升农产品质量等方面的潜在价值。分析 AIGC 技术如何通过智能化预警和精准管理，减少因天气变化或病虫害导致的损失。

（4）挑战识别

识别 AIGC 在农业应用中面临的挑战，如数据质量、模型可靠性、技术普及难度，以及伦理和隐私等方面的挑战。

（5）总结与建议

总结 AIGC 在智慧农业中的应用价值和挑战，提出针对性的优化建议，如加强数据基础设施建设、推进农业从业者的技术培训等；探讨未来 AIGC 技术在农业领域的应用趋势，如多模态数据融合、智能化决策支持等。

任务小结

本任务聚焦智慧农业领域，深入探讨了 AIGC 技术在智能农业咨询与教育、智能化种植和智能农业管理中的应用。在智能农业咨询与教育方面，AIGC 通过数据驱动的农技指导、线上培训与知识共享等，提供高效的知识共享与远程诊断服务，助力农民提升技术水平。在智能化种植中，AIGC 优化 AI 种植模型，推动设施农业数字化，并结合机器人技术实现精准作业。在智能农业管理领域，AIGC 助力全产业链数字化，实现智能农机协同调度和生态效益监控，提升农业生产的整体效率和可持续性。这些应用展现了 AIGC 在智慧农业中的巨大潜力，为农业现代化发展提供了有力的支持。

任务五　智能制造

知识储备

智能制造是一种将先进的信息技术与制造技术深度融合的新型生产模式，它通过智能化的设备、系统和网络，实现生产过程的自动化、优化和自适应。

智能制造通过智能设计、自动化生产和数字化供应链管理，深度融合 AI、大数据和物联网技术，优化生产流程，提升效率与质量，推动制造业从传统制造向智能化、高效化和数字化转型，为产业升级注入强大的动力。

一、智能设计

智能设计借助 AIGC 技术，通过快速原型生成、需求预测与个性化设计和跨领域知识融合，为设计师提供高效、精准的工具支持，推动设计行业向更高效、更智能的方向发展。

1. 快速原型生成

AI 辅助设计工具能够根据文字描述快速生成产品 3D 模型和渲染图，缩短设计周期。例如，国产设计工具小撮 AI 通过自然语言处理技术，根据用户输入的文字描述智能生成线框原型图和高保真设计稿，支持智能填充和文本生成，能够帮助设计师快速实现从概念到原型的转变。

2. 需求预测与个性化设计

通过用户数据分析和关键词输入，AI 能够生成符合市场趋势的多样化设计方案。例如，国产设计平台图怪兽 AI 设计可以根据用户输入的关键词快速生成海报、电商营销素材等，支持一键生成热门模板，满足不同用户的个性化需求。此外，易企秀的小易 AI 也可通过 AIGC 技术为用户提供智能设计建议，帮助用户快速生成吸引人的视觉作品。

3. 跨领域知识融合

结合行业专家经验和 AI 生成能力，智能设计工具能够优化产品结构设计，提升功能性和美观度。例如，MasterGo 是一款面向团队的专业在线用户界面（User Interface，UI）和用户体验（User Experience，UX）设计工具，支持多达 500 人同时在线协同工作，通过 AIGC 技术实现设计流程的自动化和优化，帮助设计师和工程师更好地协作。

二、自动化生产

自动化生产借助 AIGC 技术，通过工艺规划与优化、预测性维护与故障诊断和数字孪生与实时控制等手段，优化生产流程，提升效率和质量，推动制造业向智能化、高效化方向发展。

1. 工艺规划与优化

通过大模型生成制造工艺流程和设备选型方案，并动态调整参数，可以提升良品率。

例如，美云智数的美擎平台通过 AIGC 技术，结合制造业知识和 AI 算法，实现了从产品设计到制造的无缝衔接。美擎计算机辅助工艺设计（Computer Aided Process Planning，CAPP）系统能够优化工艺设计、资源管理和仿真，帮助企业提升生产效率和产品质量。

2. 预测性维护与故障诊断

AIGC 技术通过分析设备运行数据，提前预警故障并生成维修建议，减少设备停机时间。例如，硕橙科技利用 AI 算法分析设备的噪声、振动等数据，构建数字化运维平台，能够精准定位故障部位并提供维修建议。这种预测性维护方案不仅减少了设备停机时间，还提升了设备的良品率。

3. 数字孪生与实时控制

AIGC 技术可以构建生产线的数字孪生模型，模拟复杂生产行为并优化参数，实现设备的远程控制。例如，华力创通的数字孪生平台通过数字技术集成创新，提供"一网多端、中台接入、多源驱动、决策智能"的解决方案。该平台能够对全域运行数据进行实时汇聚、监测、治理和分析，构建典型通用的数字孪生系统，全要素感知辅助宏观决策指挥。这种技术不仅提高了生产效率，还推动了制造业向智能化、数字化转型。

三、数字化供应链管理

数字化供应链管理即借助 AIGC 技术，通过智能预测与动态调整、供应链协同与风险预警、端到端效率提升，提升采购、库存、物流等环节的效率与精准度，为企业打造高效、稳定的供应链体系。

1. 智能预测与动态调整

AI 可以通过分析历史数据和市场变化，生成采购计划、库存预测及物流路径优化方案。例如，DeepSeek 利用 AI 技术覆盖从仓储管理到末端配送的全链条，通过智能预测和动态调整，优化资源配置，提升供应链效率，以及库存预测准确率和库存周转率。

2. 供应链协同与风险预警

通过多源数据整合，AI 可以实现供应链可视化，预测供应链中断风险并生成应急策略。例如，洞隐科技的供应链管理平台通过端到端可视化和网络协同功能，提供预测性洞察和智能决策支持，帮助企业提前应对潜在风险。此外，AIGC 技术还能通过实时监控和数据分析，提前预警供应链中断风险，助力企业制定应急策略。

3. 端到端效率提升

AI 通过自动化生成订单履约方案，能够优化从原材料采购到成品交付的整个流程。例如，准时达供应链通过 AI 算法实现仓储库存的动态调整，确保供应链的稳定运行。此外，AI 驱动的供应链管理平台能够集成预测、计划、采购、制造和物流等功能，依托自动化工具实现全程智能化，提升整体效率。

德技并修

在智能制造时代，我们要强化数字化协作意识与风险担当精神，通过数据共享提升供应链韧性，兼顾效率与安全。面对技术的迭代，我们要敏锐捕捉智能设计中的创新机遇，警惕过度依赖算法导致的思维固化，同时还需明晰数字孪生等技术应用中的权责边界，避免数据滥用对生产链的潜在反噬，用人文温度平衡效率追求，让技术真正服务于可持续发展。

任务实施：探讨 AIGC 在智能制造领域的应用价值

1. 任务目标

本任务旨在深入探讨 AIGC 技术在智能制造领域的应用价值，分析其在智能设计、自动化生产和数字化供应链管理中的具体应用和潜在优势，识别当前应用中的挑战，并提出优化建议，为制造业的数字化转型提供参考。

2. 实施步骤

（1）资料搜集

搜集 AIGC 在智能制造领域的最新应用案例和技术进展，重点关注智能设计、自动化生产和数字化供应链管理；分析 AIGC 技术在制造业中的应用现状和未来趋势。

（2）应用场景分析

研究 AIGC 如何通过生成式设计优化产品设计流程，提升设计效率和创新能力；探讨 AIGC 在生产过程中的应用，如智能机器人调度、生产流程优化和质量检测；分析 AIGC 在供应链中的应用，如需求预测、库存优化和物流调度。

（3）价值评估

评估 AIGC 在提升生产效率、降低成本、优化资源管理等方面的潜在价值；分析 AIGC 如何通过智能化决策支持和预测性维护，提升制造业的整体竞争力。

（4）挑战识别

识别 AIGC 在制造业应用中面临的挑战，如数据质量、模型可靠性、技术普及难度，以及伦理和隐私等方面的挑战。

（5）总结与建议

总结 AIGC 在智能制造中的应用价值和挑战，提出针对性的优化建议，如加强数据基础设施建设、推进技术培训等。探讨未来 AIGC 技术在制造业中的应用趋势，如多模态数据融合、智能化决策支持等。

任务小结

本任务聚焦智能制造领域，深入探讨了 AIGC 技术在智能设计、自动化生产和数字化供应链管理中的应用价值。在智能设计方面，借助 AIGC 技术，实现快速原型生成、精准需求预测与个性化设计，促进跨领域知识融合，大幅提升了设计效率和创新能力。在自动化生产中，AI 可以优化工艺规划，实现预测性维护与故障诊断，并通过数字孪生技术提升实时控制能力，保障生产稳定、高效。在数字化供应链管理方面，AI 可以助力智能预测与动态调整，强化供应链协同与风险预警，提升端到端效率。这些应用展现了 AIGC 在智能制造中的巨大潜力，为制造业的数字化转型提供了有力的支持。

综合实训：探索更多 AIGC 在各行各业的应用案例

一、实训目标

本实训旨在引导学生深入了解 AIGC 技术在不同行业的应用现状和创新实践，培养其分析和解决实际问题的能力，提升跨行业应用的创新思维。通过小组合作与项目实践，增强团队协作和沟通能力，为学生未来的职业发展奠定基础。

二、实训思路

1. 实训准备阶段

简要回顾 AIGC 技术的基本原理、应用场景和行业趋势，学生分成若干小组，每组选择一个特定行业作为实训主题，如医疗、影视、广告等；每个小组自行搜索行业相关的资料来源，包括行业报告、学术论文、新闻资讯和案例分析等。

2. 实训实施阶段

（1）行业应用调研

各小组借助网络咨询平台、专业学术数据库、权威行业研究资料等多种渠道，针对所选行业剖析 AIGC 的实际应用状况、成功案例及面临的难题。举办分享交流会，阐述调研过程中的关键发现与重要结论，鼓励学生积极提问、交流观点。

（2）案例分析与讨论

各小组选取一个具体的 AIGC 应用案例，深入分析其技术实现、应用场景、价值创造和潜在问题。小组讨论总结 AIGC 在该行业的核心价值和优化方向，并提出创新性改进建议。

（3）模拟项目策划

基于前期的调研数据，各小组组织策划一个切实可行的 AIGC 项目，明确达成目标、预期成果所需的 AIGC 技术类型、评估潜在风险等，并制定详细应对方案。运用在线协同办公软件，详细策划项目流程、设置人员分工等。

（4）工具应用实践

根据策划项目的需求，选择合适的 AIGC 工具进行实际操作，如使用 DeepSeek 生成文案、使用可灵生成视频等。完成操作后，各小组展示实践成果，分享使用过程中的体会、遇到的技术障碍及解决方案。

三、实训总结与反思

撰写实训报告，总结个人在实训过程中个人知识水平与技能的提升情况，详细记录遇到的困难及采取的解决办法。然后各小组进行最终成果汇报，包括项目成果展示、团队合作经验教训分享，以及对 AIGC 未来在行业中的发展趋势进行展望，分析可能出现的发展机遇。

最后，组织班级集体讨论，围绕"AIGC 在不同行业的应用潜力""行业应如何主动适应 AIGC 带来的变革"等话题展开深入探讨，鼓励学生发表见解，促进深度思考。

四、实训评估

（1）过程评估：教师根据学生在实训过程中的参与情况、出勤率和课堂表现进行评价；评估小组成员的分工是否合理，协作是否顺畅，是否能有效完成任务；考查学生在项目策划和实践中的创新性思维，是否能提出独特的解决方案。

（2）教师成果评估：教师依据项目策划的合理性、完整性、创新性进行评价；根据实践成果的实用性、创新性和完成度进行综合评价；评估小组案例分析的深度和广度，以及提出的改进建议是否具有可行性。

（3）学生自我反思评估：学生自我评价，反思个人在实训中的成长与不足，提出对实训内容和形式的改进建议（将自我反思评价作为评估最终成绩的重要依据）。

项目九　智慧生活：AIGC助力便捷生活

学习目标 ▼

知识目标

- 了解AIGC在智慧生活范畴内的多元技术应用。
- 了解AIGC在各类应用场景中的工作原理及技术优势。
- 了解AIGC在智慧生活中的应用场景。

能力目标

- 能够深入理解AIGC对社会发展的价值与推动作用。
- 能够使用AIGC智能翻译工具进行简单的文档翻译。
- 能够使用AIGC工具高效地获取信息。

素养目标

- 培养敏锐洞察力，关注前沿信息，探索AIGC在智慧生活中的新应用与趋势。
- 提升跨学科融合素养，从多视角分析AIGC对智慧生活的价值与影响。

项目框架 ▼

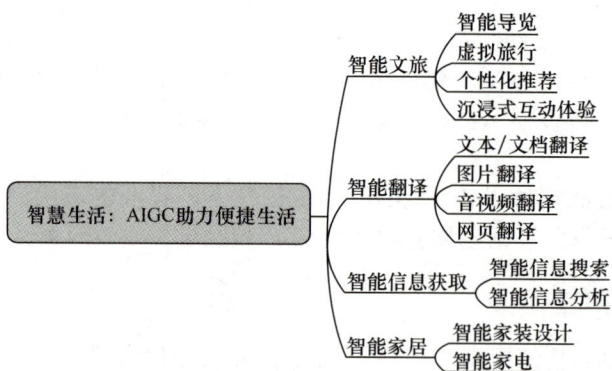

案例导入

"行走的天文馆"：智慧文旅引领星际穿越新体验

　　上海天文馆作为全球建筑面积最大的天文主题场馆，以"塑造完整宇宙观"为愿景，通过5G+8K、数字孪生、"元宇宙"、数字人、VR与AR等技术，结合专业天文仪器、天文馆科普知识、全新交互理念，打造全国首个天文"元宇宙"沉浸式体验产品，构建智慧文旅沉浸式体验新空间，丰富高质量科普服务供给，为游客开启"元宇宙"与星辰大海的探索征程，如图9-1所示。

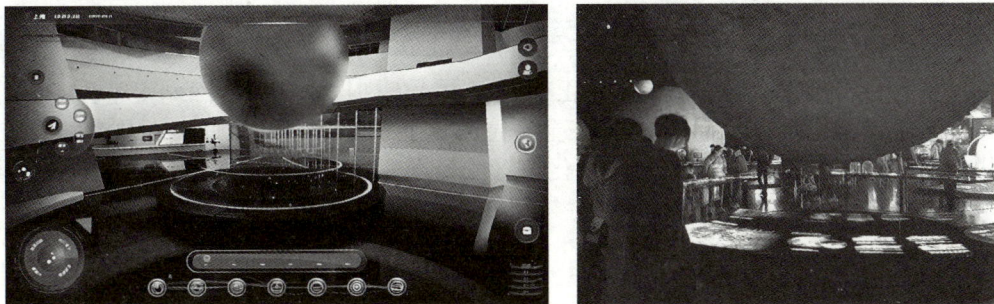

图 9-1　上海天文馆

上海天文馆借助 AIGC 技术，构建了功能强大的智能导览系统。游客只需通过移动端的天文馆专属 App，就能轻松获取个性化的游览路线。系统依据游客的浏览历史、搜索偏好，以及在馆内的实时位置，精准规划参观路径。在参观过程中，智能导览系统还能通过自然语言处理技术实时解答游客的各种疑问，无论是关于某颗行星的详细数据，还是某个天文现象的原理。

展示内容的智能化呈现是上海天文馆的一大亮点。AIGC 技术深度融入展品展示，为游客带来丰富且生动的体验。以太阳系展区为例，除了按照真实比例排列的巨型行星模型和动态影像展示，AIGC 技术会根据游客在展区的停留时间、关注焦点，自动生成个性化的讲解内容。

互动体验也是展馆的一大亮点。游客坐在模拟太空舱中，借助 VR 技术，能够身临其境地感受火箭发射、星际穿越带来的震撼，体验失重的奇妙感觉。天文观测区配备专业天文望远镜，在工作人员的指导下，游客可亲手操作，探索月球、木星卫星等天体，拉近人与宇宙的心理距离。

科技应用全方位提升上海天文馆的沉浸式体验。AR 技术赋能展品展示，游客用手机扫描展品，即可获取丰富的科普信息，如 3D 天体模型、历史背景介绍和互动科普游戏，以更生动的方式学习天文知识。球幕影院采用超高清投影技术与环绕音效播放宇宙探索影片，游客仿佛在宇宙中穿梭，感受其壮美与神秘。

上海天文馆通过建筑、展示、互动与科技应用的有机结合，全方位打造沉浸式体验。从充满科幻感的外观，到丰富的展示内容；从震撼的互动体验，到前沿的科技应用，每一处细节都致力于让游客深度领略天文文化魅力，成为游客探索天文奥秘、感受宇宙之美的绝佳场所。

【启发思考】

1. AIGC 技术在"行走的天文馆"中扮演了重要角色，AIGC 技术如何为文旅项目带来更高效、更个性化的服务？你认为 AIGC 技术在文旅领域的其他潜在应用场景有哪些？

2. 沉浸式体验既提升了游客的娱乐体验，在教育方面也具有重要意义。思考沉浸式体验如何改变传统教育模式，特别是在科普教育中的应用前景。

任务一　智能文旅

知识储备

在数字化浪潮的推动下，文旅行业正经历着由 AIGC 技术引领的深刻变革。AIGC 通过将 AI 与文化旅游深度融合，为游客带来全方位、个性化的智能文旅体验。从智能导览的便捷指引，到虚拟旅行的无界探索；从个性化推荐的精准服务，到沉浸式互动体验的深度参与，AIGC 技术不仅提升了游客的满意度和参与感，还为文旅企业创造了新的业务增长点。

一、智能导览

在 AIGC 技术的推动下，文旅行业迎来了全新变革，提升了游客的旅游体验。智能导览系统的核心目的是通过 AIGC 技术，提升游客的观展体验与互动体验。

1. 概念与内涵

智能导览是基于 AIGC 技术构建的一种新型旅游引导服务体系，它不再局限于传统的纸质地图或简单的电子导航，而是通过整合地理信息、景点介绍、历史文化知识等多源数据，运用 AI 算法，为游客提供全方位、个性化、实时交互的导览服务。

智能导览不仅能提供定制化的导览服务，满足不同游客的需求，还能通过智能分析提升展示效果和增强互动参与感。从游客踏入景区的那一刻起，智能导览就如同一位贴身导游，随时为游客提供所需的信息，帮助其更好地探索和享受旅游目的地。

2. 技术与功能

智能导览之所以能为游客提供贴心又高效的服务，离不开一系列复杂且精妙的技术运作。

（1）数据采集与整合

智能导览采集海量的旅游相关数据，包括景区的地理位置信息、景点分布、开放时间、门票价格等基础数据，以及景点的历史文化背景、传说故事、艺术特色等深度内容。同时，智能导览系统还会整合实时的交通信息、天气状况等动态数据，为游客提供全面且最新的信息。这些数据来源广泛，如景区官方数据库、历史文献、网络资料、传感器等。

（2）AI 算法处理

智能导览运用自然语言处理技术，能够准确理解游客提出的问题，无论是询问景点位置、历史典故，还是寻求餐饮推荐等。通过机器学习算法，智能导览系统对游客的行为数据（如浏览记录、搜索关键词、停留时间等）进行分析，从而精准识别游客的兴趣偏好和需求，为游客提供符合其需求的导览路线和个性化内容。

（3）交互界面的呈现

智能导览借助手机 App、智能穿戴设备、景区内的智能终端等多种载体，将处理后的信息以直观、便捷的方式呈现给游客。游客可以通过语音、文字、手势等多种交互方式与智能导览进行互动，获取导航路线、语音讲解、图文介绍等服务。

3. 优势

智能导览凭借其先进的技术和创新的服务模式，在提升游客旅行体验方面展现出了显著的优势，为文旅行业注入了新的活力。

（1）个性化服务

每位游客都是独立的个体，有着不同的兴趣爱好和旅行需求。智能导览打破了传统导览的单一模式，能够精准地满足游客的个性化需求，让游客的旅行更具专属感。

　　智能导览能根据每位游客的兴趣和需求，提供定制化的导览路线和讲解内容。例如，对于历史爱好者，系统会重点推荐历史文化景点，并详细讲解相关历史背景和故事；对于摄影爱好者，智能导览则会推荐最佳拍摄点位和拍摄时间，满足不同游客的独特需求。

　　（2）实时性与便捷性

　　在旅行过程中，智能导览就像是游客的实时信息助手，能够实时、准确地为游客提供最新资讯，如景区临时活动通知、景点排队情况、交通拥堵信息等，帮助游客及时调整行程，从容应对各种状况。

　　游客无须携带纸质地图或导游手册，只需一部手机，就能随时随地获取所需信息，实现便捷出行。除了个性化和实时便捷，智能导览在讲解内容的丰富度上也远超传统导游，能为游客带来更深入的文化体验。

　　（3）丰富的讲解内容

　　旅行不仅是看风景，更是一场文化的探索。传统导游受知识储备和讲解时间的限制，可能无法提供全面、深入的讲解。智能导览依托强大的数据库和 AIGC 技术，能够提供丰富的讲解内容，包括多种语言版本、不同深度的解读，甚至能以故事、诗歌等形式来呈现，让游客更深入地了解景点背后的文化内涵，如智慧博物馆（图 9-2）。

图 9-2　智慧博物馆

4．应用场景

　　目前，智能导览在旅游景区中被广泛应用，能够提供实时导航、景点介绍、路线推荐等功能。图 9-3 所示为全域旅游智慧导览牌。

图 9-3　全域旅游智慧导览牌

（1）景区导航

游客在景区内可以通过智能导览系统快速找到自己的位置，并规划前往各个景点的最佳路线。系统会根据实时人流量避开拥堵路段，推荐最省时的路径。例如，在故宫博物院，游客打开智能导览App，输入想去的宫殿名称，系统就能精准规划路线，并实时显示沿途的其他景点推荐，方便游客灵活安排行程。

除此之外，智能导览系统还可用于图书馆，帮助读者快速找到所需书籍和资料，为用户提供高效、便捷的导航服务。

（2）景点讲解

当游客到达景点时，智能导览系统会自动触发语音讲解功能，详细介绍景点的历史、建筑特色、文化意义等。游客还可以根据自己的需要选择不同风格的讲解，如学术版、故事版、儿童版等。例如，在参观兵马俑时，游客可以选择故事版讲解，听着生动的历史故事，了解兵马俑的发现过程和背后的历史。

这种语音讲解功能通常被用于博物馆、展览馆、科技馆中，为游客提供展品信息、内容讲解、互动体验等服务。

（3）信息查询

除了景区内部的信息，智能导览系统还能提供周边的餐饮、住宿、购物等推荐信息。例如，游客在游览完西湖后，想找一家当地特色餐厅，通过智能导览系统就能获取附近餐厅的位置、菜品推荐、用户评价等信息，方便选择就餐地点。

二、虚拟旅行

随着AIGC技术的飞速发展，虚拟旅行为人们打开了一扇全新的探索世界之门。它突破了时间和空间的限制，让人们足不出户就能领略世界各地的自然风光与人文景观。

1. 概念与特点

虚拟旅行是一种通过虚拟现实、增强现实和360°视频等技术实现的沉浸式体验，使用户能够在家中或通过数字设备探索世界各地的景点和目的地。

虚拟旅行是一种非实体的旅行体验，允许参与者不受现实世界旅行限制地自由穿越时间和空间。它可以通过3D、VR旅游、360°旅行视频、旅行摄影、直播、电视节目、纪录片、度假书籍和指南，以及民间音乐等多种形式实现。虚拟旅行的核心在于提供沉浸式的体验，使用户能够身临其境地感受目的地的环境和文化。

2. 技术支撑

虚拟旅行依托多种关键技术，能够为用户带来独特的旅行体验。

（1）3D建模与实景采集

虚拟旅行运用激光扫描、无人机拍摄、全景摄影等技术，全方位采集旅游景点的地理数据和图像信息，再借助专业的3D建模软件将其转化为逼真的3D模型，构建虚拟场景框架。

（2）AIGC内容生成

AIGC作为核心技术，基于采集数据自动生成树木、溪流、人群等丰富的场景细节与动态元素，还能根据用户行为和需求，实时推送历史文化介绍等个性化内容，提升体验感。例如，Google Street View是虚拟旅行的一个典型应用，它通过拍摄360°的照片和视频，让用户可以在线"漫步"世界各地的街道。

（3）VR/AR交互

VR通过头戴设备，让用户能够360°自由观察虚拟场景，沉浸式感受旅游目的地；AR则将虚拟信息叠加在现实场景，例如，用户在博物馆中通过手机就能看到文物3D模型与历史介绍，丰富参观体验。

3. 优势

虚拟旅行对用户来说具有以下优势。

（1）易访问性

虚拟旅行不受时间和空间的限制，用户可以在任何时间、任何地点通过数字设备访问全球各地的景点。

（2）经济性

虚拟旅行不需支付实际旅行的费用，如机票、住宿、交通费用等，大大降低了旅行成本。

（3）个性化

虚拟旅行可以根据用户的兴趣、偏好和历史记录，为其定制专属的旅行路线和体验内容。例如，喜欢历史文化的用户可以深入了解景点的历史背景和文化内涵。同时，用户还可以自由调整旅行节奏，随时停留、探索自己感兴趣的地方，获得独一无二的旅行体验。

4. 应用领域

虚拟旅行的应用领域非常广泛，包括旅游、教育、医疗等多个行业。在旅游领域，虚拟旅行可以为用户提供全新的旅行体验，也可帮助他们在出行前制订合理的旅行计划。在教育领域，虚拟旅行可以作为教学工具，帮助学生了解不同文化和历史背景。在医疗领域，虚拟旅行可用于康复治疗和心理疗法。

三、个性化推荐

在智能文旅时代，个性化推荐是指通过大数据、AI、深度学习等技术手段，根据游客的历史行为、兴趣偏好等信息，为游客提供定制化的旅游服务和体验。这种推荐系统不仅能够提升游客的满意度，还能为景区带来更好的口碑和收益。

1. 旅游景点推荐

旅行的第一步，往往是景点的选择。根据用户的兴趣偏好，个性化推荐系统能够精准地为用户推荐符合其偏好的旅游目的地。对于喜欢户外运动和自然风光的用户，系统推荐如张家界、黄山等以奇峰异石和壮丽山水闻名的地方；对于钟情于历史文化的用户，系统推荐西安、北京等古都，以及具有丰富历史遗迹的城市。

2. 智能行程定制

AIGC 可以根据用户的搜索历史、浏览行为和社交媒体上的点赞与分享内容，洞察用户的兴趣点，生成符合个人需求的旅游线路建议。例如，如果是摄影爱好者，系统会推荐最佳拍摄地点及行程路线。这种智能行程定制不仅考虑了热门景点，还会融入小众景点和非典型体验，确保行程的新鲜感与独特性。

3. 动态调整行程

结合实时天气、交通状况、景区人流密度等外部信息，系统能够即时调整行程安排，避开高峰时段，推荐最佳出行方式。例如，如果某个景点出现突发情况，系统就会迅速提供替代方案，确保旅程顺畅。

4. 个性化内容创作

系统能够根据用户的偏好，自动生成游记、旅行攻略、景点介绍等富媒体内容，包括图文、视频、VR 体验等。这些内容不仅能够帮助用户在出行前获得沉浸式的预览体验，还能增加用户对旅行的期待值。另外，系统还能为用户提供更丰富的推荐体验。例如，通过分析用户的历史照片和旅行故事，生成个性化的旅行纪念品，如定制画册、纪念视频、3D打印模型等。

5. 旅行服务推荐

旅行中的各项服务也很重要，如住宿、门票、租车服务等，系统能够根据用户需求推荐不同类型的服务信息。例如，用户偏好高端住宿体验，系统就会推荐当地的高端酒店。在门票推荐方面，根据用户对景点的兴趣推荐相关的景点门票，甚至可以提供套票组合，如包含多个景点的联票，为用户节省费用。

6. 活动与体验推荐

除了常规的旅游项目，当地的特色活动与体验往往能为用户的旅行增添独特的记忆。根据用户的兴趣和时间安排，系统会推荐当地的特色旅游活动和体验项目。例如，在云南，系统为游客推荐少数民族的篝火晚会、手工制作体验等。

从用户体验到文旅企业发展，再到整个文旅行业的资源配置，个性化推荐都发挥着不可忽视的作用，为文旅行业注入了新的活力。

四、沉浸式互动体验

随着 AIGC 技术深度融入文旅产业，沉浸式互动体验成为重塑旅游感知的关键力量，极大地丰富了旅游内涵。

1. 概念与内涵

沉浸式互动体验借助 AIGC 技术构建高度仿真的虚拟环境或增强现实场景，使游客能够在其中通过多种感官与虚拟元素进行实时交互，从而获得全身心投入、仿佛置身其中的独特旅游感受。这种体验打破了传统旅游单纯观赏的模式，赋予游客主动探索、深度参与的权利，而且通过多感官的刺激，能够加深游客的记忆与感知。

2. 应用场景

沉浸式互动体验是依托 AR、VR、AI 等数字技术，结合文化创意元素，为游客打造全新的旅游环境。这些先进技术相互融合，催生出丰富的沉浸式互动体验应用场景，覆盖文旅活动的方方面面，为游客带来新奇、独特的旅游经历。

（1）虚拟导览

利用 3D 建模和 VR 技术，AIGC 可以创建虚拟景点导览，使游客能身临其境地游览远方的景观，或者提前预览即将到达的目的地，激发旅行的兴趣。例如，在历史文化景区，游客可以通过 VR 技术"穿越"回古代，亲身体验历史事件；在自然景区，游客可以借助 AR 设备看到隐藏在山林间的珍稀动植物，甚至还能参与到虚拟的生态保护活动。

（2）文化场馆体验

博物馆、科技馆、美术馆等文化场馆利用沉浸式互动体验，能够让静态展品"活"起来。游客能通过 AR 技术"触摸"文物，查看其细节与历史背景，还能实现与虚拟角色的互动。

（3）主题游乐项目

主题公园和游乐场所是沉浸式互动体验的天然舞台。结合地方历史与文化背景，AIGC 能够生成具有地方特色的互动故事和虚拟角色，为游客提供富有教育意义的文化体验，加深游客对目的地的理解与情感联结。

例如，观看娱乐表演时，游客不再是单纯地坐在台下观看，而是可以置身于剧情之中，与演员一同推动故事发展。在游乐设施中，游客可以通过自己的选择影响游乐进程，获得独特的游玩体验。

3. 优势与价值

沉浸式互动体验为文旅产业带来了多方面的显著优势。

（1）深度体验与情感共鸣

与传统旅游相比，沉浸式互动体验让游客深度参与其中，游客能够更深刻地感受旅游目的地的文化内涵和魅力，从而产生强烈的情感共鸣。

（2）提升文化传播效果

通过沉浸式互动体验，文化知识以更加生动有趣的方式呈现，游客在玩乐中学习，对文化的理解也更加深入。例如，在历史文化体验中，游客能够直观感受历史的变迁，从而增强对传统文化的认同感和自豪感。

（3）创新商业模式

对文旅企业而言，沉浸式互动体验为其提供了新的盈利增长点。文旅企业开发特色沉浸式项目，能吸引更多游客，同时延长游客的停留时间，带动周边消费，推动文旅产业的创新发展和转型升级。

任务实施：探讨 AIGC 在文旅领域的应用价值

1. 任务目标

通过本任务，深入了解 AIGC 在文旅领域的应用价值，掌握其在智能导览、虚拟旅行、个性化推荐和沉浸式互动体验中的具体应用，并探讨其对文旅行业发展的推动作用。

2. 实施步骤

（1）确定选题

学生自由分组，4 人一组，每个小组选择一个具体的文旅应用场景，如智能导览、虚拟旅行、个性化推荐或沉浸式互动体验，明确各自的研究方向和任务目标。

（2）搜集案例

各小组通过网络、图书馆和行业报告等渠道，广泛搜集与选题相关的 AIGC 文旅项目案例。小组成员共同筛选出具有代表性和详细信息的案例，并整理关键信息，包括项目背景、技术实现方式、用户体验反馈和经济效益等，为深入分析做好准备。

（3）案例分析与讨论

小组围绕选定案例展开深入讨论，分析 AIGC 技术在该案例中的具体应用，评估其对用户体验、文化传播和经济效益的提升作用。同时，探讨技术应用的优势与挑战，并提出有针对性的改进建议，形成对 AIGC 技术应用价值的全面认识。

（4）撰写分析报告

基于讨论结果，小组撰写案例分析报告，涵盖项目介绍、应用价值评估和改进建议等内容。小组成员相互审核报告，确保逻辑清晰、数据准确、观点明确，并根据反馈进行优化，最终形成高质量的分析报告。

（5）小组汇报讨论

各小组进行案例分析汇报，通过 PPT、书面或口头报告等形式展示研究成果。其他小组成员参与提问和讨论，教师进行点评和总结，引导学生深入思考 AIGC 技术在文旅领域的应用价值，促进知识共享与思维碰撞。

任务小结

本任务探讨了 AIGC 技术在智能文旅中的应用，包括智能导览、虚拟旅行、个性化推荐和沉浸式互动体验。智能导览让旅行更便捷；虚拟旅行打破空间限制，拓宽旅游边界；个性化推荐满足个体需求；沉浸式互动体验则带来深度参与和情感共鸣。AIGC 技术不仅优化了游客体验，还推动了文旅行业的数字化转型，展现了其在智慧生活中的重要作用。

任务二　智能翻译

知识储备

随着全球化的加速，语言不再是人们沟通的阻碍。AIGC 技术凭借其强大的语言处理能力，为智慧生活注入了新的活力。无论是对书面文字的精准表达，还是对图像中的隐含信息，或者是对音视频中的丰富内容，甚至是对网页上实时更新的海量资讯，AIGC 都展现出了卓越的翻译能力。它不仅能够快速、准确地跨越语言的鸿沟，还能根据不同的场景和需求提供个性化的翻译解决方案。

一、文本 / 文档翻译

AIGC 在翻译领域的成功应用，源于其先进的神经机器翻译（Neural Machine Translation，NMT）技术。它如同勤奋的学者，在海量平行语料库中深度学习，构建复杂语言模型。以中英双语为例，它能剖析两种语言在句子结构、词汇搭配及语义表达上的对应关系。输入待翻译文本时，它能依据所学知识拆解分析，结合注意力机制捕捉语义关联，让译文更准确、更流畅，尤其在处理长难句时表现出色。

1. 核心优势

AIGC 文本翻译在效率、质量和语言覆盖范围上远超传统翻译。

（1）快速高效

传统人工翻译在面对海量文本时往往耗时费力，而 AIGC 翻译系统则能以极高的效率迅速完成任务。对于数万字的学术论文，人工翻译可能需要数天，AIGC 工具几分钟即可完成，大大节省时间，加速信息流转。另外，它支持结构化文档（如 Word、PDF）的格式解析与还原，翻译后能够保留段落、表格、目录等文档结构。

（2）提升质量

AIGC 翻译并非简单词汇替换，而是对语言语境和语义进行深度理解。翻译文学作品时，它能结合语料库，处理复杂语法和语义内涵，避免生硬直译，产出高质量译文。

AIGC 翻译通过译后编辑（Post-edited machine translation，PEMT）和自动质量评估提升翻译质量。PEMT 由人工校对机器翻译结果，纠正语法、优化术语，确保译文准确、流畅。自动质量评估则用 BLEU、METEOR 等指标量化翻译质量，帮助优化模型。两者相互结合，让 AIGC 翻译在复杂场景中保持高质量输出，能够满足用户多样化需求。

（3）多语言支持

AIGC 支持 100 余种语种的互译，涵盖全球主流语种及众多小语种，无论是英语、法语等主流语言，还是小众语言，都能实现准确翻译，为全球交流合作提供了便利。

2. 应用场景

AIGC 翻译在商务、学术研究、日常生活等领域发挥着重要的作用。

（1）商务

在跨国贸易和国际合作中，企业经常面临大量的文档翻译任务。AIGC 能够快速、准确地翻译合同、报告等，帮助企业了解合作方信息，推动商务谈判进程，避免语言误解风险。

（2）学术研究

科研人员往往需要阅读大量外文文献，AIGC 翻译能够快速获取文献内容，投稿时也可借助其将中文论文译为英文。例如，在医学领域，研究人员可以借助 AIGC 翻译及时了解国外最新成果。

（3）日常生活

在旅游、社交场景中，AIGC 翻译可以化解语言障碍。在旅游中，游客能借助手机翻译软件翻译菜单、路标等，在社交平台上也能帮助用户理解外国友人的语言，促进文化交流。

二、图片翻译

图片翻译是 AIGC 技术在多模态翻译领域的重要应用之一，它通过 AIGC 技术实现图像中文字内容的识别与翻译，并将翻译后的文字重新嵌入图像，同时保持图像的整体视觉效果。这一技术的核心在于结合 OCR 和 NMT，能够高效处理多种语言文字。

1. 实现过程

图片翻译的实现过程通常包括以下几个步骤。

（1）文字识别：通过 OCR 技术识别图像中的文字内容。

（2）文字翻译：将识别出的文字提取出来，利用 NMT 技术将其翻译为目标语言。

（3）图像处理：擦除原图像中的文字，并将翻译后的文字重新嵌入图像，同时保持图像的排版和样式。

2. 应用场景

图片翻译技术作为 AIGC 在多模态应用中的重要分支，凭借其高效性和便捷性，被广泛应用于多个领域，极大地促进了跨语言信息的传递和理解。

（1）电商营销

在跨境电商中，图片翻译技术能够快速将商品详情页、产品说明书、广告图片等翻译成不同语言，帮助企业更好地适应全球市场，提升商品的本地化程度，从而吸引更多国际买家。

（2）教育教学

图片翻译为教育领域提供了强大的支持。学生和教师可以利用该技术翻译外语教材、学术论文中的图表和图片说明，帮助学生和教师理解复杂的概念，提升学习和教学效果。此外，图片翻译工具还可以辅助语言学习者更好地掌握外语，通过翻译图片中的文字使学习者加深对语言的理解。

（3）旅行生活

在国际旅行中，图片翻译技术能够帮助游客快速翻译路标、菜单、广告牌等信息，消除语言障碍，提升旅行体验。

（4）商务办公

在跨国商务合作中，图片翻译技术可用于翻译合同、报告、宣传册等文件中的文字，帮助商务人士快速理解关键信息，提高沟通效率。此外，该技术还可以用于国际会议的资料翻译，确保信息的准确传递。

（5）漫画娱乐

图片翻译技术在漫画和娱乐领域也有广泛应用。漫画创作者可以利用该技术将作品翻译成多种语言，帮助作品在全球范围内传播。例如，一些工具能够自动识别并翻译漫画对话框中的文字，同时保持漫画的视觉风格。

（6）广告宣传

在广告宣传中，图片翻译技术能够将广告内容快速翻译成多种语言，适应不同国家和地区的市场需求，提高品牌影响力。例如，通过翻译广告图片中的文字，企业可以更高效地进行全球市场推广。

3. 优势与挑战

图片翻译主要具有以下优势。

（1）高效便捷

与传统手动输入文字再翻译的方式相比，图片翻译只需简单拍摄或上传图片，瞬间即可完成翻译，大大节省时间和精力。在快节奏的现代生活中，这种高效性为用户提供了极大的便利。

（2）直观呈现

翻译结果直接与图片中的文字对应，用户无须在多个界面切换查找原文与译文，能够直观地看到翻译后的内容在原图中的位置，便于用户理解和对照。例如，在翻译外文海报时，用户能够清晰地看到翻译后的文字与原海报设计的融合效果，不影响对整体信息的把握。

（3）多语言支持

AIGC 驱动的图片翻译能够支持多种语言之间的互译，能够满足全球不同国家和地区用户的需求。无论是主流语言，还是小众语言，都能实现较为准确的翻译，促进跨语言文化交流。

目前，图片翻译技术也面临一些挑战，例如，需要处理图像中的复杂排版、文字风格和背景干扰。此外，图片翻译还需兼顾图像中的非文本元素，如颜色、场景和情感，以确保翻译后的图像能够完整传达原图的意义。随着 AIGC 技术的不断发展，图片翻译正在变得更加智能化和自动化，为跨语言信息传递提供了全新的解决方案。

三、音视频翻译

AIGC 技术通过智能化处理，为音视频翻译提供了高效、便捷的解决方案，让人们轻松跨越语言界限，畅享文化交流，极大地推动了多媒体内容的全球化传播。

1. 核心流程

音视频翻译的核心流程主要包括以下几个步骤。

（1）音频提取：使用工具（如 FFmpeg）从视频中分离音频轨道，以确保高质量的音频提取。

（2）语音识别（生成字幕）：将提取的音频输入语音识别引擎（如 OpenAI Whisper），将其转换为源语言字幕文本。

（3）字幕翻译：利用机器翻译引擎（如 Google Translate、DeepL）将源语言字幕翻译为目标语言。

（4）语音合成（TTS）：将翻译后的字幕文本输入语音合成引擎（如 Edge-TTS），生成目标语言的配音。

（5）视频合成：将翻译后的字幕或配音与原始视频合并，生成新的多语言视频。

2. 应用场景

音视频翻译被广泛应用于以下多个领域。

（1）影视娱乐

电影、电视剧、短视频等可通过音视频翻译技术快速生成多语言版本，降低制作成本，拓展全球市场。

（2）教育培训

在线课程、教育视频可通过翻译字幕或配音，帮助不同语言背景的学习者更好地理解内容。

（3）新闻媒体

新闻视频可通过实时翻译技术快速生成多语言版本，提升国际传播效率。

（4）游戏互动

游戏中的语音对话、剧情视频可通过翻译技术本地化，提升玩家体验。

3. 优势与挑战

音视频翻译主要具有以下优势。

（1）沉浸式体验

相较传统字幕翻译，音视频翻译能直接将语音转为目标语言，使观众无须分心阅读字幕，可以全身心地沉浸于音视频内容，享受更流畅、更自然的视听感受，尤其适用于影视娱乐、在线教育等场景，提升用户的参与度与满意度。

（2）高效实时性

AIGC 驱动的音视频翻译能够实现实时翻译，几乎能在语音发出的同时完成翻译并输出，满足了用户即时沟通的需求。在国际会议、商务洽谈等对时间要求极高的场景中，实时音视频翻译能够确保信息传递的及时性，避免因语言障碍导致的沟通延误，提升交流效率。

（3）多语言覆盖

借助强大的 AIGC 技术，音视频翻译支持多种语言之间的互译，涵盖全球主流语言及众多小众语言。无论用户来自哪个国家或地区，都能通过音视频翻译与世界对话，促进了全球范围内的多元文化交流与融合。

音视频翻译面临的挑战主要体现在以下几个方面。

（1）口音与语言变体适应

世界上存在着丰富的口音和语言变体，不同国家和地区的人发音、用词习惯差异较大，这给语音识别和翻译带来挑战。例如，英式英语、美式英语及印度英语在发音和词汇使用上有诸多不同，某些方言口音更是增加了识别难度。

（2）情感与语境理解

音视频中的语音往往蕴含丰富的情感信息，且语言表达与上下文语境紧密相关。目前的音视频翻译技术在理解情感和准确把握语境方面还有待提高，可能导致翻译结果无法准确传达原语音的情感色彩和隐含意义。

（3）版权与合规问题

音视频内容涉及复杂的版权问题，在进行翻译时需要确保符合相关法律法规和版权协议。与此同时，随着技术应用的普及，如何保障用户隐私、防止数据滥用等合规问题也日益凸显。行业需要建立健全的版权管理机制和合规标准，加强技术安全防护，确保音视频翻译在合法、合规、安全的框架内发展。

四、网页翻译

网页翻译是指将网页上的内容从一种语言自动转换成另一种语言的过程。借助 AIGC 技术，网页翻译通过智能识别和翻译网页内容，为用户提供即时、准确的多语言访问体验。

1. 工作原理

网页翻译的核心在于将网页中的文本内容实时转换为目标语言，同时保持网页的原始格式和布局。这一过程通常包括以下几个关键步骤。

（1）内容提取：通过爬虫技术或浏览器扩展，提取网页中的文本内容。

（2）语言识别：自动识别网页的源语言，以便选择合适的翻译模型。

（3）机器翻译：利用先进的机器翻译引擎（如 Google Translate、DeepL 等），将提取的文本翻译为目标语言。

（4）格式还原：将翻译后的文本重新嵌入网页，确保网页的视觉效果不受影响。

2. 应用场景

网页翻译技术广泛应用于多个领域，极大地提升了跨语言信息获取的效率。

（1）信息获取

用户可以通过网页翻译工具实时访问全球新闻、学术资源和社交媒体内容，无须担心语言障碍。

（2）在线教育

教育平台利用网页翻译技术，为不同语言背景的学生提供课程资料和在线学习资源。

（3）跨境电商

电商网站通过网页翻译，为全球用户提供本地化的产品描述和购物指南，提升用户体验。

（4）旅游与文化

游客可以通过网页翻译快速获取目的地的旅游信息、文化介绍和本地新闻等。

3. 优势与挑战

网页翻译具有以下优势。

（1）即时性：网页翻译能够实时完成内容转换，用户无须等待。

（2）多语言支持：支持多种语言的双向翻译，满足不同用户的需求。

（3）格式保持：翻译后的网页保持与原文布局和样式一致，用户体验更佳。

网页翻译面临的挑战主要体现在以下几个方面。

（1）翻译质量：尽管技术不断进步，但网页翻译在处理专业术语、文化背景和复杂语义时仍可能出错。

（2）动态内容处理：对于实时更新的网页内容（如新闻直播、社交媒体动态），翻译的准确性和时效性需要进一步优化。

（3）隐私与安全：网页翻译涉及大量数据的提取和处理，如何确保用户隐私和数据安全是一个重要问题。

任务实施：探讨 AIGC 智能翻译的优缺点

1. 任务目标

深入探讨 AIGC 智能翻译的优缺点，通过实际操作和对比分析，提升对其性能的认知。基于实践发现，提出具有建设性的改进意见，培养创新思维和解决问题的能力。

2. 实施步骤

（1）选择工具

至少选择两款主流的 AIGC 智能翻译工具，如百度翻译、有道翻译、谷歌翻译、DeepL 等。

（2）准备文本

搜集不同类型的文本，包括日常对话文本、专业领域（如医学、法律、科技等）文本、文学作品片段等，每种类型准备 2～3 篇，长度适中。

（3）翻译实践

将准备好的文本分别输入所选的 AIGC 智能翻译工具中进行翻译，记录翻译结果和翻译所花费的时间。

（4）对比分析

对比不同工具对同一文本的翻译结果，从准确性、语言风格、上下文连贯性等方面进行评估。同时，将翻译结果与人工翻译的参考译文进行对比，分析差异。

（5）归纳总结

根据对比分析结果，归纳总结 AIGC 智能翻译在不同类型文本翻译中的优点和缺点，形成详细的分析报告。

（6）提出建议

针对总结出的缺点，结合自身对 AIGC 技术的理解，提出至少 3 条具有建设性的改进意见，如优化算法以更好理解上下文、建立更丰富的专业术语库等。

任务小结

本任务探讨了 AIGC 技术在智能翻译中的应用，涵盖文本翻译、图片翻译、音视频翻译、网页翻译等。文本翻译实现不同语言文字快速转换，助力信息高效传播；图片翻译精准识别并翻译图片文字，满足多元场景需求；音视频翻译融合多种技术，打破语言与视听障碍，带来沉浸式体验；网页翻译能一键翻译网页内容，让用户畅享全球资讯。

任务三　智能信息获取

知识储备

在当下智慧生活的热潮中，信息如洪流般涌来，如何高效获取有用的信息成为关键。AIGC 的出现为智能信息获取带来新曙光。它革新了智能信息搜索，深挖了智慧信息分析，能够精准且迅速地为人们筛选、提炼信息，助力美好生活。

一、智能信息搜索

智能信息搜索是一种利用先进的 AIGC 技术，特别是深度学习和自然语言处理技术，理解和响应用户查询需求的新型搜索工具。它不是传统搜索引擎的简单升级，而是通过模拟人类的思维方式和行为模式，为用户提供更加精准、个性化且高效的信息检索服务。

1. 技术优势

AIGC 驱动的智能信息搜索利用了先进的自然语言处理和机器学习算法，其技术优势体现在以下几个方面。

（1）多模态搜索：支持文字、语音、拍照、视频等多种输入方式，能够满足用户在不同场景下的需求，实现"一切皆可搜索"。

（2）智能工具集成：内置多种顶尖大模型，如 DeepSeek、豆包、文心一言等，为用户提供一站式 AI 智慧体验。

（3）慢思考模式：通过专家协同和多模型协作，深入分析复杂问题，提供更专业、更全面的答案。

例如，360 公司推出的纳米 AI 搜索应用（见图9-4），结合了自然语言处理、机器学习及专家协同技术，致力于打破传统搜索引擎的局限，提供智能化、多样化的搜索体验。

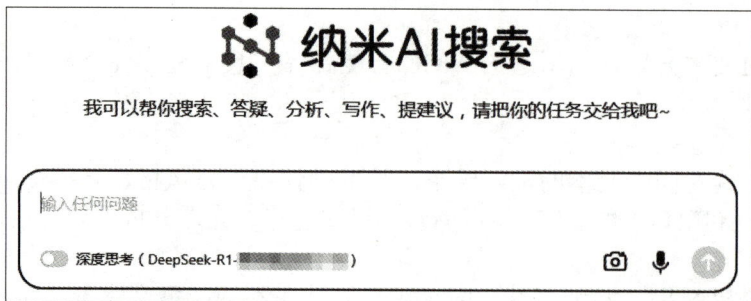

图 9-4　纳米 AI 搜索

2. 应用场景

在日常生活中，智能信息搜索能够帮助人们快速找到各种问题的答案，从如何做一道美味的酸菜鱼，到寻找最佳的旅游目的地等。在商业领域，智能信息搜索能帮助创业者迅速获取市场数据、竞争对手情况及行业趋势，为创业者决策提供有力的支持。在学术领域，学者可以利用它搜索相关研究论文、文献综述和学术会议报告，助力学术研究与创新。

二、智能信息分析

智能信息分析是指运用 AI 技术，特别是自然语言处理和机器学习技术，对大量数据进行深度挖掘和处理，从而提取有价值的信息，为用户决策提供支持。它不仅能够处理结构化数据，还能理解和处理非结构化数据，如文本、语音和图像等。智能信息分析的技术优势如图 9-5 所示。

图 9-5　智能信息分析的技术优势

AIGC 驱动的智能信息分析在众多领域发挥着重要的作用。在商业智能领域，智能信息分析能够帮助企业分析市场趋势、消费者行为与财务数据，优化企业运营决策；在医疗健康领域，智能信息分析能够辅助医生进行疾病诊断、推荐治疗方案及管理病历；在金融领域，智能信息分析能够用于风险评估、投资分析和欺诈检测；在教育领域，智能信息分析通过分析学生学习数据，能够提供个性化教学建议，全方位推动各行业的智能化发展。

例如，DeepSeek 强大的智能信息分析功能，能在多个行业为用户提供智能化解决方案，如农业中的病虫害预测、制造业中的生产优化、汽车行业的智能交互体验等。

任务实施：探讨 AIGC 在信息搜索中的应用价值

1. 任务目标

通过本任务，深入了解 AIGC 在信息搜索中的应用价值，掌握其在智能信息搜索中的具体应用场景，如智能问答、内容创作辅助、个性化推荐等。通过实际操作，掌握运用 AIGC 提升信息搜索效率的方法。

2. 实施步骤

（1）确定主题

学生自由分组，4人一组，每组选择一个具体的 AIGC 信息搜索应用场景，如智能问答、个性化推荐等。明确研究目标，包括技术实现方式、用户体验、经济效益等。

（2）搜集案例

每组通过网络、学术资源和行业报告，搜集与所选主题相关的 AIGC 信息搜索案例。整理案例中的关键信息，包括技术细节、用户反馈、应用效果等。

（3）分析讨论

小组内部讨论 AIGC 技术在所选案例中的具体应用，分析其对信息搜索效率和用户体验的提升作用。探讨 AIGC 技术在信息搜索中的优势（如实时性、自动化）和潜在挑战（如数据隐私）。提出针对案例的改进建议，思考如何进一步优化 AIGC 技术的应用。

（4）撰写报告

每组根据讨论结果撰写案例分析报告，报告应包括项目介绍、技术实现、应用价值、改进建议等内容。小组成员相互审核报告，确保报告内容准确、逻辑清晰。

任务小结

本任务探讨了 AIGC 在智能信息获取中的应用，聚焦于智能信息搜索与智能信息分析两大层面。在智能信息搜索层面，AIGC 凭借多模态搜索，智能工具集成和慢思考模式，为用户提供了全新的搜索体验；在智慧信息分析层面，借助深度数据分析，挖掘海量信息深层价值，助力用户提炼有价值的信息，提升用户获取和运用信息的效率与质量。

任务四 智能家居

知识储备

随着 AIGC 技术的快速发展，智能家居已逐渐走进大众生活，为人们的日常起居带来诸多便利。它让智能家装设计更契合用户的想法，让智能家电更符合用户需求。

一、智能家装设计

在智能家居领域，AIGC 技术正为智能家装设计注入全新活力。AIGC 技术能够帮助家装设计者快速生成高质量的设计方案，不仅能提升设计效率，还为用户提供了更加个性化和多样化的选择。

1. 技术优势

AIGC 技术在智能家装设计中的优势主要体现在以下几个方面。

（1）高效性：AIGC 能够在短时间内生成高质量的设计方案，大大缩短了设计周期。

（2）个性化：AIGC 能够根据用户的偏好和需求，生成个性化的设计方案，满足不同用户的多样化需求。

（3）互动性：AIGC 支持用户实时调整设计方案，如色彩搭配、灯光类型等，增强了用户的参与感和满意度。

2. 应用场景

AIGC 在智能家装设计中的应用主要体现在以下几个方面。

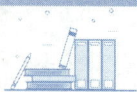

（1）生成设计方案：用户只需上传毛坯房照片并添加描述词，如"复古、温馨""现代、简约"等，系统就能快速生成逼真的装修效果图。

（2）提供设计灵感：AIGC 能够根据设计师和用户的描述和偏好，提供多种设计风格和创意方案，帮助设计师和用户快速找到灵感。

（3）智能纠错与优化：AIGC 能够自动检测出设计方案中的问题，并提供优化建议，确保设计方案的可行性和美观性。

例如，酷家乐 AI 是一款面向家居设计场景的 AIGC 产品（见图 9-6），支持"图生图"和"文生图"功能，能够根据实景图生成装修效果图，可以满足业主、设计师和门店导购的需求。

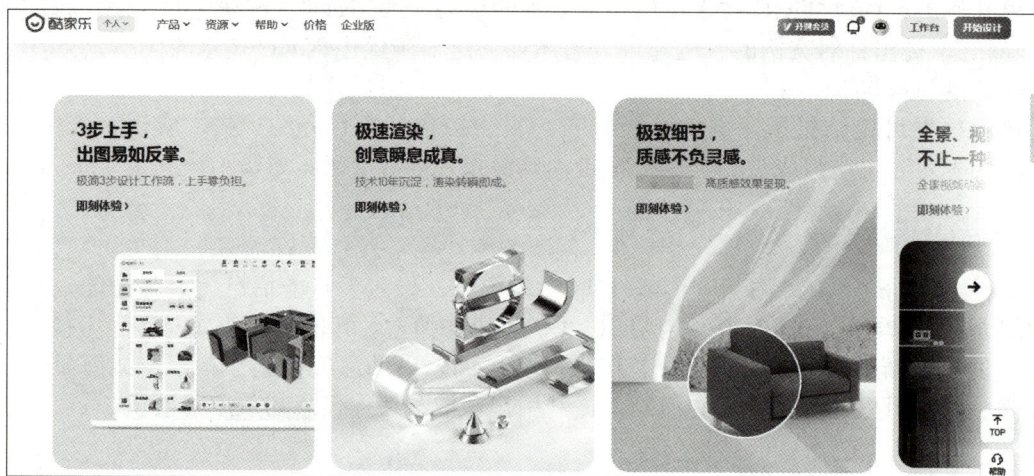

图 9-6　酷家乐 AI

二、智能家电

当前，AIGC 技术已经全方位地渗透到智能家电领域，让家电从单纯的工具转变为能够感知、理解并服务用户的智能生活助手，深刻改变着人们的居家生活模式，为智慧生活添上多彩的一笔。

1. 技术优势

AIGC 技术在智能家电领域的优势主要体现在以下几个方面。

（1）个性化服务

AIGC 技术能够根据用户的行为模式和偏好，提供高度个性化的服务。例如，智能家电可以根据用户的习惯自动调整运行模式。

（2）智能化功能

AIGC 技术使家电具备了更强的自主决策能力。例如，智能音箱结合生成式预训练变换器（Generative Pre-trained Transformer，GPT）等技术能够提供更丰富的功能和服务。

（3）节能与安全

通过智能温控和设备管理，AIGC 技术能够有效降低能源消耗，并保障家庭安全。

2. 应用场景

AIGC 技术通过深度学习和自然语言处理，为智能家电带来了更强的学习能力和更高的交互精确度。AIGC 技术在智能家电领域的应用场景如下。

（1）智能温控

智能温控系统能够根据用户的生活习惯和环境变化自动调整室内温度，实现远程控制、定时调节和场景设置。

（2）智能家电

智能冰箱、洗衣机、烤箱等家电通过智能控制和远程操作，提升了家庭生活的便利性。例如，智能冰箱能够监测食物储存情况，及时提醒用户补充食材。

（3）智能娱乐

智能电视、音响系统和流媒体播放设备通过智能家居平台实现集成化控制，为用户提供更便捷的娱乐体验。例如，海尔智家在智能家电领域借助 AIGC 取得显著成果。智能音箱能理解人类情感，提供贴心回应与个性化推送。

任务实施：调研 AIGC 在智能家居领域中的应用案例

1. 任务目标

通过本任务，深入了解 AIGC 技术在智能家居领域的应用现状和价值，掌握其在智能家居领域中的具体应用场景，并探讨其对智能家居行业发展的推动作用。

2. 实施步骤

（1）确定主题

学生自由分组，4 人一组，选择一个具体的 AIGC 智能家居应用场景，如智能家电或智能家装设计。

（2）搜集案例

通过网络、学术资源和行业报告等，每组人员搜集与所选主题相关的 AIGC 智能家居应用案例，从中挑选 3 个具有代表性的案例，涵盖不同类型的智能家居产品，如智能家电（冰箱、空调、洗衣机等）、智能安防（摄像头、门锁等）、智能照明等。案例中要包括关键信息，如技术细节、用户反馈、应用效果等。

（3）分析与讨论

针对每个案例，深入分析 AIGC 技术在其中的具体应用方式，如智能语音交互中的语义理解、智能场景联动中的自主决策等，以及用户对产品的使用反馈与应用效果。

（4）总结与建议

总结 AIGC 在智能家居领域应用的共性特点、创新之处及存在的问题。基于分析结果，提出对 AIGC 在智能家居领域未来发展趋势的预测及建议。

（5）撰写报告

撰写详细的调研报告，以 PPT 形式呈现，内容包括案例介绍、分析过程、结论与建议等，准备在小组内或行业研讨会上进行汇报交流。

任务小结

本任务聚焦 AIGC 在智能家居领域的应用。在智能家装设计上，AIGC 借助深度学习、自然语言处理技术，依据用户需求快速生成个性化方案并优化细节。在智能家电领域，AIGC 赋予家电更强的交互与自学习能力，可以根据用户习惯自动调适运行模式。这些应用极大地提升了用户的智能家居体验，有力推动了行业进步，为构建智慧生活提供了创新路径。

综合实训：讨论 AIGC 对社会的价值和影响

一、实训目标

深入了解 AIGC 在智能文旅、智能翻译、智能信息获取、智能家居等领域的应用价值，掌握其技术原理与运作机制；剖析这些应用为生活带来的便利，如省时、提效、丰富体验等，以及对经济、文化、社会交往等层面的影响；通过小组讨论，增强团队合作与沟通能力。

二、实训思路

1. 实训准备阶段

举办 AIGC 基础知识讲座，梳理其在不同领域的核心技术、发展历程与当前应用现状，为后续探究筑牢理论根基。学生按兴趣与专长进行分组，并选定一个 AIGC 重点应用领域，如智能文旅、智能翻译等，作为小组主要研究方向。

2. 实训实施阶段

（1）价值调研

各小组通过网络搜索、学术数据库查阅、行业报告研读等方式，搜集 AIGC 在所选领域的成功案例、应用数据与用户反馈，探讨其创造的社会价值。例如，智能文旅组调研 AIGC 如何借虚拟导游、智能行程规划提升游客体验，推动文旅产业发展。

（2）影响分析

基于调研数据，从生活便利性、社会经济发展、文化传播融合等维度，分析 AIGC 应用的影响。例如，智能家居组探讨 AIGC 如何改变居家生活模式、提升品质，以及对家电制造、房地产等产业的带动作用。

举办线下研讨会，邀请专家点评小组分析成果，从专业、全面的视角理解 AIGC 对社会的影响。

（3）应用实践

学生模拟普通用户、企业经营者、技术开发者、家装设计者等不同利益相关者，根据涉及的项目，选择合适的 AIGC 工具进行实际操作，如使用 DeepSeek 生成文案、利用即梦 AI 生成图像等。各组展示实践成果，分享使用过程中的心得、遇到的挑战及解决方案。

（4）展望未来

各小组结合调研与讨论，预测 AIGC 在所选领域的未来趋势，如智能文旅的沉浸式旅游新形态、智能翻译的多模态融合突破、智能家居与物联网的深度融合方向、智能信息获取在 AI 与大数据协同下的创新模式等。

（5）成果展示

组织创意展示，每组通过 PPT、视频、模型等展示对 AIGC 未来发展的设想，阐述实现路径与预期效果，激发创新思维。

三、实训总结与反思

所有参与者撰写实训报告，记录对 AIGC 价值与影响的认知变化，总结调研、分析、讨论中的收获，梳理困难及解决办法。各小组做最终总结汇报，展示所选领域 AIGC 的价值与影响分析结果，分享团队合作经验。

最后组织班级大讨论，围绕"AIGC 如何更好地服务社会""如何应对 AIGC 发展挑战"等核心话题畅所欲言，促进深度反思与知识内化。

四、实训评估

（1）过程评估：教师关注学生在实训各阶段参与度，包括资料的全面性、小组讨论活跃度等；评估团队合作能力，如沟通协作能力、任务分配能力、冲突解决能力；观察创新思维，关注学生是否能提出独特见解与创新方案。

（2）教师成果评估：教师依据小组调研分析报告，评估小组对 AIGC 价值与影响分析的深度和广度、数据引用准确性；根据创意展示成果，评价小组对 AIGC 未来发展展望的合理性、创新性与可行性；考量小组汇报的逻辑性与展示效果。

（3）学生自我反思评估：学生自我评价，反思实训中对 AIGC 知识技能的掌握、个人能力的提升，以及自我成长（将自我反思评价作为评估最终成绩的重要依据）。